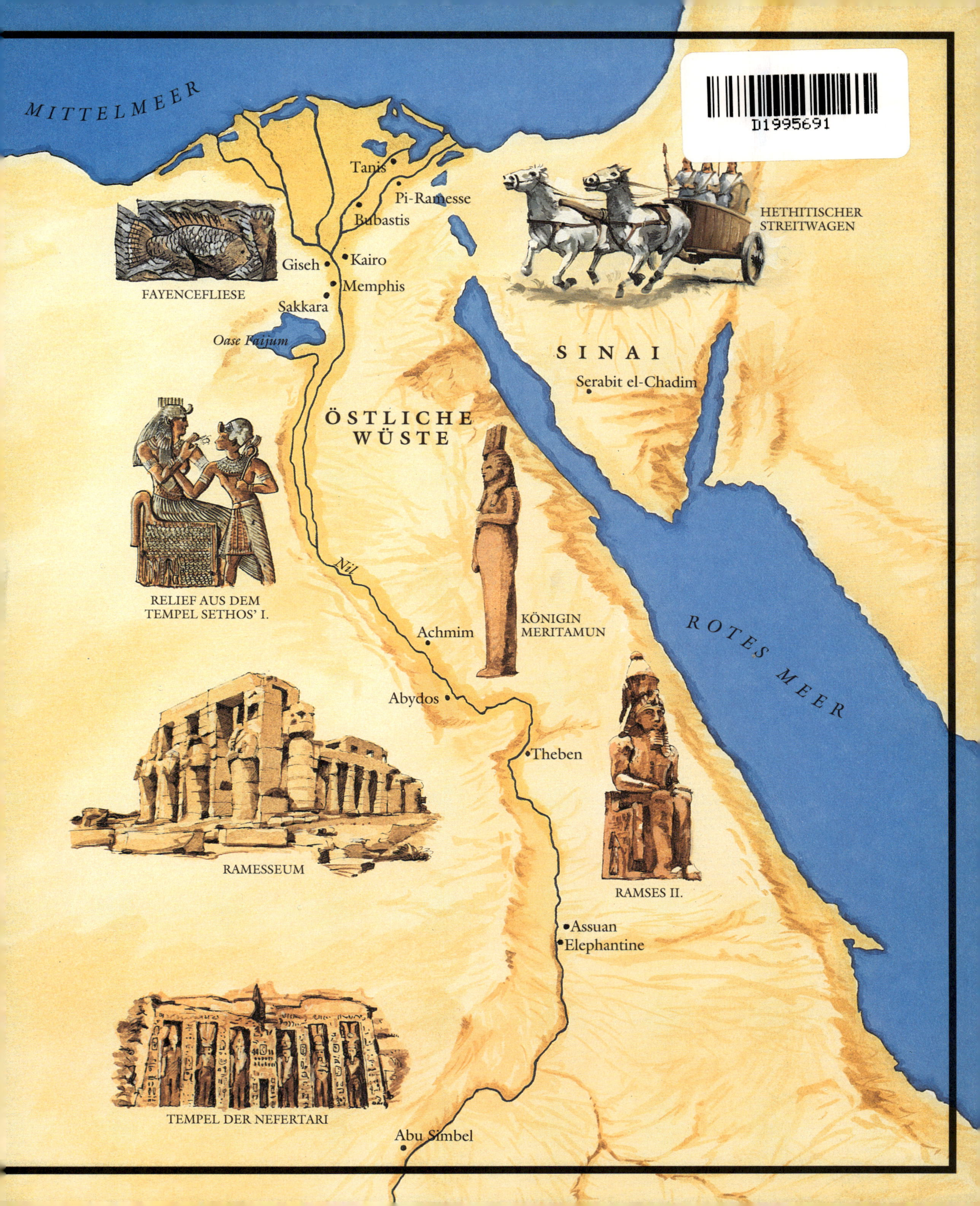
MITTELMEER
Tanis
Pi-Ramesse
Bubastis
Kairo
Giseh
Memphis
Sakkara
Oase Faijum
FAYENCEFLIESE
HETHITISCHER STREITWAGEN
SINAI
Serabit el-Chadim
ÖSTLICHE WÜSTE
RELIEF AUS DEM TEMPEL SETHOS' I.
Nil
Achmim
KÖNIGIN MERITAMUN
ROTES MEER
Abydos
Theben
RAMESSEUM
RAMSES II.
Assuan
Elephantine
TEMPEL DER NEFERTARI
Abu Simbel

RAMSES II. – MACHTENTFALTUNG AM NIL

TIME-LIFE BÜCHER

UNTERGEGANGENE KULTUREN

Series Editor: Dale M. Brown
Administrative Editor: Philip Brandt George

REDAKTIONSSTAB für
Ramses II. – Machtentfaltung am Nil
Art Director: Susan K. White
Picture Editor: Marion Ferguson Briggs
Text Editors: James Michael Lynch, Charlotte Anker
Writers: Denise Dersin, Charles J. Hagner
Associate Editor/Research: Constance B. Contreras
Assistant Editor/Research: Mary Grace Mayberry
Assistant Art Director: Bill McKenney

Besondere Mitarbeiter/innen:
Tony Allan, Ellen Galford, Donal Gordon, Alan Lothian (Text); Helga Kohl, Tom DiGiovanni, Carol Forsyth Mickey, Ylann Schemm (Dokumentation); Roy Nanovic (Register)

Korrespondenten/tinnen:
Elisabeth Kraemer-Singh (Bonn), Christine Hinze (London), Christina Lieberman (New York), Maria Vincenza Aloisi (Paris), Ann Natanson (Rom)
Wertvolle Unterstützung leisteten darüber hinaus: Marlin Levin, Bob Slater (Jerusalem), Nihal Tamraz (Kairo), Corky Bastlund, Ellen Vestergaard (Kopenhagen), Judy Aspinall (London), Cyndi Bemel (Los Angeles), Elizabeth Brown (New York), Ann Wise (Rom), Dick Berry und Mieko Ikeda (Tokio), Traudl Lessing (Wien)

DEUTSCHE AUSGABE:
Leitung: Marianne Tölle
Textredaktion: Alžbeta Lettowsky
Computersatz: Barbara Rechmann

Aus dem Englischen übertragen von
Joachim Peters

Titel der Originalausgabe:
Ramses II: Magnificence on the Nile

Berater:
Dr. David O'Connor ist Professor für Ägyptologie an der University of Pennsylvania und Leiter der Ägyptischen Abteilung des University Museum. In Abydos führt er umfassende Ausgrabungen durch, bei denen ihn besonders die Entwicklung der städtischen Kultur Ägyptens und die Ursprünge der Pyramiden interessieren.

Dr. Rita E. Freed, Leiterin der Abteilung für ägyptische, nubische und nahöstliche Kunst am Museum of Fine Arts in Boston, hat an zahlreichen archäologischen Projekten in Ägypten teilgenommen und verfaßte den Katalogtext für die Ramses-Ausstellung in den USA.

Dr. Kenneth A. Kitchen lehrt seit 1988 als Professor für Ägyptologie an der University of Liverpool. In den fast 40 Jahren seiner ägyptologischen Studien hat er zahlreiche Bücher und Artikel veröffentlicht und weltweit Vorträge über die Ramessiden gehalten.

Die Daten in diesem Buch basieren auf der Chronologie von Dr. Kenneth Kitchen.

ISBN 90-5390-522-7

Dieser Band gehört zu einer Reihe, die sich mit der Kultur und Geschichte alter Völker befaßt und anhand archäologischer Funde anschaulich rekonstruiert, wie sich das Leben in längst vergangenen Welten abgespielt hat.

Einband: Ramses II., hier in schwarzem Granit mit Krummstab und Krone dargestellt, initiierte nicht nur den Neubau großartiger Baudenkmäler in ganz Ägypten, sondern auch den Umbau von Monumenten seiner Vorfahren. Ramses nannte die Hypostylenhalle von Karnak *(Hintergrund)*, die größtenteils während der Regierungszeit seines Vaters errichtet wurde, nach ihrer Fertigstellung „den Ort, wo das gemeine Volk den Namen seiner Majestät preist".

Vorsatzblätter: Illustration von Malcolm Chandler

Zeittafel: Illustration von Paul Breeden

Farbreproduktion: The Lanman Companies, Washington D.C., USA
Satz: Utesch Satztechnik GmbH, Hamburg
Druck und Einband: Arnoldo Mondadori, Verona, Italien

30 29 28 27 26 25 24 23 22 21 20 19 18 17 16 15 14 13 12 11 10 9 8 7 6 5 4 3 2 1

UNTERGEGANGENE KULTUREN

RAMSES II. – MACHTENTFALTUNG AM NIL

Von der Redaktion der Time-Life Bücher
TIME-LIFE BÜCHER, AMSTERDAM

I N H A L T

E I N S

RAMSES, GELIEBT VON RE

Nachdenklich blickt der junge Ramses, noch unbeschwert von späterem Ruhm, in die Ferne. Wie viele ägyptische Jungen hat er einen kahlgeschorenen Kopf und eine lange Locke über dem rechten Ohr. Von seinen Altersgenossen unterscheidet ihn jedoch die königliche Kobra, die sein Diadem ziert.

Seine Majestät hat seine Residenz errichten lassen . . . Sie liegt zwischen Syrien und Ägypten, und sie ist reich an Speichern und Vorräten. Die Sonne erhebt sich innerhalb ihres Horizonts, und in demselben beendet sie auch ihre tägliche Reise. Jeder hat seine Heimatstadt verlassen und siedelt sich in ihrer Nähe an." So lautet eine überschwengliche, auf einem 3000 Jahre alten Papyrus überlieferte Beschreibung der versunkenen Hauptstadt des alten Ägypten: Pi-Ramesse a Aanachtu, die Ramses-Stadt. Es war eine atemberaubende, monumentale Metropolis, die ihres Gründers Ramses II. – heute nicht selten Ramses der Große genannt – durch und durch würdig war.

Anders als Memphis und Theben, die beiden anderen Residenzstädte des alten Ägypten – die nie in Vergessenheit gerieten, obgleich das Alte Reich, aus dem sie hervorgegangen waren, aus dem Gedächtnis der Menschen schwand –, schien Pi-Ramesse bis vor relativ kurzer Zeit wie vom Erdboden verschluckt. Aus alten, zeitgenössischen Quellen ging hervor, daß die 30 Quadratkilometer große Stadt im Osten des Nildeltas an einem der vielen Nilarme lag, die im Mittelmeer münden. Wo genau jedoch inmitten der Papyrusmarschen und des flachen, intensiv genutzten Ackerlandes die Residenz Ramses' gestanden hatte, war ein Geheimnis, das die Geschichte nicht preiszugeben bereit schien.

Mit ihren mit Fayencefliesen geschmückten Palästen, pfeilergesäumten Sälen und Toren aus Granit bildete die Ramsesstadt die Kulisse großangelegter Feste. Quellen priesen ihren Reichtum an Balkonen sowie azurblauen und türkisfarbenen Hallen, die das Auge blendeten.

Ihre jungen Männer, so hieß es weiter, „kleiden sich jeden Tag in Festgewänder, sie salben ihre Häupter und frisieren ihr Haar. Sie stehen vor ihren Türen, die Hände schwer beladen mit Blattwerk und Grün." Pi-Ramesse war die Stadt der Regierungsgebäude, der Villen hoher Staatsbediensteter, der randvollen Getreidespeicher und der Tempel, die den höchsten Göttern Re, Seth, Amun und Ptah geweiht waren.

Doch Pi-Ramesse blieb verschwunden, bis Bauern auf der Suche nach gewinnbringenden Artefakten um das Jahr 1925 in einem Erdhügel nahe dem Dorf Qantir etwa 100 Kilometer nördlich von Kairo zu graben anfingen. Sie fanden glasierte Fliesen aus der 19. Dynastie, die als berühmtesten Pharao Ramses II. hervorgebracht hatte. Die Entdekkung der Bauern deutete darauf hin, daß bei Qantir seine ehemalige Hauptstadt gestanden haben könnte. Aber für eine so große Stadt schienen die Funde dann doch zu dürftig, und als gut 20 Kilometer weiter nördlich wesentlich mehr Gegenstände aus der Ramseszeit zutage kamen, zog der neue Fundort rasch die Aufmerksamkeit auf sich.

Das neue Material stammte aus Tanis, wo der französische Ägyptologe Pierre Montet 1929 mit Ausgrabungen begonnen hatte. Zu seinen zahlreichen wichtigen Entdeckungen in Tanis, wo er 20 Jahre lang als Archäologe tätig war, gehörten unter anderem die Königsgräber der 21. Dynastie Ägyptens, die im 11. Jahrhundert v. Chr. den Ort zu ihrer Hauptstadt erhoben hatten. Daneben fanden sich aber auch so viele Statuen und Monumente aus der 200 Jahre weiter zurückliegenden Zeit von Ramses II., daß der Schluß, Tanis sei eine Gründung der Ramessiden, nur allzu nahelag. Für Montet jedenfalls gab es keinen Zweifel: Tanis und Pi-Ramesse mußten identisch sein.

Mit dieser Folgerung stieß Montet jedoch nicht auf ungeteilte Zustimmung. Ende der zwanziger Jahre hatten ägyptische Archäologen damit begonnen, im Hügel bei Qantir zu graben, um weiteren Plünderungen durch die Bevölkerung zuvorzukommen. Einer von ihnen, Labib Habachi, trug als erster wissenschaftlich fundierte Argumente vor, die klar für Qantir als ehemalige Residenzstadt des Pharaonenreiches sprachen. In den vierziger Jahren entdeckte er eben dort Stelen mit Inschriften aus Pi-Ramesse – Funde, die er 1953 veröffentlichte. Etwa ein Jahrzehnt später begann der österreichische Archäologe

Bruchstücke einer Kolossalstatue von Ramses II. liegen zwischen den Ruinen von Tanis (ganz unten). Wie groß sie einst war, läßt sich an dem Fuß vor dem umgestürzten Obelisken erkennen. Das kleinere Photo darüber zeigt eine aus zerbrochenen Obelisken errichtete Mauer. Diese und andere monumentale Trümmer stammen aus der Stadt Pi-Ramesse; sie wurden von dort über 25 Kilometer weit transportiert und zum Aufbau der neuen Residenz Tanis verwendet, als der Arm des Nils, der Pi-Ramesse mit dem restlichen Ägypten verband, versandete.

Manfred Bietak mit der systematischen Erforschung des Gebiets, in dem Bauern 40 Jahre zuvor die glasierten Fliesen entdeckt hatten. Bietaks Ausgrabungen lieferten den schlüssigen Beweis für Habachis Theorie, daß Pi-Ramesse auf dem Boden des heutigen Qantir gestanden hatte.

Im Jahre 1980 bekam Bietak Verstärkung durch Edgar B. Pusch und sein Team vom Hildesheimer Pelizaeus-Museum. Die gemeinsamen Ausgrabungen trugen wesentlich zum Kenntnisstand der Wissenschaft bei, förderten aber nicht viel Augenfälliges zutage. Mehr als die meisten anderen Grabungsstätten fordert Pi-Ramesse vom Betrachter ein hohes Maß an Phantasie. „Wir müssen uns die Ramsesstadt als weitläufiges Stadtgebiet vorstellen, das durch Kanäle und Seen unterteilt war", meint Bietak. „Erkennbar sind ein See mit einem Palast und etliche Hafenbekken, die durch einen oder mehrere Kanäle mit dem Hauptarm des Nils verbunden waren." Die weitläufige Stadt umgaben mächtige Mauern, innerhalb derer vor langer Zeit eine Garnison, ein Paradeplatz sowie Werkstätten angesiedelt gewesen sein könnten.

Anderswo stießen die Ausgräber, wie Pusch in seinem Bericht schrieb, auf „alle möglichen Metallteile, Schlacke, Rohre für die Luftzufuhr sowie Schmelztiegel unterschiedlicher Größe". Zur Überraschung aller handelte es sich um Reste einer großen Bronze-Schmelzhütte mit beinahe 15 Meter langen Schmelzöfen – groß genug, um täglich mehrere Tonnen der Legierung zu produzieren. Bis dahin hatte niemand auch nur im Traum daran gedacht, daß im Ägypten der Pharaonen eine derart großangelegte industrielle Metallproduktion existiert haben könnte. Pusch geht davon aus, daß in dem Werk etwa 300 ausgebildete Metallarbeiter beschäftigt waren *(S. 32–33)*.

Inzwischen hat die Archäologie auf die Ungereimtheiten, die die Suche nach der Ramsesstadt aufwarf, eine plausible Antwort gefunden: Irgendwann kurz vor dem Ende der 20. Dynastie beschlossen die Herrscher Ägyptens, ihre Hauptstadt zu verlegen – möglicherweise, weil der Nilarm, an dem Pi-Ramesse lag, versandet war. Die der 21. Dynastie angehörenden Gründer von Tanis nahmen aus ökonomischen Überlegungen Baumaterial aus der alten Hauptstadt mit. Sie trugen nicht nur die Steine des Tempels ab, sondern schmückten ihre neue Stadt auch mit den monumentalen Obelisken und Ramsesstatuen – vielleicht, um sym-

bolisch an ihren berühmten Vorgänger anzuknüpfen. Dieses neuverbaute Material, das anhand der Inschriften sofort als aus Pi-Ramesse stammend zu identifizieren war, hatte Pierre Montet verständlicherweise zu seiner falschen Schlußfolgerung veranlaßt.

Die Steine von Pi-Ramesse wurden nicht nur in Tanis, sondern auch in anderen Städten des Nildeltas als Baumaterial wiederverwendet. Darüber hinaus sammelten unzählige Generationen von Bauern die Lehmziegel der Stadt, um sie zu zerkleinern und zur Verbesserung des Bodens auf ihren Feldern zu verteilen – und das bis in die jüngste Zeit. So entstanden am archäologischen Erbe Ägyptens nicht wiedergutzumachende Schäden, und die einst so prächtige Hauptstadt von Ramses II. wurde im Laufe der Zeit bis auf die Grundmauern abgetragen.

Rund 3000 Jahre der Geschichte hatten nicht nur die Residenz, sondern auch den Erbauer von Pi-Ramesse in Dunkel gehüllt. Noch vor 200 Jahren verband sich mit dem Namen Ramses II. kaum eine Vorstellung, es sei denn in Verbindung mit einigen wenig schmeichelhaften Aussagen im Alten Testament. Als 1817 der englische Romantiker und Dichter Percy Bysshe Shelley in seinem Sonett „Ozymandias" die Vergänglichkeit der Macht thematisierte, ließ er sich von Beschreibungen einer zerstörten Statue inspirieren, die griechische und römische Reisende der Antike bei Theben gesehen hatten. Der Name Ozymandias ist eine griechische Transliteration des ägyptischen Ehrentitels User-maatre, „Stark im Recht ist Re" – des Thronnamens, den Ramses II. bei seinem Regierungsantritt annahm. „Verloren aus der Wüste ragen / zwei riesige, rumpflose Beine aus Stein", lauten Shelleys Zeilen. „Und neben ihnen, halb versunken im Sand, ein arg zertrümmert Gesicht. / Den Sockel zieren die folgenden Worte: / ‚Ich bin Ozymandias, König der Könige: / blickt schaudernd auf meine Werke, ihr Mächtigen und verzweifelt!' / Doch nichts blieb um die gewaltigen Trümmer / als der flache, endlos scheinende Sand / und der Wüste unsägliche Einsamkeit."

Shelley hatte nicht mit dem manchmal sonderbaren Lauf der Geschichte gerechnet, die den vergessenen Herrscher wiederauferstehen ließ. Die Statue, die er beschrieb, ohne sie je gesehen zu haben, liegt nach wie vor an Ort und Stelle; den Dichter hat sie bereits überlebt, und wer weiß, ob sie nicht auch sein Gedicht überdauern wird *(S. 48)*.

Etwa ein Jahr, bevor Shelley seine ironischen Verse verfaßte, wurde unter größten Mühen ein weiteres Kolossalbild des Herrschers aus dem Ramesseum – dem Totentempel des Pharaos bei Theben – zum Nil befördert, von wo aus es ins British Museum transportiert werden sollte. In den darauffolgenden Jahrzehnten stieß man auf immer mehr Statuen, Tempel und Monumente aus der Regierungszeit Ramses' II.

Die Entzifferung der Hieroglyphen ermöglichte es, die in die Wände des Gebäudes gemeißelten Inschriften zu lesen, die genaue Einzelheiten aus der fast 67jährigen Herrschaft des Pharaos enthielten. Nach und nach nahm der in Vergessenheit geratene Ramses II. wieder den ihm gebührenden Platz unter den großen Monarchen der Geschichte ein.

Mitte des 20. Jahrhunderts machte der Name des Herrschers sogar Schlagzeilen, und zwar als Nubiens Monumente und vor allem der Tempel von Abu Simbel, den Ramses in eine Felswand in Südägypten hatte schlagen lassen, in den Fluten des geplanten Assuanstausees zu versinken drohte. Die von den Vereinten Nationen finanzierte Kampagne zur Rettung dieser Kunstschätze – die größte derartige Aktion aller Zeiten – erregte internationales Aufsehen *(S. 70 –71)*. Als in den Jahren 1985 und 1987 eine Ramses II. gewidmete Ausstellung in mehreren amerikanischen Städten riesige Besuchermassen anlockte, war Ozymandias rehabilitiert. Der „König der Könige", den Shelley endgültig vergessen wähnte, war zu einem Kassenmagneten geworden.

Die Ausstellung in den Vereinigten Staaten wiederum trug zur Rettung einer weiteren Kolossalstatue bei, die 1962 von Bauarbeitern bei Aushubarbeiten für ein Restaurant in der ehemaligen ägyptischen Hauptstadt Memphis entdeckt worden war. Experten identifizierten sie als Standbild des Ramses, das einst zusammen mit mindestens zehn weiteren überlebensgroßen Statuen des Königs vor dem berühmten Ptahtempel von Memphis gestanden haben muß.

Den Ägyptern fehlte das Geld, die Statue wiederherzustellen, bis der Bürgermeister von Memphis im amerikanischen Bundesstaat Tennessee 1984 bei einem Besuch der ägyptischen Namensschwester seiner Heimatstadt Interesse äußerte, den Koloß bei der bevorstehenden Ramses-Ausstellung in seiner Stadt zu zeigen. Die ägyptischen Behörden willigten ein – unter der Bedingung, daß die Statue restauriert würde. 30 Fachleute machten sich daran, das über 40 Tonnen schwere

Die keramische Wand- oder Fußbodenfliese stammt vermutlich aus dem Palast Ramses' II. in Qantir, wo sie einst die königlichen Gemächer, wenn nicht den Harem, geschmückt haben könnte. Sie zeigt einen Barsch der Art Tilapia, der sich in dem durch Zackenlinien angedeuteten Wasser tummelt. Der Maulbrüter symbolisierte die Wiedergeburt.

Monument in seinen ursprünglichen Zustand zu versetzen. In Begleitung einer Ehrengarde des ägyptischen Militärs verließ das Bildnis schließlich im alten Glanz den Ort, der es rund 3000 Jahre beherbergt hatte, um jenseits des Atlantiks Besuchermassen anzuziehen.

Wie nicht anders zu erwarten, wies das aus ferner Vergangenheit überlieferte Bild des Pharaos Lücken auf. Fast alles, was die Archäologen in Erfahrung brachten, stammte aus amtlichen Aufzeichnungen oder Inschriften, die nur übermittelten, was Ramses selbst von sich bekanntgeben wollte. Die Inschriften an den Wänden seiner Tempel beispielsweise beschreiben zwar seine Ehrfurcht vor den Göttern und listen seine Siege über die Feinde Ägyptens auf, aber ohne Wesentliches über die Person Ramses preiszugeben.

Hin und wieder allerdings bricht ein offizielles Dokument das tiefe Schweigen und gibt eine Information über Ramses' Privatleben wieder. So etwa kann man den Inschriften auf Denkmälern entnehmen, daß der Pharao im Laufe seines langen Lebens mindestens ein halbes Dutzend Hauptgemahlinnen hatte, über 90 Kinder zeugte und bis zu seinem Tod im Alter von etwa 90 Jahren vier potentielle Thronerben überlebte.

Ein unvollendetes Werk in einem für den General und späteren Pharao Haremhab errichteten Grab im Tal der Könige gibt die Entstehungsgeschichte der Wandskulpturen preis. In roten Linien wurden die Umrisse der Figuren skizziert und gegebenenfalls mit schwarzen Korrekturen übermalt. Ein Bildhauer hatte bereits angefangen, die Kalksteinwand mit einem Meißel zu bearbeiten, als der Bau aus unbekannten Gründen eingestellt wurde.

In Anbetracht des wenigen, was man wußte, war die Entdekkung seines mumifizierten Körpers von 1881 eine Sensation. Er befand sich in einem Gemeinschaftsgrab, in dem der Leichnam in der Antike vor Räubern versteckt worden war, und bewies, daß die äußere Erscheinung des Monarchen zum Teil deutlich von den erhaltenen, stilisierten Porträts abwich. Die Forscher, die die Mumie aus ihrer Hülle befreiten, fanden einen etwa 1,72 Meter großen Mann mit schmalem Gesicht, kräftigen Kieferknochen und einer stark gekrümmten Nase vor *(S. 143)*.

Ramses II. stammte aus einer angesehenen Familie, aber nicht aus dem Königshaus selbst. Zum Zeitpunkt seiner Geburt – das genaue Jahr ist nicht bekannt – war sein Großvater Wesir (eine Art Ministerpräsident) des greisen und kinderlosen Pharaos Haremhab. Im Bewußtsein der Gefahren eines möglichen Streits um seine Nachfolge hatte Haremhab seinen Wesir und treuen Berater als „erbberechtigten Prinzen des ganzen Landes" eingesetzt. Seinem Wunsch gemäß bestieg Ramses' Großvater nach Haremhabs Tod im Jahre 1306 v. Chr. als Ramses I. den Thron. Als er im darauffolgenden Jahr starb, folgte ihm sein Sohn Sethos I., den er in soldatischer Tradition erzogen hatte. Sethos' Sohn, der spätere Ramses II., wurde somit zum ägyptischen Thronfolger.

Das Land, das Ramses eines Tages erben sollte, blickte auf eine etwa 1700 Jahre lange, glorreiche Geschichte zurück. An den Wänden des Tempels, den Sethos im oberägyptischen Abydos errichten ließ, ist der Pharao – gemeinsam mit Kronprinz Ramses – mit einer Liste von 75 ehemaligen Königen abgebildet *(S. 35)*, die bis zu Menes zurückreicht, der um 3000 v. Chr. die erste ägyptische Dynastie begründet haben soll. Die großen Pharaonen stellten für Sethos und seine Zeitgenossen mehr als nur eine historische Erinnerung dar, denn ihre Monumente – etwa die Pyramiden von Giseh, die zu Sethos' Zeit bereits über 1000 Jahre alt waren – beherrschten nilauf, nilab noch immer die Landschaft.

Trotz seiner relativ günstigen Lage hatte Ägypten, das im Norden vom Meer und im Westen und Osten von Wüste begrenzt war, in den vorausgegangenen Jahrhunderten durchaus Konflikte überstehen und Rückschläge verkraften müssen. So hatte eine Zeit innerer Unruhen im 22. Jahrhundert v. Chr. zum Niedergang des Alten Reichs geführt, in dem die Pyramiden entstanden waren. Erst rund 150 Jahre später, als es einem starken Herrscher gelang, Unterägypten – die nördlichen Gebiete im Nildelta – mit dem flußaufwärts gelegenen Territorium Oberägyptens wiederzuvereinen, brach mit dem sogenannten Mittleren Reich eine neue Periode des Friedens und Wohlstands an. Im 18. Jahrhundert v. Chr. zeigte auch das Mittlere Reich Zerfallserscheinungen, die dadurch verschärft wurden, daß von Westasien aus Invasoren mit Streitwagen ins Reich eindrangen. Diese Neuankömmlinge, die man die Hyksos – die Fremdherrscher – nannte, überquerten den Sinai und brachten Unterägypten in ihre Gewalt. Erstmals seit Beginn der dynastischen Herrschaft befand sich ein Teil Ägyptens in fremder Hand.

Erst im 16. Jahrhundert v. Chr. stellten die Herrscher Oberägyptens die Einheit des Landes wieder her. Von ihrer Hauptstadt Theben (dem heutigen Luxor) marschierten sie mit ihren Armeen nach Norden und vertrieben die Eindringlinge. Damit leiteten sie das Neue Reich ein – eine Periode des Wachstums und der Größe, die sich zu Ägyptens goldenem Zeitalter entwickeln sollte.

Die frühen Herrscher der nun folgenden 18. Dynastie dehnten die Landesgrenzen sowohl nach Süden als auch entlang der Mittelmeerküste aus. Ägypten entwickelte sich zur Großmacht. Im Süden wurde ein Vizekönig als Regent Nubiens eingesetzt, während das Gebiet der Levante – die Küstenregion des östlichen Mittelmeerraums – in drei Provinzen aufgeteilt wurde: Kanaan, das etwa dem heutigen Israel entsprach; Upi, das südliche Syrien um das heutige Damaskus; und Amurru, die küstennahen Gebiete Syriens mit phönizischen Städten wie Tyros und Ugarit. In diesen nördlichen Ländern wurden Gouverneure eingesetzt, um die örtlichen Herrscher zu überwachen, die im Gegenzug für ihre Loyalität und ihre Bereitschaft, dem Pharao Tribut zu zahlen, im Amt bleiben durften. Gleichzeitig wurden im Westen ägyptische Garnisonen in Wüstenoasen eingerichtet, um das Land gegen Libyens kämpferische Stämme abzuschirmen.

Seine größte Ausdehnung erreichte das Reich unter dem kriegerischen Pharao Thutmosis III., der den gesamten östlichen Mittelmeerraum bis zum Euphrat unweit der heutigen syrisch-türkischen Grenze beherrschte. Den Höhepunkt seines Wohlstands erlangte Ägypten im darauffolgenden Jahrhundert unter der Herrschaft von Amenophis III., der von 1397 bis 1360 v. Chr. im Amt war. Dieser, ein kunstsinniger Monarch, hinterließ im ganzen Land Denkmäler seiner Größe, darunter den großen Tempel von Luxor, einen kolossalen Pylon in Karnak, einen riesigen Totentempel am Westufer des Nils sowie die Kolossalstatuen, die griechische Reisende später tief beeindruckt mit der mythologischen Gestalt Memnons, eines Sohns der Eos, in Verbindung brachten.

Amenophis hinterließ seinem gleichnamigen Sohn ein geeintes und in Frieden lebendes Königreich, das jedoch von Spannungen nicht verschont blieb. An der Grenze nach Syrien stand den Ägyptern das wiedererstarkte Königreich der Hethiter gegenüber, deren festungsartige Hauptstadt Hattusa in knapp 1000 Meter Höhe im Hochland Zentralanatoliens im Norden der heutigen Türkei lag.

Auch im Innern war die Macht des Pharaos bedroht, und zwar durch die Priester des ägyptischen Reichsgottes Amun, deren göttlicher Gebieter allmählich mächtiger zu werden drohte als der irdische Herrscher des Landes. Amenophis, der mit seinen spektakulären Bauten dem Amunkult höchstpersönlich großen Auftrieb verliehen hatte, versuchte, die daraus resultierenden Gefahren einzudämmen, indem er die Einhaltung seiner Befehle durch die Gottesdiener streng überwachte.

Amenophis' Nachfolger ging das Problem weit radikaler an und bewirkte damit fast eine Spaltung des Landes. Die Ägypter hatten von jeher eine Vielzahl von Gottheiten verehrt, von denen Amun, Re, Ptah und Seth die bedeutendsten waren. Der neue Pharao stürzte die Nation in ein Dilemma, indem er den gesamten Götterhimmel durch eine einzige, allmächtige Gottheit ersetzte – die „Sonnenscheibe" Aton oder Aten, zu deren Ehren er sich selbst von Amenophis IV. zu Achenaten oder Echnaton („der dem Aton wohlgefällig ist") umbenannte. Um sich noch weiter von der Priesterschaft Thebens zu distanzieren, ließ er auf etwa halbem Weg zwischen Memphis und Theben eine neue Hauptstadt errichten, die er Achet-Aton nannte. Dort konnte er seinem Gott in offenen Tempeln, die die lebensspendenden Strahlen der Sonne ungehindert hereinließen, seine Ehrerbietung bezeigen.

Während das Land sich allmählich von den Auswirkungen dieser „Kulturrevolution" erholte, erstarkten Ägyptens Feinde im Norden. Die Herrscher der Grenzregionen in Syrien nutzten die Meinungsverschiedenheiten am fernen Nil und wechselten die Seiten, indem sie sich dem geographisch näher gelegenen und weniger von inneren Spannungen geschüttelten Reich der Hethiter anschlossen.

Echnatons Tod im Jahre 1351 v. Chr. löste eine Erbfolgekrise aus. Da Echnaton keine männlichen Nachkommen hatte, folgte ihm mit Semenchkare möglicherweise ein Bruder auf den Thron. Nach nur dreijähriger Herrschaft starb Semenchkare. Zu einer Zeit, als das noch immer von den theologischen Umwälzungen zerrüttete Land eine starke Hand benötigt hätte, ging die Herrschaft an den jungen Tutenchamun über, der ein weiterer Bruder Echnatons gewesen sein könnte. Inzwischen hatte Ägypten den Norden Syriens an die Hethiter verloren.

Nach dem frühen Tod des kinderlos gebliebenen Tutenchamun fiel der Thron in die Hände der Militärs. Sowohl Eje, der nur kurze Zeit regierte, als auch der ihm nachfolgende Haremhab versuchten, den von Echnaton verursachten Ansehensverlust der Pharaonen rückgängig zu machen. Sie setzten die alten Götter wieder ein, deren Rehabilitierung bereits Tutenchamun während seiner kurzen Herrschaft in Angriff genommen hatte. Haremhab festigte darüber hinaus die Macht Ägyptens über die Grenzen des Landes hinaus; er unternahm Feldzüge nach Nubien und Syrien, um Präsenz in Gebieten zu zeigen, in denen in den vorausgegangenen Jahrzehnten von der ägyptischen Herrschaft nicht viel zu spüren gewesen war.

Nach Haremhabs Tod erbte ein weiterer militärischer Führer, Ramses I., ein Land, das nach einer Periode revolutionärer Veränderungen allmählich zur Stabilität zurückfand. Eje, Haremhab und Ramses I. hatten eines gemeinsam: Keiner von ihnen war königlicher Herkunft. Als Emporkömmlinge setzten sie alles daran, ihren Anspruch auf den Pharaonenthron dadurch zu legitimieren, daß sie sich an Altbewährtes hielten. Pragmatisch denkend, standen diese Herrscher dem Andenken Echnatons – des „Verbrechers aus Achet-Aton" – ohne jedes Verständnis gegenüber und betrachteten seine Regierungszeit als eine nationale Katastrophe. Im übrigen versuchten sie, die eigene Macht zu festigen, um Zersplitterungen im Keim zu ersticken.

Nachdem die 18. Dynastie mit Haremhab, der keinen Erben hinterlassen hatte, zu Ende gegangen war, begründete Ramses I. die 19. Dynastie. Wie sein Vorgänger bemühte er sich in erster Linie darum, den Einigungsprozeß im Innern fortzusetzen und nach außen Ägyptens angeschlagenen Ruf als Großmacht wiederherzustellen. Und er gab dem

DIE SELTSAMEN ZEITREISEN DER DOROTHY EADY

Dorothy Eady hätte wohl eine ganz normale englische Kindheit verlebt, wäre sie nicht mit drei Jahren die Treppe hinabgestürzt und ohnmächtig geworden. Als sie wieder zu sich kam, sagte sie, sie wolle nach Hause – dabei war sie doch zu Hause! Dorothy meinte das Ägypten der Pharaonen, das von nun an ihre geistige Heimat sein sollte. Sie entwickelte ein leidenschaftliches Interesse an allem, was mit Ägypten zu tun hatte, trat in die Dienste des British Museum, studierte die Hieroglyphenschrift und heiratete einen Ägypter, mit dem sie in dessen Land zog, wo sie blieb, obwohl sie bald geschieden wurde. Mittlerweile war sie nämlich zu der Überzeugung gelangt, daß sie zu Zeiten von Sethos I. – dem Vater von Ramses II. – eine ägyptische Priesterin und Sethos' Geliebte gewesen sei. Nachts, so behauptete sie, reiste ihr Astralleib 3200 Jahre in die Vergangenheit, um den Pharao zu besuchen, sofern dieser nicht zu ihr kam.

Eady zog nach Abydos, wo Sethos einen Tempel hatte errichten lassen und die Einheimischen sie nach dem Sohn, den sie während ihrer kurzen Ehe zur Welt gebracht hatte, bald Omm Seti, Mutter des Sethos, nannten. In Abydos wurde sie durch ihr unerklärliches und merkwürdig genaues Wissen bezüglich des Tempels und seiner Riten bekannt. Sie eignete sich auch medizinische und magische Kenntnisse an, zähmte Kobras, wußte Zauberformeln anzuwenden und heilte die unterschiedlichsten Gebrechen. Überzeugt, im Besitz übernatürlicher Kenntnisse zu sein, führte sie Archäologen zu der lange vergeblich gesuchten Stelle, an der sich einst der Tempelgarten befunden hatte. Bis zu ihrem Tod im Jahre 1981 agierte sie als inoffizielle Führerin im Tempel, den zu besuchen sie mit einer Reise in einer Zeitmaschine zu vergleichen pflegte. Sie starb mit 77 Jahren in dem Glauben, in den Schoß ihres „eigenen Volkes" zurückzukehren.

Vor dem Bildnis Sethos' I., des Mannes, den sie verehrte, läßt sich Dorothy Eady in dem ihm gewidmeten Tempel in Abydos photographieren. Hier hielt sie nach altägyptischem Ritus Andacht und brachte Opfer wie Wein, Bier, Brot und englisches Teegebäck dar.

Land die bitter benötigte Kontinuität in der dynastischen Folge zurück, indem er einen Erben heranzog, Sethos I.

Seines eigenen Werdegangs eingedenk, unterwies Ramses seinen Sohn in der Kunst der Kriegführung – Lektionen, die offenbar auf fruchtbaren Boden fielen. Besonders Sethos' autobiographische Inschrift an einer Wand des Säulensaals in Karnak war angetan, potentielle Feinde einzuschüchtern: „Seine Majestät beginnt die Schlacht mit Vorliebe selbst, und beim Anblick von Blut schlägt sein Herz höher. Er schlägt seinen Feinden die Köpfe ab. Mehr noch als die Tage der Freude liebt er den Augenblick, wenn er [den Feind] zermalmt."

Ramses II. erbte von seinem Großvater nicht nur den Namen, sondern auch dessen konservative Einstellung. Von seinem Vater dagegen hatte er eine ausgeprägte Vorliebe für den Kampf. Ramses dürfte etwa neun Jahre alt gewesen sein, als Sethos den ägyptischen Thron bestieg. Seine Mutter war die Tochter eines angesehenen Leutnants der Streitwagentruppe, so daß der künftige Pharao gewissermaßen väter- wie mütterlicherseits für eine militärische Karriere prädestiniert war.

Ramses' Vorfahren stammten aus der Stadt Auaris im östlichen Nildelta. Auaris, einst Hauptstadt der Hyksos, lag in einem kosmopolitischen Teil Ägyptens in der Nähe sowohl des Mittelmeers als auch der Vasallenstaaten der Levante. Unzählige Kaufleute müssen das Bild der Stadt geprägt haben; einem Text aus der Zeit der 19. Dynastie zufolge segelten sie „fleißig wie die Bienen flußauf und flußab, mit Waren, die sie von einer Stadt zur anderen bringen, um die zu versorgen, die Mangel leiden". Ausländer strömten auf der Suche nach Arbeit in das Land, das noch immer die führende Großmacht der Region war.

Wie alle Ägypter aus besseren Kreisen dürfte der junge Ramses lesen und schreiben gelernt haben sowie in der Theologie, Literatur und Geschichte seines Landes unterwiesen worden sein. Das Ausbildungsprogramm erstreckte sich mit Sicherheit auch auf die körperliche Ertüchtigung, denn von künftigen Pharaonen erwartete man, daß sie in der Kunst des Streitwagenfahrens und Bogenschießens glänzten.

Ramses war noch ein Jüngling, als sein Vater ihn in Erinnerung an die Erbfolgestreitigkeiten der Vergangenheit als Prinzregenten einzusetzen beschloß. Schon kurz nach der Thronbesteigung durch Sethos hatte der Junge den offiziellen Titel „Ältester Königssohn" erhalten und war damit zugleich nominell zum Oberkommandierenden der Armee ernannt worden. Jetzt ging es darum, für den Fall des plötzlichen Ablebens des Vaters, etwa auf dem Schlachtfeld, den Anspruch des Sohnes auf den Thron ein für allemal zu festigen.

Der Sorge um die Zukunft seiner Dynastie entsprang zweifellos

UNTER BERGEN VON WÜSTENSAND BEGRABEN: EIN AUSSENPOSTEN DES ÄGYPTISCHEN REICHS

Da sich der ägyptische Einflußbereich im Norden weit über die Landesgrenzen hinaus erstreckte, mußte Ägypten die lebenswichtigen Handels- und Militärstraßen sichern, die das Mutterland mit den Besitzungen verbanden. Eine dieser Straßen verlief quer durch den Norden der Halbinsel Sinai bis in den heutigen Gazastreifen. Auf ihrer gesamten Länge unterhielten Sethos I. und Ramses II. Befestigungsanlagen, wie sie auf einem Wandrelief in Karnak abgebildet sind *(gegenüber)*. 1967 half der Zufall, eine der versunkenen Anlagen wiederauszugraben.

Der israelischen Archäologin Trude Dothan war aufgefallen, daß auf dem Jerusalemer Antiquitätenmarkt plötzlich ägyptische Artefakte aufgetaucht waren – ein untrügliches Anzeichen dafür, daß wieder einmal Grabräuber einen alten Friedhof plünderten. Sandkörner auf dem Deckel eines tönernen Sarges deuteten auf einen küstennahen Standort hin. Dothan forschte nach und fand heraus, daß die Gegenstände aus dem Raum unmittelbar südlich von Gaza stammten. Um Grabungen durchführen zu können, mußte die Archäologin jedoch erst eine Genehmigung beantragen.

Nachdem diese nach Jahren endlich eingetroffen war, stieß Dothan anderthalb Kilometer vom Meer entfernt im trockenen Sand bald auf weitere Särge. Dieser vielversprechende Auftakt ermutigte sie, 13 Meter tief in eine Sanddüne zu graben. Am Ende ihrer – vom Yom-Kippur-Krieg unterbrochenen Arbeit – lag eine Siedlung aus dem späten 13. vorchristlichen Jahrhundert mit Werkstätten und Quartieren von Handwerkern frei. Darunter fanden die Archäologen weitere Mauerreste, die Ruinen eines weitläufigen Palastes sowie die Fundamente einer Festung aus dem frühen 13. Jahrhundert einschließlich eines Trinkwasserreservoirs. Es war einer der langgesuchten Außenposten aus der Zeit des Sethos und des Ramses.

Archäologen legen einen tönernen Sarg frei, der auf dem Photo nahezu intakt wirkt, aber in mehrere Teile gebrochen war. Nur der Sand, der in den Sarg gerieselt war und auf dem die Bruchstücke auflagen, hielt sie zusammen.

Mit einem Kollegen überprüft Trude Dothan Zeichnungen der Ausgrabungsstätte. Vor den beiden erstrecken sich die Grundmauern der Festung; das daran angrenzende Loch war einst ein Wasserspeicher und eine Lehmgrube für Ziegel, die beim Bau der Anlage Verwendung fanden.

Das Wandrelief von Karnak, auf dem der Feldzug von Sethos I. gegen die Kanaaniter dargestellt ist, zeigt unter anderem turmbewehrte Festungen, die in der Regel über eigene Wasserspeicher verfügten und an der Küstenstraße nach Kanaan lagen (eine von ihnen ist in der Abbildung schwarz umrandet). Diese Festungen waren möglicherweise der Grund dafür, daß sich Moses und sein Volk beim Auszug aus Ägypten von der kürzeren Route an der Küste entlang fernhielten und statt dessen den südlichen – und weit beschwerlicheren – Weg über die Halbinsel Sinai wählten.

auch die Entscheidung Sethos', dem jugendlichen Prinzregenten den Rückhalt eines eigenen königlichen Haushalts zu geben. Er verehelichte Ramses, und die frühe Heirat trug Früchte: In den zehn Jahren vor dem Tod seines Vaters gebaren ihm seine beiden Hauptgemahlinnen mindestens fünf Söhne und mehrere Töchter, und auch einige der königlichen Konkubinen brachten Kinder zur Welt.

Als Prinzregent wurde Ramses Schritt für Schritt mit den Pflichten vertraut gemacht, die das höchste Staatsamt mit sich brachte. Mit 14 oder 15 Jahren erlebte er seinen ersten Feldzug, als er mit seinem Vater über die Grenze nach Libyen zog, um einen sich anbahnenden Aufstand zu unterdrücken *(S. 28–29)*. Im Jahr darauf nahm er an einer größeren Militäraktion im syrischen Grenzland teil mit dem Ziel, die ägyptische Präsenz in Amurru zu verstärken und die strategisch wichtige Festung Kadesch am Orontes einzunehmen. Sethos konnte Kadesch erobern, doch blieb dies ein vorübergehender Erfolg; nach dem Abrücken seiner Streitkräfte schlugen sich Amurru und Kadesch wieder auf die Seite ihrer alten hethitischen Verbündeten. Ramses sollte dies nie vergessen.

Mit 22 Jahren zog Ramses erstmals als Oberkommandierender ins Feld, um einen kleineren Aufstand in Nubien niederzuschlagen. Er bewies seinen Mut, indem er persönlich einen Angriff der Streitwagentruppe anführte, der die Rebellen zur Aufgabe zwang – ein Ereignis, das er zum ewigen Gedenken in die Wände eines kleinen Felstempels meißeln ließ. Offenbar hatte Ramses seine militärisch geprägte Erziehung als positiv empfunden, denn auf den Feldzug nahm er zwei seiner eigenen Söhne mit, die sich im zarten Alter von vier beziehungsweise fünf Jahren befanden. Als nächstes organisierte er eine Expedition gegen Mittelmeerpiraten, die es gewagt hatten, auf der Suche nach Beute in das Mündungsgebiet des Nils vorzudringen. Er konfiszierte die Schiffe der Plünderer und zwang sie zum Dienst in der ägyptischen Armee.

Wenn er keine militärischen Expeditionen leitete, überwachte Ramses im Auftrag seines Vaters die Arbeiten im Steinbruch von Assuan, in dem Granit für Statuen und Denkmäler abgebaut wurde. Neben dem Kampf gehörte die Bautätigkeit zu den wichtigsten Pflichten eines künftigen Pharaos. Als Sethos 1290 v. Chr. starb, war Ramses Mitte Zwanzig und bestens auf die Übernahme der Regierungsgeschäfte vorbereitet. Sowohl dem Land als auch dem energischen, jungen Monarchen schien eine glänzende Zukunft bevorzustehen.

Zunächst jedoch mußte Sethos zur letzten Ruhe gebettet werden. Der Tradition gemäß hatte der Pharao bereits in den Anfangsjahren seiner Herrschaft den Bau seines Grabes und – nicht weniger wichtig – eines Totentempels in Auftrag gegeben, in dem die Nachkommen seiner gedenken konnten, was ihm nach ägyptischem Glauben ewiges Leben garantierte. Beide Projekte wurden am Westufer des Nils gegenüber von

An der Rückseite einer Kolossalstatue von Ramses II. im Tempel von Luxor (rechts) befindet sich eine zerbrochene Säule, auf der man in ovalen Kartuschen den Namen des Pharaos erkennt. Die Kartusche oben links beginnt mit einer Scheibe des Sonnengottes Re, die sich später wiederholt. Darunter ist – rechts neben einer Darstellung von Maat, der Göttin der Wahrheit – der Kopf eines Schakals auf einem Stab eingemeißelt, die Hieroglyphe für „mächtig".

Theben verwirklicht: der Tempel war am Rande des Grüngürtels am Nil entstanden, die unterirdische Grabanlage jenseits davon im steinigen Tal der Könige, in dem alle Pharaonen seit der frühen 18. Dynastie ihre letzte Ruhestätte gefunden hatten.

Zwei Wochen dauerte die Fahrt, die Ramses flußaufwärts unternahm, um an der Bestattung seines Vaters teilzunehmen. Danach blieb er in Theben, um das jährliche Opetfest zu Ehren des Gottes Amun zu leiten und damit seiner wichtigsten religiösen Pflicht nachzukommen. Begleitet von Priestern und Würdenträgern und bejubelt von seinem Volk, fuhr er mit der Statue des Gottes in einer vergoldeten Barke die drei Kilometer von Karnak zum Tempel von Luxor den Nil hinauf. Es folgten die üblichen Rituale und Festlichkeiten, bevor die Gottheit 23 Tage später ebenso feierlich nach Karnak zurückgebracht wurde.

Ramses nutzte die Gelegenheit, um eines der wichtigsten Ämter, das vakant war – das des Hohenpriesters des Amunkults – neu zu besetzen. Dies war das einzige Amt, das mit einem ähnlichen Ansehen verbunden war wie das des Pharaos selbst. Vermutlich war es üblich, dem Gott die Namen mehrerer Kandidaten vorzulegen; dieser erklärte dann durch ein Orakel welcher ihm genehm sei. Zwar sind keine technischen Einzelheiten über die Durchführung des Orakels bekannt, doch dürfte der Pharao kaum überrascht gewesen sein, als Amun sämtliche Kandidaten aus der Priesterschaft Thebens verwarf und statt dessen einen relativ unbekannten Bewerber aus der Provinzstadt This wählte. Ramses war offenbar daran gelegen, die höchsten

Ämter des Landes mit Personen zu besetzen, denen er vertraute.

Auf der Rückreise zu seiner Residenz im Norden machte Ramses in Abydos halt, um die Fortschritte bei den Arbeiten am zweiten Tempel seines Vaters zu begutachten. Betroffen mußte er feststellen, daß die Bauarbeiten unterbrochen worden waren. Nach den Worten der Inschrift, die er später in die Wände des Tempels meißeln ließ, waren „seine Monumente unvollendet, seine Pfeiler nicht aufgestellt, und seine Statue lag am Boden". Ramses nahm die Sache sogleich in die Hand und ordnete die Fertigstellung des Bauwerks an. Er stellte auch sicher, daß seine Sorge um das väterliche Erbe der Nachwelt überliefert wurde, denn die Inschrift fährt wie folgt fort: „Mitgefühl ist segensreich, und gut ist es, daß ein Sohn sich um seinen Vater sorgt."

Die Arbeiten in Abydos stellten nur einen kleinen Teil des außergewöhnlich ehrgeizigen Bauprogramms dar, das Ramses während seiner gesamten Regierungszeit realisierte. Bei seinen Bauten wie bei der Durchführung aller anderen Vorhaben im Reich konnte Ramses auf einen seit langem etablierten, gut funktionierenden Beamtenapparat zählen, an dessen Spitze der Pharao als Quelle aller Autorität stand.

Bei den täglichen Regierungsgeschäften delegierte der Gottkönig traditionsgemäß einen Großteil seiner Macht an seine beiden Stellvertreter, die Wesire, von denen einer in Memphis, der Stadt des Gottes Ptah, residierte und für Unterägypten zuständig war. Der andere verwaltete Oberägypten von Theben aus, der Stadt des Reichsgottes Amun. Aufgabe der Wesire war es unter anderem, über Landansprüche zu entscheiden, Steuern einzutreiben, für die Aufrechterhaltung der öffentlichen Ordnung zu sorgen und Recht zu sprechen; neben dem Pharao durften nur die Wesire Todesurteile verhängen. Kluge Pharaonen sorgten allerdings dafür, daß ihre Wesire nicht zu eigenmächtig handelten; eine Inschrift im Grab Pasers – des Wesirs von Ramses mit der längsten Dienstzeit – deutet jedenfalls darauf hin, daß dieser, sofern es die Umstände erlaubten, dem Pharao täglich Bericht zu erstatten hatte.

Je nach Strenge des Pharaos hatten die Wesire ein mehr oder minder schweres Amt, wie aus den Worten einer Eidesformel hervorgeht, die Wesire bei Amtsantritt zu sprechen hatten. Den vollständigen Wortlaut fanden Archäologen im Gebiet um Theben als Inschrift in drei Gräbern hoher Beamter; Auszüge des Textes befanden sich in einigen weiteren, einschließlich dem von Ramses' Großwesir. Mit der Aufnahme dieses Diensteides in seine letzte Ruhestätte schien jeder Beamte bekräftigen zu wollen, daß er stets treu seine Pflicht erfüllt hatte.

Wie aus dem Text hervorgeht, war dies keineswegs einfach: „Ein Wesir hat den Bestimmungen entsprechend Recht zu sprechen. Ein Verurteilter soll nicht sagen können: ‚Ich hatte keine Gelegenheit, meine Unschuld zu beweisen.' Lege an den Menschen, den du kennst oder der

dir nahesteht, dieselben Maßstäbe an wie an den, der dir unbekannt ist. Schicke einen Bittsteller nie fort, ohne ihn angehört zu haben. Verliere nie ohne triftigen Grund die Geduld; gerate nur dann aus der Fassung, wenn der Anlaß dies rechtfertigt. Sorge dafür, daß man dich fürchtet, denn nur, wer gefürchtet ist, kann ein rechter Wesir sein." Angesichts der geforderten strengen Rechenschaftspflicht ist die Schlußfolgerung des Pharaos in bezug auf das anspruchsvolle Amt durchaus nachvollziehbar: „Das Amt des Wesirs ist niemals süß, sondern bitter wie Galle."

Die Wesire bildeten die Spitze einer nach unten immer breiter werdenden Verwaltungshierarchie, die sich von hohen Beamten wie den Leitern des Schatzamtes und der Kornspeicher über die Bürgermeister in den Provinzen bis hin zu den Lokalbeamten erstreckte, die für die Überprüfung der Grenzen von Grundbesitz sowie die Überwachung des an den Staat abzuführenden Zehnten der Vieh- und Getreidebestände zuständig waren. Zumindest auf dem Papier waren die Steuereintreiber gehalten, gerecht und nachsichtig vorzugehen. „Sei nicht übermäßig streng", heißt es in einem Text. „Enthält die Liste sehr große Rückstände, die der arme Mann schuldet, so teile sie durch drei und erlasse ihm zwei Drittel davon." In der Praxis jedoch erwiesen sich die Behörden nicht immer als milde, geschweige denn ehrlich. (Haremhab sah sich einmal zu einem Erlaß gezwungen, dem zufolge jedem, der sein Amt mißbrauchte, die Nase abgeschnitten werden sollte.)

Diesen exquisiten, aus Goldblech auf Silber gearbeiteten und mit Glas eingelegten Brustschmuck fand man auf der Mumie eines heiligen Stiers. Er zeigt die Kartusche Ramses' und darunter einen widderköpfigen Falken, das Symbol des Sonnengottes Re, als dessen Sohn der Pharao galt. Der Geier mit ausgebreiteten Flügeln – das Symbol für Oberägypten – hält ein rotes Schen in den Krallen, das Zeichen für Wiedergeburt und Schutz; die Kobra daneben, das Emblem Unterägyptens, versinnbildlicht die Macht. Die Djedpfeiler unten links und rechts sind Symbole der Festigkeit und Stabilität.

Die Tempel und die Streitkräfte, die im wesentlichen aus der Rechtsprechung des Wesirs herausfielen, hatten ihre eigenen Hierarchien und waren unmittelbar dem Pharao verantwortlich. Die größte Sorge des letzteren galt jedoch vor allem der tragenden Säule der ägyptischen Gesellschaft, dem königlichen Hof. Die hohen Beamten des Pharaos verfügten trotz eigenwilliger Titel wie „königlicher Fächerträger" oder „königlicher Tassenträger" aufgrund ihres persönlichen Einflusses auf den Monarchen häufig über bedeutende Macht. Aus ihren Reihen wählte Ramses zahlreiche Kandidaten für die höchsten Staatsämter aus.

Die ganze Hierarchie der Verwaltung stützte sich auf die schwer arbeitenden Kleinbauern, die die überwiegende Mehrheit der etwa drei Millionen Einwohner des Landes bildeten. Ägypten verdankte seinen Wohlstand vor allem dem schmalen, fruchtbaren Streifen Ackerland, der von den Fluten des Nils bewässert wurde und an keiner Stelle breiter – meist sogar erheblich schmaler – als 20 Kilometer war. In guten Jahren, wenn die alljährlichen Überschwemmungen nicht allzu verheerend, aber auch nicht zu spärlich ausgefallen waren, versorgte der Fluß nicht nur diejenigen mit Nahrung, die das Land bearbeiteten; die Überschüsse aus der Landwirtschaft reichten dann aus, um auch Schreiber und Beamte, Priester und Kunsthandwerker zu ernähren.

Zum Reichtum des Landes trugen auch die Bergwerke bei; aus dem Sinai bezog Ägypten Türkis *(S. 55)*, aus Nubien und der ostägyptischen Wüste kam Gold. In guten Jahren trafen aus den Satellitenstaaten zudem hohe Tributzahlungen ein. Anstelle von Münzgeld verfügte Ägypten über ein ausgefeiltes System des Tauschhandels, doch waren den Ägyptern Reichtum und Armut ebenso vertraute Begriffe wie den

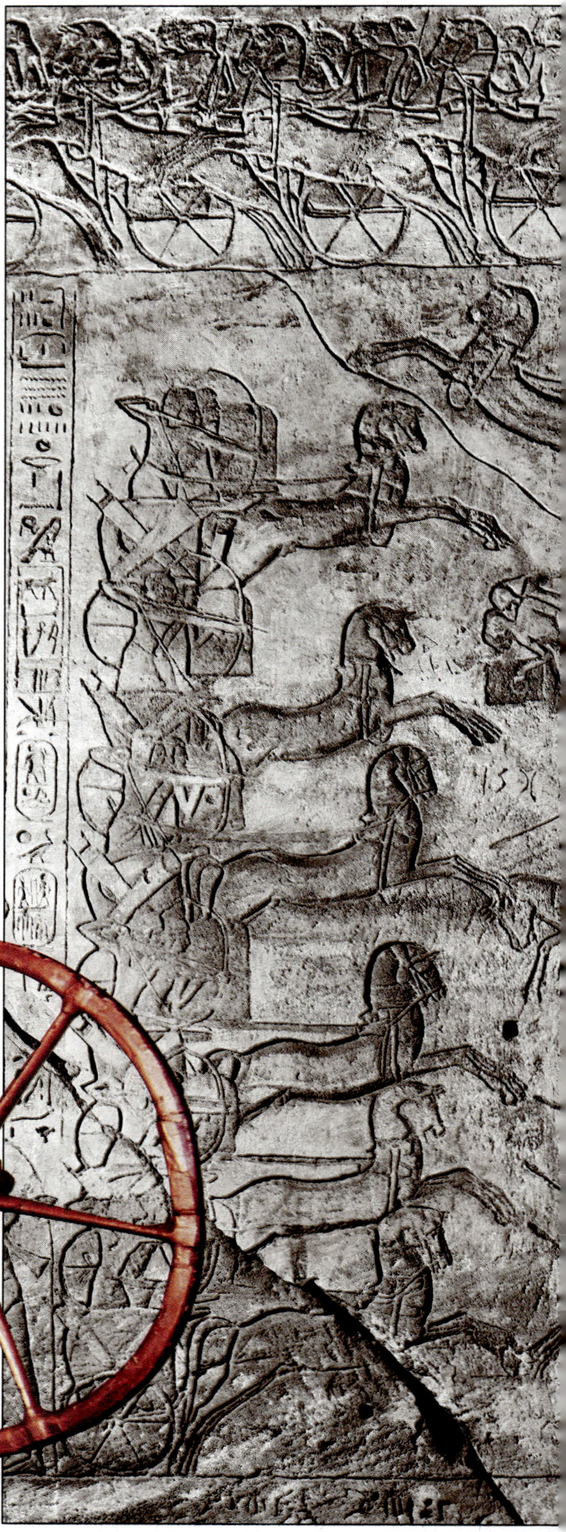

Ein Siegesrelief aus Abu Simbel zeigt den Kampf der Streitwagentruppen in der Schlacht von Kadesch. Ägyptische Streitwagen (links) waren mit zwei, hethitische mit drei Kriegern (rechts) bemannt. Ein besonders elegantes, wendiges Modell eines ägyptischen Streitwagens fand man im Grab des Tutenchamun (unten links).

Menschen in jeder anderen Gesellschaft oder jeder anderen Zeit.

Da Ramses' Vater dafür gesorgt hatte, daß die Schatzkammern des Landes wieder bis zum Rand gefüllt waren und das Militär die führende Rolle in der Region zurückgewonnen hatte, konnte er selbst sich mit dem Reich der Hethiter befassen, mit dem er noch eine alte Rechnung zu begleichen hatte. Im vierten Jahr seiner Herrschaft fühlte sich der Pharao schließlich stark genug, nach Syrien einzumarschieren, was zwangsläufig einen Krieg mit den Hethitern nach sich ziehen mußte. Ramses II. hatte offenbar den Ehrgeiz, seinen Vater noch zu übertreffen, indem er die Macht über die ehemals tributpflichtigen Staaten im Norden zurückgewann und so dem hethitischen Feind eine schwere Demütigung zufügte.

Verglichen mit der etwa tausendjährigen Vormachtstellung des ägyptischen Reichs waren die Hethiter erst relativ spät zur Großmacht aufgestiegen. Rund 600 Jahre zuvor waren sie erstmals in Erscheinung getreten. Noch heute streiten sich die Wissenschaftler, woher diese stämmigen Menschen kamen. Sicher ist lediglich, daß ihre Sprache – ein kompliziertes Idiom, dessen Entzifferung fast ein ganzes Jahrhundert in Anspruch nahm – zur indoeuropäischen Sprachfamilie gehörte. Möglicherweise war das Hethitische sogar die erste historisch belegte indoeuropäische Sprache überhaupt.

Die Hethiter verdankten ihren Aufstieg zu einem guten Teil der Fähigkeit, neue Ideen und Techniken zu übernehmen, mit denen sie bei ihren Wanderungen in Berührung kamen. Besonders ausgeprägt war ihr militärisches Geschick, vor allem beim Einsatz von Streitwagen. Auch die Ägypter verfügten über Streitwagen, die womöglich schon mit den Hyksos ins Land gelangt waren. Während jedoch die Armee des Pharaos ein relativ leichtes Fahrzeug bevorzugte, dessen Besatzung lediglich aus einem Lenker und einem mit Pfeil und Bogen sowie Wurfspeeren ausgerüsteten Krieger bestand, war der massive hethitische Streitwagen eine mobile Kampfplattform, die zusätzlich zu dem Lenker mit einem Schildträger und einem Speerwerfer besetzt war. Hethitische Feldherren nutzten ihre Streitwagen, denen ägyptische Künstler auf Tempelwänden in Luxor und anderswo ein Denkmal setzten, um schnell die feindlichen Linien zu durchbrechen, und nur wenige Gegner konnten der Wucht derartiger Angriffe widerstehen.

Dies war also der Feind, gegen den Ramses II. im Sommer des Jahres 1286 v. Chr. zu Felde zog. Die rund 20 000 Soldaten seiner zuverlässigen und disziplinierten Armee waren in vier Divisionen eingeteilt. Berufssoldaten, die sich zum lebenslangen Dienst für den Pharao verpflichtet hatten und dafür mit Vieh und Ackerland belohnt wurden, bildeten das Rückgrat dieser Truppe, die durch zwangsweise eingezogene Bauern ergänzt wurde. Die gut ausgebildete Armee war relativ schnell zu mobilisieren. Im Ernstfall überwachte der Pharao persönlich im Rahmen einer speziellen Zeremonie die Ausgabe der Waffen aus den staatlichen Arsenalen an die Soldaten.

Bei seinem erstem Feldzug als Pharao hatte Ramses weniger die Absicht, die Hethiter unmittelbar anzugreifen, als vielmehr die ägyptische Präsenz im östlichen Mittelmeerraum wiederherzustellen und die Territorien zurückzugewinnen, die anderthalb Jahrzehnte zuvor nach dem letzten Feldzug seines Vaters verlorengegangen waren. Auf dem Weg durch Kanaan in den Libanon sorgte er mit seinen Truppen dafür, daß die dortigen, oft aufsässigen Volksgruppen erneut zur Loyalität gegenüber Ägypten gezwungen wurden.

Ramses' Ziel war die Provinz Amurru, auf die sowohl Ägypten als auch das Hethiterreich Anspruch erhoben. Angesichts der Streitmacht der Ägypter blieb Amurrus Herrscher Benteschina nichts anderes übrig, als sich erneut der Tributpflicht gegenüber dem Pharao zu unterwerfen. Kaum war Ramses mit seiner Armee jedoch abgezogen, nahm Benteschina Kontakt mit dem hethitischen König Muwatalli auf, um das ihm aufgezwungene Bündnis rückgängig zu machen. Muwatalli mußte wohl oder übel auf die Provokation reagieren. Ein direktes Zusammentreffen der beiden Großmächte im folgenden Jahr war damit unvermeidlich geworden.

Beide Seiten bereiteten sich gründlichst auf den Waffengang vor. Muwatalli versicherte sich der Unterstützung verbündeter und tributpflichtiger Staaten, um die wohl größte Armee aufzustellen, über die die Hethiter jemals verfügt hatten – ägyptischen Angaben zufolge 37 000 Soldaten und 2500 Streitwagen. Auch Ramses befehligte eine gewaltige Streitmacht, bestehend aus ägyptischen Truppen und gefangengenommenen Piraten, die zum Dienst in der Armee des Pharao gezwungen worden waren. Als Ramses schließlich im Frühsommer des Jahres 1285 v. Chr. nach Norden aufbrach, zitterten seinen Schreibern zufolge „alle fremden Länder vor ihm, und ihre Herrscher zollten ihm Tribut, und alle Aufständischen bezeigten seiner Majestät aus Furcht vor seiner Macht ihre Ehrerbietung".

Der Schauplatz, an dem der Kampf schließlich toben sollte, war das seit langem zwischen den beiden Staaten umstrittene Kadesch. Ohne

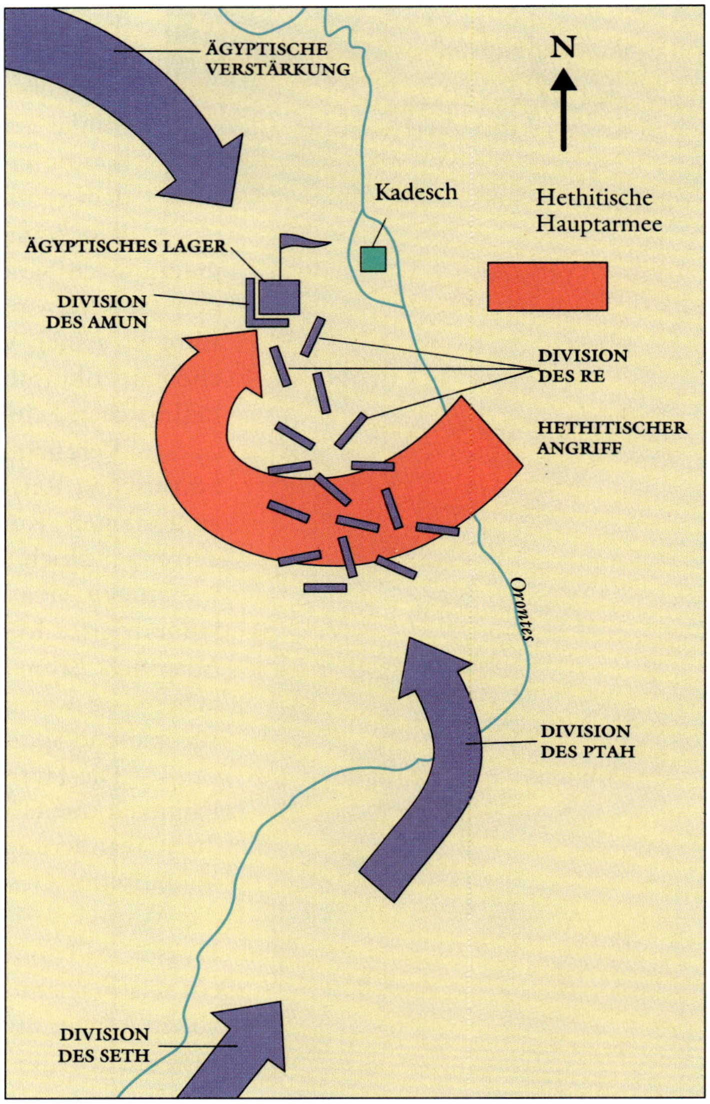

Das oben abgebildete Diagramm zeigt die einander gegenüberliegenden Heerlager bei Kadesch und die Bewegungen der gegnerischen Armeen. Die von Ramses geführten Einheiten (violett) am Orontes sind stark auseinandergezogen. Ein roter Pfeil kennzeichnet den Durchbruch der hethitischen Armee durch die Reihen der Ägypter und den Vorstoß auf deren Lager. Violette Pfeile zeigen die Route der nahenden ägyptischen Elitetruppen, die ihren Landsleuten zu Hilfe eilten.

große strategische Überlegungen anzustellen, beschloß Ramses, seine Armee für den langen Weg nach Norden in zwei Gruppen aufzuteilen. In seinem prächtigen Streitwagen führte er persönlich die ägyptische Hauptstreitmacht von Gaza aus über eine Route durch das Landesinnere. Hilfstruppen sandte er die Küste entlang, von wo aus sie direkt nach Kadesch ins Binnenland vorstießen.

Ramses muß sich seiner militärischen Stärke sehr sicher gewesen sein, denn er traf für den Anmarsch kaum Vorsichtsmaßnahmen, obwohl seine Kundschafter nicht hatten herausfinden können, wo genau die hethitische Armee lagerte. So konnte es geschehen, daß er auf eine uralte, simple List hereinfiel.

Als Ramses sich seinem Ziel, von Süden kommend, auf wenige Kilometer genähert hatte und mit seinen Truppen am Orontes stand, schlossen sich der ägyptischen Vorhut zwei Beduinen an. Man brachte sie zum Pharao, wo man sie über Truppenbewegungen der Hethiter in der Gegend ausfragte. Ramses glaubte ihnen nur allzu bereitwillig, als sie behaupteten, daß Muwatalli sich aus Angst vor der Stärke der Ägypter in das Gebiet um Aleppo knapp 200 Kilometer weiter nördlich zurückgezogen habe, um einer direkten Konfrontation aus dem Wege zu gehen. Dies war ein schwerwiegender Fehler, denn in Wirklichkeit waren die Männer von Muwatalli entsandt worden, um Ramses die Falschinformation zu übermitteln.

Ohne zu ahnen, daß er blindlings in eine Falle ging, setzte Ramses mit der ersten der vier Einheiten seiner Armee, der Division des Amun, über den Orontes und führte sie in die Ebene vor Kadesch. Die restliche Armee, die ihm folgte, verteilte sich über viele Kilometer. Der Pharao beschloß, sein Lager gegenüber der Stadt aufzuschlagen. Seine Männer waren damit beschäftigt, Lasttiere und Ochsenkarren abzuladen und ihre Zelte aufzuschlagen, als einer ägyptischen Patrouille zufällig zwei Kundschafter des hethitischen Königs in die Hände fielen. Unter Folter gestanden die Gefangenen bald, daß die hethitische Armee in Schlachtordnung auf der anderen Seite der Stadt in weniger als drei Kilometer Entfernung zum Angriff bereitstand.

Ramses war wütend. Inschriften zufolge soll er getobt haben: „Aha! Da versteckt sich der Feind also hinter Kadesch, und weder meine ausländischen Verbündeten noch meine ägyptischen Offiziere wissen davon!" Er ließ Boten entsenden, um seine restlichen Divisionen zu versammeln. In der Zwischenzeit berief Ramses den Kriegsrat ein. Doch noch während der Pharao seinen Unterbefehlshabern kräftig die Leviten las, schlugen die Hethiter zu.

Was danach geschah, ist – zumindest von ägyptischer Seite aus – gut dokumentiert, da Ramses seine Version der Ereignisse später in einer großangelegten Propagandaaktion verbreitete. Er beauftragte

Unter den Reliefs im Ramsestempel von Abu Simbel, die an militärische Erfolge des Pharaos erinnern, befindet sich diese Folge. Sie zeigt links den jungen König in seinem Streitwagen mit gespanntem Bogen beim Angriff auf die Syrer; rechts streckt er einen Libyer nieder, während er über einen weiteren hinwegstürmt.

Künstler, verschiedene Szenen der Schlacht in Bildern darzustellen, die dann in ganz Ägypten in Tempelwände eingemeißelt wurden. In Karnak und Luxor, in den neuen Tempeln von Abydos und Abu Simbel sowie in Ramses' eigenem Totentempel, dem Ramesseum, tauchen immer wieder dieselben Szenen auf. Gleichzeitig entstand ein episches Gedicht, das die Heldentaten des Pharaos verherrlichte und weitere Einzelheiten des Feldzugs wiedergab.

Muwatalli schickte also seine Streitwagen über den Orontes. Diese durchstießen die zweite ägyptische Division, die gerade die Ebene vor Kadesch durchqueren wollte, um Ramses zu Hilfe zu eilen, und wendeten sich nach Norden, wo das ägyptische Hauptquartier lag. Reliefs zufolge wurde der Kriegsrat des Pharaos abrupt unterbrochen, als Krieger auf Streitwagen sich gewaltsam einen Weg durch die Mauer aus Schilden an der südwestlichen Ecke des Feldlagers bahnten. Als die Hethiter über die Ägypter herfielen, war das Gros von Ramses' Streitkräften noch meilenweit vom Schlachtfeld entfernt.

Schon schien sich eine Katastrophe anzubahnen, als Ramses II. erkannte, daß nur er das Ruder herumzureißen vermochte. Der Pharao sprang auf seinen Streitwagen und sammelte seine Leibgarde hinter sich. Dann stürmte er mehrfach gegen den Feind an, ohne Rücksicht auf sich und sein Leben. Sein Einsatz zahlte sich aus: Die Hethiter wurden zurückgeschlagen, was um so leichter fiel, als einige in der Gewißheit des bevorstehenden Sieges bereits abgestiegen waren, um Beute zu machen. Dennoch war der Ausgang der Schlacht ungewiß, bis die von der Küste herbeieilenden ägyptischen Hilfstruppen auftauchten. Die hethitischen Streitwageneinheiten, die zwischen Ramses' Kriegern und den neu angekommenen Truppen eingekesselt waren, hatten keine andere Wahl als in Richtung des Flusses zu fliehen, wobei ihnen die vereinigten ägyptischen Streitkräfte dicht auf den Fersen blieben.

Statt einen entscheidenden Sieg feiern zu können, erlitten die Hethiter eine vernichtende Niederlage. Zwei Brüder Muwatallis sowie sein Sekretär, der Kommandeur seiner Leibgarde und mehrere seiner Generäle fielen. Stolz verewigten ägyptische Bildhauer später eine demütigende Szene an den Wänden der Tempel: Sie zeigt einen hethitischen Vasallen, den Prinzen von Aleppo, der es so eilig hatte, schwimmend das andere Ufer des Flusses zu erreichen, daß er fast ertrunken wäre. Seine Soldaten, die ihn aus dem Wasser zogen, stellten ihn ohne Umschweife auf den Kopf, so daß er das geschluckte Wasser wieder ausspuckte. Auch Ramses' Kommentar über die mangelnde Unterstützung im Augenblick der größten Gefahr hielten die Künstler fest: „Keiner von euch war da, nicht ein Mann hob seine Hand, um mir in meinem Kampfe beizustehen. Ich werde keinen von euch belohnen, da ihr mich verließet, als ich allein inmitten meiner Feinde stand."

Im Grab des Nach-Min, der Ramses II. als Streitwagen-Aufseher, Auslandsbote und Befehlshaber der Bogenschützen diente, sind auf diesem Photo aus dem Entdeckungsjahr 1993 Risse in der Decke zu erkennen, die erst abgestützt werden muß, bevor sich die Archäologen in die darunterliegende, mit Sand und Schutt gefüllte Kammer vorwagen können. Die Wände sind mit tierköpfigen Göttern sowie Texten aus den Unterweltsbüchern oder Jenseitsführern verziert.

Die Schlacht hatte im wesentlichen zwischen den ägyptischen und den hethitischen Streitwageneinheiten getobt; die Kerntruppen der beiden Armeen waren gar nicht erst zum Einsatz gekommen. Diese sollten erst am nächsten Tag aufeinandertreffen, nachdem Ramses genug Zeit gehabt hatte, seine Truppen zu sammeln und zu ordnen. Dennoch war er nicht in der Lage, die gewaltige Streitmacht Muwatallis zu besiegen. Als sich nach vielen Stunden des Kampfes noch immer kein Sieg der einen oder anderen Seite abzeichnete, schickte Muwatalli Unterhändler aus, um den Ägyptern einen Waffenstillstand vorzuschlagen. Ramses und seine Generäle waren einverstanden.

Daß die Hethiter als erste ein Friedensangebot unterbreiteten, machte sich Ramses später geschickt zunutze, um Kadesch als einen großen Sieg feiern zu können. Dabei verschwieg er, daß Muwatalli Kadesch beim Abzug der Ägypter nach wie vor fest unter seiner Kontrolle hatte. Darüber hinaus gelang es dem Hethiter, seine Position in Syrien zu stärken, indem er im umstrittenen Gebiet von Amurru einen Marionettenherrscher einsetzte. Anschließend zog er sogar nach Süden und besetzte die ägyptische Provinz Upi. Dies alles hinderte Ramses nicht daran, seinem Volk den Feldzug von Kadesch als großen persönlichen Triumph zu präsentieren. Seine Darstellung der Dinge wäre kaum glaubhaft gewesen, hätte ihm nicht das Schicksal beigestanden: Abgelenkt durch eine unerwartete Herausforderung der Assyrer, einer aufstrebenden Macht am Ostrand seines Reiches, war Muwatalli nicht in der Lage, an seine Erfolge in Syrien anzuknüpfen.

In der Folgezeit konnte Ramses die alten Machtverhältnisse im östlichen Mittelmeerraum wiederherstellen. 1283 v. Chr. eroberte er die verlorene Provinz Upi zurück. Im Jahr darauf drang der Pharao mit seinen Truppen tief in von Hethitern besetztes Territorium nördlich von Kadesch ein, nachdem er die Stadt geschickt umgangen hatte. Wieder ein Jahr später zog er mit seinen Streitkräften erneut durch den Norden Syriens, wo er bei der Belagerung von Dapur großen Mut, ja sogar Tollkühnheit bewies, als er, wie es in Inschriften im Tempel von Luxor sowie im Ramesseum heißt, „ohne seinen Harnisch zwei Stunden lang die feindliche hethitische Stadt attackierte".

Die Ägypter konnten diese Feldzüge relativ ungefährdet durchführen, da das hethitische Reich mittlerweile von Streitigkeiten um die Erbfolge gelähmt war. Muwatalli war gestorben, ohne einen Erben bestimmt zu haben. Daraufhin bestieg der noch jugendliche Sohn einer der niederrangigen Konkubinen des Königs als Mursili III. den Thron. Der unerfahrene Monarch stand jedoch weitgehend im Schatten seines Onkels Hattusili, der das Militär hinter sich wußte. Mißtrauen regierte auf beiden Seiten, und keiner konnte sich gegen den anderen durchsetzen. Aus Angst vor einer Palastrevolte wagte es Mursili nicht, seiner

NEUES AUS RAMSES' VERLOREN GEGLAUBTER STADT

Die „Ramsesstadt" Pi-Ramesse, die schon im Altertum Bewunderung hervorrief, verblüfft die Welt erneut, seit eine Gruppe deutscher Archäologen unter der Leitung von Dr. Edgar Pusch dabei ist, die lange verschütteten Ruinen der großen Hauptstadt des Pharaos im Nildelta freizulegen. Ramses hatte die Stadt offenbar mit dem Ziel gegründet, das Zentrum des ägyptischen Reichs näher an die Handelswege im östlichen Mittelmeerraum zu verlagern.

Die Ergebnisse sind absolut sensationell. Entdeckt wurde unter anderem ein 15 Quadratkilometer großer eingefriedeter Bezirk, halb so groß wie Pi-Ramesse selbst, der als Aufmarschplatz für Schlachten diente und Werkstätten, Exerzierplätze sowie Streitwagen-Depots beherbergte, in denen möglicherweise auch die Pferde der in Pi-Ramesse stationierten Truppen untergebracht waren.

Zunächst rätselten die Archäologen über die hethitischen Funde, die sie an der Ausgrabungsstätte entdeckten: Lanzen- und Pfeilspitzen, Bruchstücke von Kettenpanzern und Formen zum Aushämmern metallischer Beschläge für Schilde, wie man sie eigentlich nur von den Hethitern kannte. Aber waren die Hethiter nicht viele Jahre lang Feinde der Ägypter gewesen? Bald erkannten die Archäologen jedoch, daß diese Funde auf die Periode des Friedens zurückgingen, der im Jahre 1270 v. Chr. durch einen Vertrag zwischen den beiden feindlichen Mächten eingeleitet und später durch die Heirat Ramses' II. mit einer hethitischen Prinzessin besiegelt worden war. Womöglich waren die Fundstücke zusammen mit der Prinzessin in Pi-Ramesse eingetroffen, und möglicherweise schickten die Hethiter sogar Handwerker, die die fortschrittliche Technologie ihres Heimatlandes mitbrachten.

Eine weitere Überraschung bot die Entdeckung von Schmelzöfen, die eine Länge von 15 Metern hatten. Den Wissenschaftlern war zwar aus schriftlichen Quellen und Bildmaterial sowie aus erhalten gebliebenen Artefakten bekannt, daß die Ägypter sich auf das Gießen von Metall verstanden, doch hatte keiner auch nur geahnt, daß sie bereits zu einer so großangelegten Metallproduktion fähig waren.

Die metallverarbeitenden Werkstätten von Pi-Ramesse stellten einen Beweis dafür dar, daß die Ägypter täglich mehrere Tonnen Bronze hätten herstellen können – mehr als genug, um Ramses' Streitkräfte zu versorgen.

Archäologen versuchen, einen achteckige Pfeiler in einer Gießerei in Pi-Ramesse zu heben. Die Schmelzöfen, die – vom Grundwasser überflutet – im Vordergrund zu sehen sind, waren äußerst produktiv; dies geht nicht nur aus ihrer Größe hervor, sondern auch aus Haufen von Metallabfällen und halbfertigen Gegenständen, die in ihrer Umgebung gefunden wurden.

Eine ägyptische Wasserpfeife in der einen Hand, deutet Dr. Edgar Pusch mit der anderen auf eine Gußform, die zur Fertigung von Schilden nach hethitischem Vorbild verwendet wurde, wie man sie in Pi-Ramesse fand. Die Gußform diente zur Herstellung von Bronzestreifen, die anschließend als Versteifung an den Rändern der Schilde angebracht wurden.

Heimat den Rücken zu kehren, um seine Streitmacht persönlich gegen die Ägypter zu führen. Statt dessen mußte er die Verteidigung der bedrohten Ländereien an Untergebene delegieren.

Obwohl Ramses dadurch einen taktischen Vorteil erlangte, konnte er aus seinen syrischen Abenteuern keinen wirklichen Gewinn ziehen. Immer wenn die ägyptischen Armeen sich nach Beendigung eines Feldzuges zurückgezogen hatten, verbündeten sich die Herrscher der soeben eroberten Gebiete wieder mit den Hethitern. Die einzige Möglichkeit, Gehorsam zu erzwingen, wäre gewesen, wie in Nubien und in begrenzterem Maße auch in Kanaan auf Dauer Besatzungstruppen zu stationieren. Aus verschiedenen Gründen war dies jedoch in Nordsyrien nicht durchführbar. Schließlich scheint der Pharao erkannt zu haben, daß weitere militärische Auseinandersetzungen wenig erfolgversprechend waren; jedenfalls finden sich in ägyptischen Quellen keine weiteren Berichte von Feldzügen.

Im folgenden Jahrzehnt eskalierte der Konflikt zwischen Mursili und Hattusili zum offenen Bürgerkrieg, und es ergab sich eine neue Lage. Hattusili blieb Sieger, usurpierte den Thron und zwang seinen Rivalen, ins Exil zu gehen. In höchster Not wandte sich Mursili daraufhin ausgerechnet an den Erzfeind der Hethiter. Er reiste nach Pi-Ramesse und bat den Pharao, ihm wieder auf den Thron zu verhelfen.

Damit befand sich Hattusili in einer gefährlichen Lage. Im Osten noch immer von den Assyrern bedroht, mußte er jetzt auch noch mit einer Invasion der ägyptischen Armee rechnen – mit Mursili im Gefolge, der sich zweifellos der Unterstützung zumindest eines Teils des hethitischen Volkes sicher sein konnte. Um ein militärisches Fiasko zu vermeiden, strebte der alte Haudegen deshalb eine diplomatische Lösung an. Die beiden Großmächte traten in Verhandlungen ein. Im Winter des Jahres 1270 v. Chr., rund 16 Jahre nach der Schlacht von Kadesch, trafen in Pi-Ramesse sechs hethitische und ägyptische königliche Abgesandte ein, nachdem sie bezüglich der Differenzen zwischen beiden Staaten zu einer Übereinkunft gelangt waren.

Der Friedensvertrag zwischen Ramses und Hattusili war in jeder Hinsicht außergewöhnlich. Obwohl darin keine spezifischen Grenzen erwähnt wurden, scheint Ramses auf seinen Anspruch auf Kadesch und Amurru verzichtet zu haben. Im Gegenzug wurde Ägypten die Kontrolle über die Küstengebiete des östlichen Mittelmeerraums zugesprochen sowie freier Zugang zu Häfen bis hin in das weit im Norden – im heutigen Syrien – gelegene Ugarit, das seit über einem Jahrhundert kein ägyptischer Emissär mehr betreten hatte. Weiterhin einigten sich die beiden Mächte auf einen gegenseitigen Nichtangriffspakt und verpflichteten sich sogar, einander im Falle eines Angriffs durch einen Dritten zu Hilfe zu kommen. In einer weiteren Klausel vereinbarte man die Auslieferung von Flüchtlingen, die, sofern sie niederen Ranges waren, strafrechtlich nicht verfolgt werden sollten. Hochrangigen Flüchtlingen blieb dieses Privileg verwehrt – möglicherweise deshalb, weil Hattusili den Gedanken nicht ertragen konnte, ausgerechnet seinem Rivalen Mursili Straffreiheit zuzusichern.

Die formellen Aspekte des Friedensvertrags waren kaum weniger bemerkenswert als sein Inhalt. Der Wortlaut wurde, eingeritzt auf einer Silbertafel, nach Pi-Ramesse gebracht. Für die ägyptischen Staatsarchive fertigte man Kopien auf Papyrus an, und darüber hinaus ließ Ramses den Vertrag in die Wände des Tempels von Karnak sowie des Ramesseums meißeln, wo er noch heute nachzulesen ist. Um die Einhaltung des Vertrags zu gewährleisten, berief man sich auf die Götter der beiden Länder als Zeugen des Pakts.

Jahrelang waren lediglich die ägyptischen Niederschriften des Vertrags bekannt; Historiker konnten nur vermuten, daß ähnliche Kopien am hethitischen Königshof aufbewahrt worden sein mußten. Dann aber, an einem heißen Augusttag des Jahres 1906, machte der deutsche Archäologe Hugo Winckler bei Ausgrabungen in Hattusa, der in Ruinen liegenden hethitischen Hauptstadt, eine faszinierende Entdeckung. Ein Assistent brachte ihm eine soeben ausgegrabene Tontafel. Die Tafel war mit babylonischen Schriftzeichen beschrieben, also in der internationalen Diplomatensprache zur Zeit des Neuen Reichs. Winckler, ein Spezialist für alte Sprachen, merkte schnell, daß er fast wortwörtlich die Formulierungen von Hattusilis Vertrag mit Ramses vor sich hatte, der über 1500 Kilometer weiter südlich in Hieroglyphenschrift in die Wände von Karnak eingemeißelt war. Etwa drei Jahrtausende nach dem historischen Ereignis war Winckler auf eine hethitische Kopie des Vertrags gestoßen – ein Augenblick, der ihm, wie er später erklärte, wie ein Märchen aus *Tausendundeine Nacht* vorkam. „Alles, was ich je erlebt hatte, verblaßte im Vergleich dazu", fügte er hinzu.

Als weiteren Beweis ihrer Absicht, den Vertrag einzuhalten, tauschten die beiden Monarchen schriftlich Glückwünsche aus, und ihre Hauptgemahlinnen taten es ihnen – in identischen Formulierungen – gleich. Offizielle Grüße an den hethitischen Königshof sandten auch die Königinmutter, der Kronprinz und der Wesir von Theben. Während Ramses das Kommen und Gehen der Gesandten zwischen den beiden Königshöfen verfolgte und ihnen die Strapazen der Verhandlungen mit kostbaren Stoffen und Juwelen versüßte, dürfte er in zweifacher Hinsicht mit sich zufrieden gewesen sein. Zum einen war es ihm gelungen, in seiner langen Auseinandersetzung mit den Hethitern sein Geschick und seinen Mut als Feldherr unter Beweis zu stellen, und zum anderen konnte er nun aufgrund seines gelungenen diplomatischen Schachzugs die Früchte eines gesicherten Friedens ernten.

EIN HAUS FÜR DIE GÖTTER

Der Pharao und seine Untertanen lebten in Häusern aus Lehmziegeln und Holz, die längst zerfallen sind. Die Tempel hingegen wurden aus Stein und zum ewigen Ruhm der Götter gebaut, und das ist auch der Grund, warum so viele bis zum heutigen Tag erhalten geblieben sind. Auch wenn die meisten nur noch Ruinen sind, erinnern sie doch an eine glanzvolle Vergangenheit.

Zu den größten und schönsten dieser Tempel gehört das von Sethos I. begonnene und von dessen Sohn Ramses II. beendete Nationalheiligtum von Abydos, das Zentrum des Kultes um Osiris, den Gott der Toten und der Vegetation. Zu diesem Ort 150 Kilometer nördlich von Theben, der nach dem Glauben der alten Ägypter letzten Ruhestätte von Osiris, kamen Gläubige aus dem ganzen Land.

Sethos' Entscheidung, seinen Tempel in Abydos zu bauen, spiegelte den Wunsch des Pharaos wider, seinen Herrschaftsanspruch zu legitimieren. Sein Vater, mit dem die 19. Dynastie begann, war ebensowenig wie seine Mutter königlicher Abstammung gewesen. Was konnte also für Sethos besser sein, als seinen Namen mit dem des Gottes in Verbindung zu bringen, dessen Kult fast so alt schien wie Ägypten selbst? Unter dem Pharao Echnaton waren die alten Götter zugunsten einer einzigen Gottheit – Aton – abgeschafft worden. Nun konnte jedermann sehen, wie Sethos ihnen mit einem neuen Haus, das er für Osiris und sie errichten ließ, ihre alte Bedeutung wiedergab.

Um aus dieser Gelegenheit das Beste zu machen, ließ der Pharao sich und seinen jungen Erben Ramses, vor einer langen Liste der ägyptischen Könige stehend, an einer Wand des Heiligtums *(oben)* porträtieren. (Die eindrucksvolle Namensliste reicht 1600 Jahre zurück bis zu Menes, dem die Vereinigung des Landes zugeschrieben wird.) Durch diesen klugen Schachzug reihte sich Sethos selbst in die Liste der Pharaonen ein.

Die Ägypter betrachteten den Pharao als Mittler zwischen den Sterblichen und den Göttern. Mit dem Bau des Tempels, der als Einladung an die Götter galt, wohlwollend auf die Ägypter herabzublicken und ihnen ein langes Leben und reiche Ernten zu schenken, dürfte Sethos daher bei seinen Untertanen nur auf Zustimmung gestoßen sein.

EIN ABBILD DER INSEL DER SCHÖPFUNG

Die Architektur von Sethos' Tempel geht wie die aller ägyptischer Tempel auf das Bauwerk aus Schilfrohr zurück, das der ägyptischen Mythologie nach auf dem Urhügel errichtet wurde, auf dem das Leben entstand. Der Hügel, so hieß es, erhob sich aus dem Wasser und dem Dunkel und wurde zur Heimat eines göttlichen Falken. Um den Falken zu schützen, errichtete man ihm einen Tempel aus Schilfgras.

Der Tradition entsprechend besteht Sethos' Tempel aus Vorhöfen und Säulenhallen, die zu einem Heiligtum führen. Hier spiegeln sieben kleine Kapellen mit ihren Dimensionen und gerundeten Decken das einfache Baumuster des ursprünglichen Gebäudes aus Schilfgras wider.

In einer Hinsicht allerdings wich Sethos' Bauplan *(rechts)* von der vorgegebenen Tradition ab: Der rechteckige wurde durch einen L-förmigen Grundriß ersetzt. Der Flügel, in dem die Tempelverwaltung untergebracht war, konnte offenbar nicht anders angefügt werden, da auf dem Gelände dahinter das Scheingrab des Sethos mit einer Nachbildung des mythischen Osirisgrabs entstand.

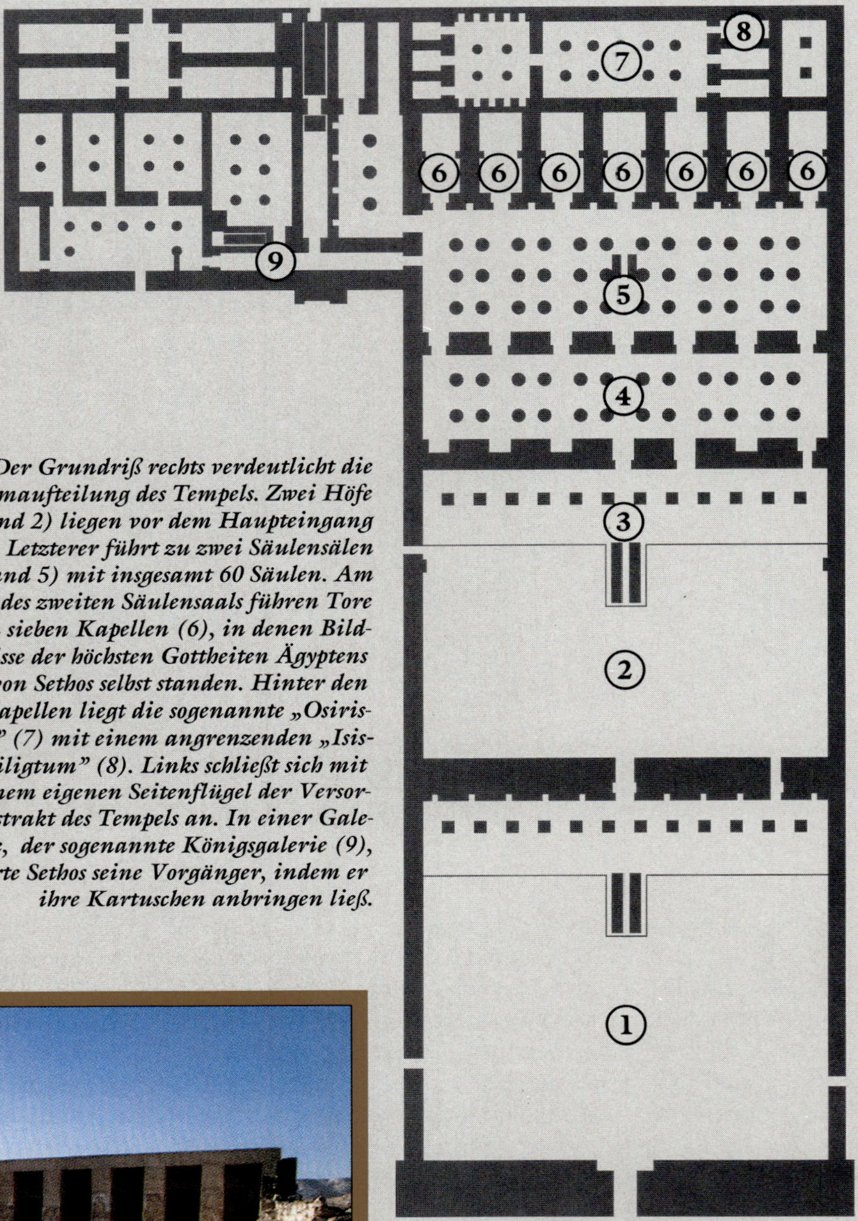

Der Grundriß rechts verdeutlicht die Raumaufteilung des Tempels. Zwei Höfe (1 und 2) liegen vor dem Haupteingang (3). Letzterer führt zu zwei Säulensälen (4 und 5) mit insgesamt 60 Säulen. Am Ende des zweiten Säulensaals führen Tore in sieben Kapellen (6), in denen Bildnisse der höchsten Gottheiten Ägyptens und von Sethos selbst standen. Hinter den Kapellen liegt die sogenannte „Osirishalle" (7) mit einem angrenzenden „Isis-Heiligtum" (8). Links schließt sich mit einem eigenen Seitenflügel der Versorgungstrakt des Tempels an. In einer Galerie, der sogenannte Königsgalerie (9), ehrte Sethos seine Vorgänger, indem er ihre Kartuschen anbringen ließ.

Hinter den Ruinen eines Pylonen erhebt sich Sethos' wiederaufgebauter Tempel. Er war eingestürzt, nachdem die Erde, mit der man einen Kanal unter seinen Mauern aufgefüllt hatte, nachgegeben hatte. Auf dem Kanal waren vermutlich Steinblöcke zur Baustelle transportiert worden.

Rames II., der den Tempel seines Vaters fertigstellte, nutzte die Gelegenheit, sich selbst ein Denkmal zu setzen. Sein Bildnis ziert die Pfeiler des Eingangs; die Wände des ersten Hofes ließ er mit Darstellungen seiner Siege ausschmücken.

EIN WALD VON SÄULEN UND ERZÄHLENDE WÄNDE

Nach ägyptischer Auffassung wohnte den Tempeln Leben inne. Wandreliefs und Hieroglyphen beschrieben Rituale, die, wie man glaubte, dazu beitrugen, Ägypten vor dem Rückfall in das Chaos zu bewahren – das Chaos, das vor dem Auftauchen des Urhügels aus dem Urozean geherrscht hatte.

Gläubige Ägypter waren nicht nur davon überzeugt, daß die Menschen gemeinsam mit dem ersten Tempel bei der sogenannten „ersten Gelegenheit" erschaffen worden waren; sie glaubten auch, daß die treibenden Kräfte der Welt – Königtum, Ethik, Recht und Religion – zur selben Zeit entstanden waren. Und da am Anfang alles vollkommen gewesen war, fiel den Pharaonen und Priestern die Aufgabe zu, für die Aufrechterhaltung dieser Ordnung zu sorgen, indem sie die Götter durch Gebete und regelmäßige Speise- und Weinopfer gnädig stimmten. Auch die Wandreliefs, die Wasservögel, geschlachtete Stiere, Gemüse, Obst und andere Köstlichkeiten darstellten, galten aufgrund der ihnen innewohnenden Magie als Nahrung der Götter. „Komm zu diesem Brot, denn es ist noch warm", lautet eine Inschrift, „zu deinem Bier und diesen deinen besten Fleischstücken, die der König für dich bereitet hat."

In demselben Sinne ließen Sethos und Ramses den Tempel von Abydos vom Fußboden bis zur Decke mit Szenen ausschmücken, die sie in Gegenwart der Götter bei der Erfüllung ihrer religiösen Pflichten darstellen. Sethos und Ramses glaubten, als Osiris wiedergeboren zu werden und sowohl Unsterblichkeit als auch göttlichen Status zu erlangen. Nach dem Tod der Könige fiel den Priestern die Aufgabe zu, Tag für Tag und Jahr für Jahr die althergebrachten Rituale zu wiederholen, auf daß Ägypten wie die Pharaonen und die Gottheiten selbst „so lange wie der Himmel, für ewig und alle Zeiten, existierten".

Am Eingang zum ersten Säulensaal steht Ramses II. vor Thot, dem Gott der Weisheit, der ihn mit Wasser – in Form von Henkelkreuzen, den altägyptischen Lebenssymbolen – läutert. Links erhält der Pharao den Atem des Lebens von Horus, dem Sohn von Isis und Osiris.

Vom zweiten Säulensaal führen Rampen und Stufen zu den auf einer höheren Ebene liegenden Kapellen. Indem die Erbauer das Sanktuarium gegenüber den Säulensälen erhöhten, folgten sie einer alten Tradition; sie bauten damit symbolisch die Insel der Schöpfung nach, auf der nach dem Glauben der alten Ägypter der erste Tempel gestanden hatte.

DAS REICH DER KÖNIGE UND TEMPELPRIESTER

Als Heimstatt der Götter war Sethos' Tempel ausschließlich den Königen, Beamten und Priestern vorbehalten. Angehörige des einfachen Volkes wurden allenfalls zu besonderen Anlässen in die Höfe des Tempelbezirks vorgelassen. Gänzlich verschlossen blieben ihnen hingegen die sieben Kapellen an der Rückseite des Tempels und die sich anschließenden Räume, in denen die Priester dem Osiriskult huldigten.

Dem Glauben der Ägypter zufolge wohnten in den Kapellen die Geister der Götter. Dennoch stellte man sie durch Statuen dar, um sie besser anbeten zu können. Diese Statuen wurden wie lebende Wesen behandelt und Tag für Tag vorzüglich umsorgt. Priester beweihräucherten und badeten sie, zogen ihnen frische Kleidung an und brachten ihnen Speisen und Getränke.

Obwohl Sethos wußte, daß im Dämmerlicht des Tempels viele der Szenen an der hohen Wand vor den Kapellen schwer zu erkennen sein würden, ließ er keine Einzelheit aus – weniger, um die Augen der Sterblichen zu erfreuen, als vielmehr, um die Gunst der Götter zu erlangen. Die noch immer farbigen Reliefs zeigen Sethos bei der Erfüllung der Vielzahl seiner religiösen Verpflichtungen, und die sie begleitenden Hieroglyphen geben den Wortlaut der dazugehörigen Gebete und Gesänge wieder.

Die Künstler des Pharaos skizzierten zunächst die Umrisse der Figuren auf ein enges Gitternetz und meißelten sie dann, meist im Dreiviertelprofil, aus dem Stein. Dieses Vorgehen spiegelte die ägyptische Sicht der Ewigkeit wider: Die Vollkommenheit und Unveränderlichkeit aller Dinge seit der Erschaffung des Lebens.

Hinter einer Säule verborgen (links) liegt die Kapelle des Reichsgottes Amun. In den Nischen zu beiden Seiten standen vermutlich Götterstatuen. Die Reliefs zählen zu den schönsten Ägyptens; im oben abgebildeten Ausschnitt verleiht Iusas, die Gefährtin des Schöpfergottes Atum, Sethos den Atem des Lebens.

Im Heiligtum der Isis, der Gemahlin und Schwester von Osiris, opfert Sethos der Göttin Wein. Sethos ließ den Tempel im Flachrelief ausschmücken, das eine genauere Darstellung erlaubte, aber größere Fertigkeit verlangte als die versenkten Reliefs, die Ramses in Auftrag gab.

IM REICH DER SYMBOLIK UND MAGIE

Die Wandreliefs im Tempel des Sethos sind von tiefer Symbolik durchdrungen, so auch die der Osiriskapelle, in der sich das rechts abgebildete Relief befindet. Es zeigt Standarten mit Bildnissen von Gottheiten, die bei königlichen Bestattungsprozessionen mitgeführt wurden. Alle diese Götter, die man mit dem Leben nach dem Tode assoziierte, sind in Gestalt von Tieren dargestellt. Dem Zug voraus zieht, in Schakalgestalt Ober- und Unterägypten symbolisierend, Upuaut. Auf der ersten Standarte bewacht er eine Schlange – ein Tier, das man im alten Ägypten wegen seiner regelmäßigen Häutung mit der Ewigkeit verband. Die zweite Standarte zeigt Upuaut in ruhender Stellung. Diese beiden Symbole führten in Abydos die feierlichen Leichenzüge an; alle anderen, die hier zu sehen sind, folgten in der Prozession. Das paddelähnliche Objekt unter der zweiten Upuaut-Figur ist ein Sechem, das Symbol des Totengottes Anubis. Auf der dritten Standarte steht Horus, gefolgt von der lokalen Gottheit Onuris-Schu. Den ganzen Trauerzug beherrscht das Reliquiar des Osiris, in dem angeblich dessen Kopf aufbewahrt wurde. Befestigt ist es auf einem Schrein, der durch die Massen der ehrfürchtigen Gläubigen getragen wurde.

Eine Schale mit Weihrauch, „der Schweiß des Gottes, der auf die Erde fiel", leitet als Symbol der Reinheit die Szene ein (links). Die Lotosblüten rechts auf einem Tisch, auf dem mit Salben gefüllte Krüge stehen, symbolisieren die Hoffnung der Ägypter auf ein Leben nach dem Tode.

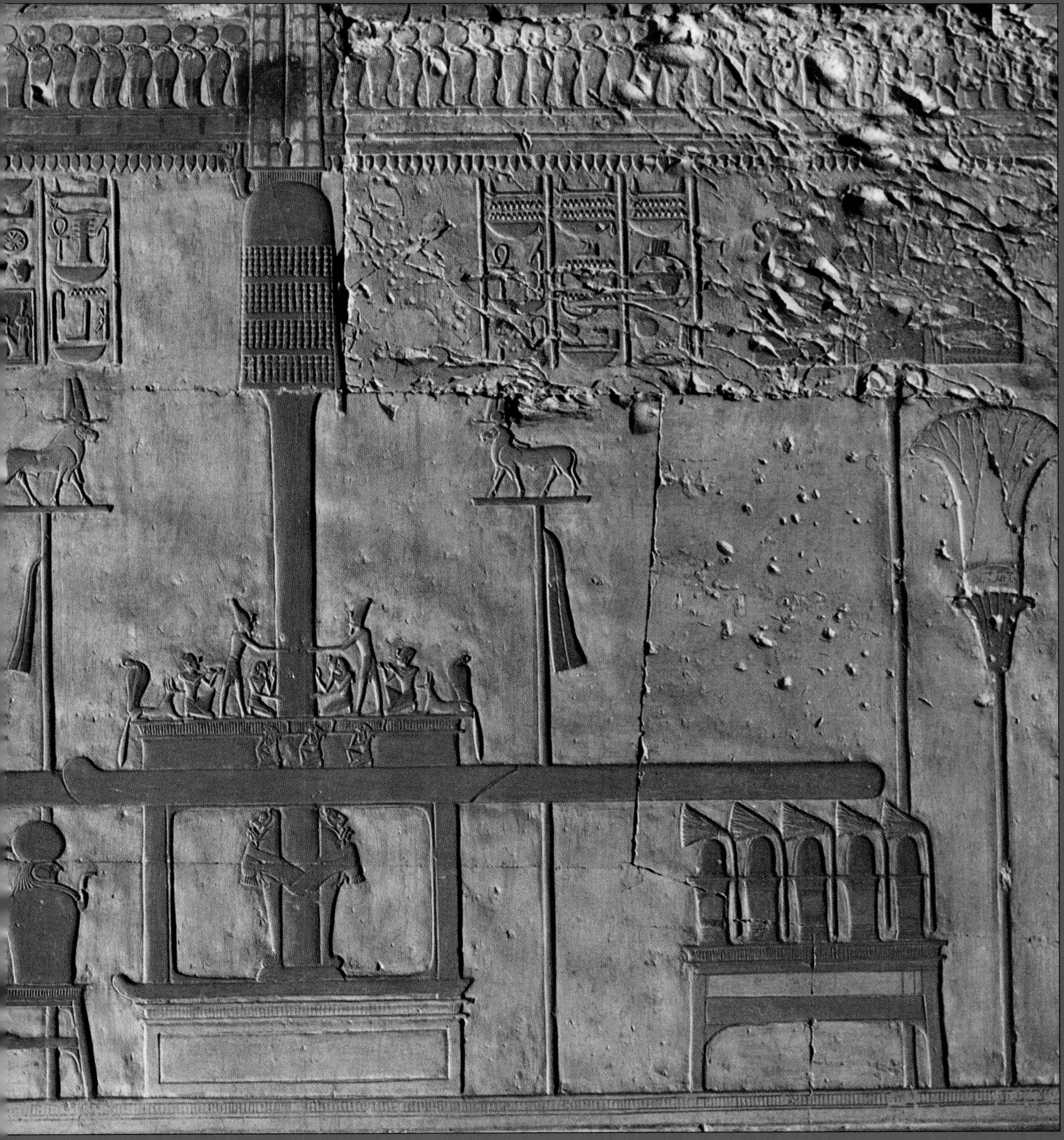

EIN MEISTER DES PERSONENKULTS

Anfang des 19. Jahrhunderts fuhr der weitgereiste Schweizer Arabist Johann Ludwig Burckhardt den Nil hinauf in das geschichtsträchtige Nubien. Er hatte Assuan lange hinter sich gelassen, als ein riesiger steinerner Kopf auftauchte, der aus dem Sand oberhalb des Flußufers ragte. Bewundernd blickte Burckhardt zu ihm hinauf: „Es war ein höchst ausdrucksstarkes, jugendliches Antlitz", schrieb er, „das dem griechischen Schönheitsideal näherkam als jede andere altägyptische Statue, die ich je gesehen hatte."

Das Antlitz, dem sich Burckhardt gegenübersah, gehörte zu einer Kolossalstatue von Ramses II.; drei weitere, überlebensgroß wie die erste, lagen unter Tonnen von Sand begraben, der im Laufe der Jahrhunderte vom Wind aufgetürmt worden war. Obwohl Burckhardt nicht wissen konnte, was die Wüste in ihrem Boden beherbergte, hatte er eine fast hellseherische Vorahnung: „Könnte man den Sand beiseite schaffen, so würde man einen großen Tempel entdecken."

Rund 20 Tonnen schwer ist der Kopf Ramses' II., den Arbeiter bei der Rettung des Tempels von Abu Simbel vorsichtig auf die Schultern der Kolossalstatue dirigieren. Der Tempel, der zu den größten Bauwerken Ramses' gehört, war durch den Bau des Hochdamms von Assuan zur Regulierung des Nils gefährdet.

Schon wenige Jahre später, nämlich 1817, grub der italienische Gewichtheber, Erfinder und Amateurarchäologe Giovanni Belzoni, der Burckhardts Schilderungen mit Interesse zur Kenntnis genommen hatte, diesen Tempel aus, der heute unter seinem ägyptischen Namen Abu Simbel bekannt ist. Nach 22 Tagen Arbeit, in denen Belzoni und sein Team in der sengenden Augusthitze den Sand weggeschafft hatten, standen sie vor „vier riesigen sitzenden Kolossen, den größten in Ägypten oder Nubien, die große Sphinx bei den Pyramiden ausgenommen, deren Größe sie zu etwa zwei Dritteln erreichen".

Bei weiteren Grabungen fanden Belzoni und seine Männer eine Tür in der gemauerten Front zwischen den Statuen. Aufgeregt traten sie ein. Das Innere des Tempels bestand aus mehreren, in das Gestein gehauenen Kammern. Belzoni erkannte sofort, daß es „ein sehr großer Raum war; unser Erstaunen wuchs jedoch noch weiter, als wir gewahr wurden, daß wir in einem der großartigsten Tempel standen, der mit herrlichen Intaglien [eingravierten Bildern], Malereien, Kolossalbildnissen etc. ausgeschmückt war." Den Versuch, einige der erstaunlichen in das Relief eingemeißelten Schlachtszenen abzuzeichnen, mußte er jedoch aufgeben. „Die Hitze war so erdrückend, daß wir kaum zeichnen konnten, da der Schweiß an unseren Händen das Papier schnell erweichte. Wir mußten dies also späteren Reisenden überlassen . . ."

Da die Hieroglyphen erst fünf Jahre später entziffert werden sollten, konnte Belzoni nicht wissen, wer der Mann war, der diesen Tempel hatte erbauen lassen und dessen Bild innen wie außen allgegenwärtig war. Dennoch war dies nicht Giovanni Belzonis erste Begegnung mit den Werken, die Ägyptens berühmtester Pharao hinterlassen hatte.

Ein Photo aus der Zeit um die Jahrhundertwende zeigt eine auf dem Rücken liegende Statue von Ramses II. in einem Palmenhain des ehemaligen Memphis. Das Bildnis war eine von elf Kolossalstatuen, die Ramses von sich anfertigen und unübersehbar in der Nähe des Ptahtempels aufstellen ließ. Ptah galt als Schutzpatron der Kunsthandwerker.

Im Jahr davor hatte Belzoni westlich des Nils gegenüber von Theben, etwa 550 Kilometer nördlich von Abu Simbel, eine andere große Steinbüste entdeckt. Die Statue war fälschlicherweise unter der Bezeichnung „der junge Memnon" bekannt geworden, da sie vor den Ruinen eines Tempels lag, den man für das Memnonium hielt. Staunend stand Belzoni vor dem Kunstwerk. „Seine Schönheit übertraf meine Erwartungen, im Gegensatz zu seiner Größe", schrieb er später.

Die Statue war einst eine vollständige Figur gewesen; durch Vandalismus, Erdbeben und den Einfluß der Elemente waren nach 3000 Jahren jedoch nur Kopf und Schultern intakt geblieben. Dennoch wog das halb im Sand versunkene Fragment über sieben Tonnen, und so benötigte der Italiener mit seinen eigens dafür angeheuerten Arbeitern 17 Tage, um es zum nahen Ufer zu transportieren. Später beschrieb er die Hilfsmittel, die er zu diesem Zweck aus Kairo mitgebracht hatte: „14 Stangen, von denen acht für eine Art Schlitten verwendet wurden, auf den wir die Büste legten, vier Taue aus Palmblättern und vier Rollen, aber keinen einzigen Flaschenzug."

Von den 80 Arbeitern, um die Belzoni die Behörden gebeten hatte, tauchten anfangs nur wenige auf; am Ende aber waren es bis zu 130. „Mit Hilfe von vier Hebeln", schrieb er, „hob ich die Büste so weit an, daß darunter gerade genug Raum war, um den Schlitten unterzuschieben; nachdem die Büste dann langsam auf den Schlitten verfrachtet worden war, ließ ich diesen vorne anheben, um eine der Rollen darunterzuschieben. Dasselbe tat ich dann am hinteren Ende. Zum Schluß verteilte ich vorne die Männer gleichmäßig an die vier Taue."

Am ersten Tag, dem 27. Juli, konnte Belzoni die Büste nur ein paar Meter von ihrem ursprünglichen Standort wegbewegen. Am nächsten Tag waren es bereits 45 Meter, wobei er allerdings die Sockel von zwei Säulen des Tempels zerstören mußte, um für seine Last den Weg frei zu machen. Nach knapp 140 Metern versank die Statue unerwartet im Sand, so daß ein 270 Meter langer Umweg über festeren Untergrund gefunden werden mußte. Die neue Strecke schien jedoch besser geeignet zu sein, denn nun ging es immer zügiger voran. Geschwächt von der sengenden Sommersonne und durch ein erneutes Ausbleiben seiner Arbeiter in seinem Tatendrang gebremst, erreichte Belzoni erst am 12. August den Nil. Dann brachte ein Schiff die Büste flußabwärts nach Alexandria; von dort wurde sie ins British Museum nach London verschifft, wo sie noch heute zu bewundern ist.

Belzoni war mit Recht stolz auf seine Leistung, denn frühere Schatzsucher hatten es nicht geschafft, den Kopf überhaupt von der Stelle zu bewegen. Angesichts der Tatsache, daß die abgebrochene Büste nur einen Bruchteil der gesamten Figur ausmachte, verblaßt diese Tat jedoch im Vergleich zu der von Ramses' Arbeitern, die den Monolithen aus dem Muttergestein gemeißelt und die ganze Statue anschließend den weiten Weg vom Steinbruch nach Theben transportiert hatten.

Als Wissenschaftler im Zuge der Erforschung Ägyptens im 19. Jahrhundert endlich den Schlüssel zur Entzifferung hieroglyphischer Inschriften gefunden hatten, waren sie in der Lage, immer mehr Statuen als Bildnisse des darstellungssüchtigen Ramses II. zu identifizieren. Auf Statuen, Tempeln, Stelen und Obelisken vom Nildelta bis Nubien war die Signatur oder die Kartusche „User-maatre setepenre" (Stark im Recht ist Re, Auserwählter von Re) des Königs allgegenwärtig *(S. 21)*. Kein Herrscher vor oder nach ihm hat mit derartiger Besessenheit die Verbreitung seines eigenen Bildnisses betrieben – nicht einmal Ramses' Vorbild, der Pharao und Baumeister Amenophis III.

Die Lithographie aus dem Jahre 1842 zeigt das gefallene Sitzbildnis Ramses' II., dem Shelley in seinen Gedicht „Ozymandias" zynische Unsterblichkeit verlieh, mit dem vom Künstler ergänzten Antlitz des Königs. Die Statue stand einst im ersten Hof des Ramesseums, das als Totentempel des Pharaos errichtet worden war. Wie das Photo rechts zeigt, liegen die Bruchstücke der Statue, die bei einem Erdbeben umstürzte, noch heute dort am Ende einer Säulenreihe.

Obgleich Ramses seine Position als König dazu nutzte, sich selbst unzählige Denkmäler zu setzen, unterschied er sich kaum von seinen Vorgängern oder Nachfolgern. Ägyptens Herrscher waren nicht nur Monarchen, die, weit über die übrigen Sterblichen erhaben, das Land regierten. Vielmehr bestand ihre Rolle vornehmlich darin, zwischen den Göttern und den Menschen am Nil zu vermitteln, eine Rolle, die sie von jeher innegehabt hatten. Ihre Aufgabe war es, die Stabilität der ägyptischen Weltordnung zu wahren und für Recht und Wahrheit zu sorgen. Diese grundlegenden Harmonien vereinigten sich im Begriff Maat, den die gleichnamige Göttin – eine Tochter des Re – verkörperte.

Der Pharao trug zum Prinzip der Maat in erster Linie durch seine bloße Existenz bei. Der König galt als irdische Verkörperung des Falkengottes Horus und nahm zu Beginn seiner Herrschaft den Thronnamen an, der eines der göttlichen Attribute widerspiegelte. Ramses' Vater war der „starke Stier, der in Theben erscheint" und „Ernährer der beiden Länder" gewesen, während Ramses sich für „starker Stier, geliebt von Recht und Wahrheit" entschied. Wie viele seiner Vorgänger war der Pharao auch der „Sohn des Re" und stand als solcher unter dem persönlichen Schutz des Gottes.

Im Laufe der Jahrtausende war die Religion der Ägypter jedoch immer subtiler geworden, und so repräsentierte nun das Amt des Pharaos an sich den Gott Horus – und nicht etwa die Person, die dieses Amt für die kurze Dauer ihres Lebens innehatte. Erst wenn der König starb, erlangte er den dauernden Status eines Gottes. Sein Nachfolger, die nächste Verkörperung des Gottes Horus, bettete ihn zur letzten Ruhe; dabei vereinigte sich der Verstorbene mit seinen toten Ahnen sowie mit Osiris und nahm an deren Seite seinen Platz im ägyptischen

Pantheon ein. Der Kult des toten Gottkönigs wurde fortan in dem speziell für ihn errichteten Totentempel, dem „Haus von Millionen von Jahren", zelebriert. Bei den Zeremonien, die dort stattfanden, wurde das Bildnis des gottgewordenen Pharaos gesalbt und eingekleidet, und täglich bot man ihm frisch zubereitete Speisen und Getränke dar, wie man dies auch für die anderen Götter wie Amun, Ptah und Re in ihren jeweiligen Tempeln tat. Von der korrekten Durchführung dieser Rituale, so glaubten die Ägypter, hing das Schicksal des Landes ab.

In der Praxis hingegen resultierte die Harmonisierung im Sinne der Maat aus den täglichen Handlungen des Pharaos. Zumindest theoretisch war der Pharao der Hohepriester eines jeden Tempels und als solcher für die Einhaltung der Rituale im Lande verantwortlich. Zudem fungierte er als ägyptisches Staatsoberhaupt und somit als weltlicher Führer, Gesetzgeber und oberster Richter des Landes. Seine Bauwerke, Säulen, Obelisken, Stelen und Statuen sowie die Monumente, die er in fast allen Städten seines Herrschaftsgebiets in Auftrag gab, sollten dem Volk zeigen, daß alles seinen rechten Gang ging.

Schon als Prinzregent hatte sich Ramses sehr für Baumaterialien und -vorhaben interessiert. Ehrfürchtig und voller Staunen hatte er die Arbeiten an dem großartigen Grab seines Vaters im Tal der Könige sowie an Sethos' wunderschönem Osiristempel in Abydos verfolgt, und wie sein Vater bewunderte er die reichhaltig verzierten, großangelegten und geschmackvollen Entwürfe Amenophis' III. So kann man es Ramses nicht verdenken, daß er bereits in jungen Jahren davon träumte, eines Tages in Amenophis' Fußstapfen zu treten und dessen Errungenschaften möglicherweise sogar zu übertreffen.

Obwohl sein Vater ihm erlaubt hatte, mit dem Bau seines eigenen, kleineren Osiristempels in Abydos zu beginnen, mußte Ramses bis zu seiner Krönung zum Pharao warten, bevor er seine ehrgeizigeren Projekte in Angriff nehmen konnte. Anders als Sethos, der für die Ausschmückung seiner Tempel das feinere Flachrelief bevorzugt hatte, wählte Ramses vertieft eingemeißelte Darstellungen, die in kürzerer Zeit fertigzustellen und zudem weniger leicht zu entfernen waren, falls ein späterer König versuchen sollte, sich seines Werkes zu bemächtigen – was Ramses selbst bei mehreren Gelegenheiten tat, indem er die Bauten früherer Pharaonen einreißen und das Material zur Verherrlichung der eigenen Person wiederverwenden ließ.

Schon kurz nach dem Tod Sethos' I. war abzusehen, daß sich der neue Herrscher zu einem der ganz großen Baumeister Ägyptens entwickeln würde. Von Anfang an plante Ramses Projekte von gewaltiger Dimension. Es begann mit Pi-Ramesse – dem Ausbau von Sethos'

Mit Lotosblüten und Horus, zwei Symbolen der Wiedergeburt und Wiederverjüngung, ließ sich Ramses II. auf dieser Säule abbilden, die ursprünglich von Thutmosis IV. ausgeschmückt und aufgestellt worden war. Nach Ramses, der sie 100 bis 150 Jahre später umgestalten ließ, nutzten die Römer die Säule im 1. Jahrhundert n. Chr. als Baumaterial.

Elternhaus und Sommerresidenz in Auaris im Nildelta zu einer völlig neuen Hauptstadt. Gleichzeitig hatte Ramses einige gigantische Bauwerke im Süden des Landes in Auftrag gegeben: Anläßlich seiner Reise nach Theben zur Bestattung seines Vaters ordnete er nicht nur die Fertigstellung von Sethos' Totentempel an, sondern auch den Bau seines eigenen monumentalen Grabes. Des weiteren legte er den Grundstein für seinen Totentempel, das grandiose Ramesseum.

Ramses' Bautätigkeit erstreckte sich natürlich auch auf den großen Tempelkomplex von Karnak am Ostufer des Nils, der in den zwei Jahrtausenden seiner Nutzung nach Erkenntnis heutiger Archäologen von aufeinanderfolgenden Dynastien laufend vergrößert, um- und angebaut wurde. Am Ende nahm er die weite Fläche von 24 Hektar ein und beherbergte 20 Tempel, Heiligtümer und Hallen, die verschiedenen Göttern geweiht waren. Allein zur Zeit des Neuen Reichs wurden mindestens 15 Obelisken aufgestellt.

In Karnak hatte Ramses' Vater Sethos eine große Hypostylenhalle – die größte der Welt – in Auftrag gegeben, die eine Fläche von etwa 5000 Quadratmetern einnahm. Ein Wald von 134 Säulen sollte in fast 24,50 Meter Höhe eine durchgehende Decke tragen. Ramses überwachte die Fertigstellung der noch im Bau befindlichen Halle und änderte deren Namen zu „Wohlgefällig ist Ramses II.". In Reliefs an den Innenwänden ließ er seine Krönungszeremonie und andere Rituale darstellen, wobei er teilweise die Ausschmückungen seines Vaters entfernen ließ. An den Außenmauern ließ Ramses später für die Öffentlichkeit Reliefs mit Szenen aus seinen Feldzügen in Kanaan und Syrien – einschließlich der Schlacht von Kadesch – sowie eine Abschrift des berühmten Friedensvertrages mit den Hethitern einmeißeln.

An der Ostseite des Großen Amuntempels von Karnak errichtete Ramses ein Tor, flankiert von zwei Kolossalstatuen, die seine Person darstellten. Hier konnte das einfache Volk, dem der Zutritt ins Innere des Heiligtums verwehrt war, Petitionen an die Götter bei ihrem Vermittler, dem König, hinterlassen. Darüber hinaus befahl er den Bau eines Hafenbeckens am Nil, das mit dem Tempel von Karnak durch eine Straße verbunden war. Diese prächtige Allee säumten 120 Sphingen mit

Der dem Reichsgott Amun geweihte Tempelkomplex von Karnak spiegelt sich im heiligen See, in dem sich die Priester vor Betreten des Heiligtums reinigten. Im Laufe von Jahrhunderten wurde die Anlage um zahlreiche Bauten ergänzt. Als Silhouetten erkennt man die gewaltigen Pylonen (links und Mitte) und den Obelisken der Königin Hatschepsut (ganz rechts). Rechts vom mittleren Pylon ragt der ehemals überdachte Säulensaal von Ramses II. auf, der rechts in einer zu Beginn des 19. Jahrhunderts entstandenen Rekonstruktionszeichnung zu sehen ist.

Widderköpfen, von denen jede eine kleine Skulptur des Königs zwischen den Vorderbeinen hielt.

Nur drei Kilometer weiter, in dem heute als Tempel von Luxor bezeichneten Amuntempel, ließ Ramses einen Kolonnadenhof und einen Pylon errichten, für die bereits Pläne existierten. Wände und Türme des Pylonen schmückten Reliefs und Texte, die ein weiteres Mal an die Schlacht von Kadesch erinnerten. Am Tempeleingang wurden zwei hohe Obelisken und sechs Kolossalbildnisse des Pharaos aufgestellt.

Einer der beiden Obelisken steht heute noch an Ort und Stelle. Der zweite wurde in den dreißiger Jahren des 19. Jahrhunderts von den Franzosen abtransportiert und zum Gedenken an Napoleons Soldaten, die an der Expedition nach Ägypten in den Jahren 1798 bis 1799 teilgenommen hatten, nach Paris gebracht. Dort erhielt das Monument in Anwesenheit von etwa 200 000 Zuschauern seinen Ehrenplatz auf dem Place de la Concorde. Für alle sichtbar, wenn auch nur von wenigen zu entziffern war die stolze Inschrift: „Ein Herrscher groß im Zorn, mächtig und stark; seines Ruhmes wegen erzittert jedes Land vor ihm."

Im Rahmen seiner Vorbereitung auf das höchste Staatsamt war der junge Ramses, wie bereits erwähnt, unter anderem mit der Aufsicht über den Steinbruch von Assuan betraut worden, der etwa 250 Kilometer stromaufwärts von Theben lag und den größten Teil des ägyptischen Granits lieferte. Damals hatte Ramses den Transport etlicher, wie es in einer auf Sethos zurückgehenden Felsinschrift heißt, „sehr großer Obelisken und großer, wunderbarer Statuen" überwacht.

Im alten Ägypten herrschte eine derartige Nachfrage nach dauerhaftem Baumaterial, daß es kaum eine Felsformation gab, die nicht als Steinbruch genutzt wurde. Seit den Tagen der 18. Dynastie stammte der größte Teil des für die Bauwerke von Karnak verwendeten Sandsteins aus den riesigen Steinbrüchen von Gebel Silsila etwa 150 Kilometer südlich von Theben. Auch Ramses II. – und später sein Nachfolger Ramses III. – ließen zum Bau ihrer Totentempel auf der Theben gegenüberliegenden Nilseite Sandstein aus diesem Steinbruch kommen.

Der Transport flußabwärts von Gebel Silsila warf keine größeren Probleme auf, da die Schiffe praktisch in die Buchten der Steinbrüche zu beiden Seiten des Nils einfahren konnten. Die Sandsteinblöcke wurden auf Schlitten verladen und auf speziell dafür errichteten Rampen zum Fluß gebracht. Einige im Ramesseum gefundene Schriftzeichen belegen, daß täglich bis zu 64 Steinblöcke auf zehn Schiffen aus Gebel Silsila eintrafen, und in einer im Steinbruch selbst gefundenen Inschrift heißt es, daß 3000 Männer und 40 Schiffe erforderlich waren, um die Steine für den Tempel von Ramses III. zu bearbeiten und vor Ort zu bringen.

Im Steinbruch von Gebel Silsila liegen bis zum heutigen Tage unvollendete Sphingen aus Sandstein von der Art verstreut, die die von Ramses II. erbaute Straße von der Anlegestelle am Fluß zum Tempel von Karnak säumten. Der Sandstein für die Säulen der Hypostylenhalle von Karnak stammte ebenfalls aus diesen Steinbrüchen.

Sämtliche Steinbrüche Ägyptens befanden sich im persönlichen Besitz des Pharaos – ein Besitz, der Ramses ganz besonders am Herzen lag. Seine Erfahrungen als Jugendlicher in Assuan scheinen ihn davon überzeugt zu haben, daß er ein gutes Auge für qualitativ hochwertiges Gestein hatte. Da er unablässig mit Gedanken an architektonische Projekte von monumentaler Größe beschäftigt war, entging seinem scharfen Blick kaum ein Felsblock, der verwertbare Größe und Festigkeit besaß. In Assuan soll er, wie die Inschrift auf einer Stele berichtet, einmal einem seiner Bildhauer erklärt haben, er habe „einen schönen Felsen untersucht, den ich dir zur Bearbeitung überlassen könnte".

Ein andermal entdeckte Ramses bei einem Ausflug in die Wüste bei Heliopolis eine große Lagerstätte des sehr seltenen Quarzits, wie sie gemäß einer Stele aus seinem achten Regierungsjahr „noch nie gefunden worden war". Das extrem schwer zu bearbeitende Material war wegen seiner enormen Haltbarkeit hoch geschätzt, und Ramses wies seine Bildhauer sofort an, sich dieses Blocks anzunehmen, der „höher als ein Obelisk aus Granit" war. Der Inschrift auf der Stele zufolge entstand daraus ein monumentales Bildnis des Königs. Es soll in Pi-Ramesse aufgestellt worden sein, ist aber bis heute verschwunden.

Andere Ramsesstatuen hingegen sind bis auf den heutigen Tag erhalten geblieben. Das Ramesseum, ein im Sinne der von Ramses' Vorgängern begründeten Bauregeln herkömmlicher Totentempel, sollte nach dem Willen des Königs um eine einzigartige Attraktion bereichert werden: eine gigantische, 20 Meter hohe Statue des sitzenden Ramses, die den Eingangshof beherrschte. (Dieser größte Koloß, den er je in Auftrag gab, ist der in Stücke gebrochene „Ozymandias", der noch immer im Ramesseum liegt – und Shelley zu dem eingangs erwähnten Gedicht inspirierte.) Selbst die ägyptischen Ingenieure und Bildhauer, die auf 1500 Jahre Erfahrung in der Steinbearbeitung zurückblicken konnten, dürften bei diesem Auftrag große Bedenken gehabt haben. Mit etwa 1000 Tonnen Gewicht sollte das Bildnis die größte Statue sein, die je aus einem Stück Granit gehauen wurde.

Zu Ramses' Zeit kam Granit vor allem aus der Gegend um Assuan. Während die Bearbeitung des im Ramesseum ruhenden Kolosses im dortigen Steinbruch keinerlei Spuren hinterlassen hat, vermittelt ein noch größerer, unvollendeter Obelisk – mit seinen 42 Metern Länge hätte er in fertigem Zustand um die 1200 Tonnen gewogen – einen guten Eindruck von den Herstellungsmethoden, die angewandt worden

Auf einer kargen, abgeschiedenen Hochebene der Sinai-Halbinsel stehen zwischen Ruinen des Hathortempels von Serabit el-Chadim noch einige Stelen. Hathor war die Schutzpatronin der Bergleute, die in der Nähe im Auftrag aufeinanderfolgender Pharaonen jahrhundertelang Türkis abbauten.

waren, bis das Monument infolge von Unachtsamkeit oder unglücklichen Umständen auseinanderbrach. Als erstes mußte der Steinblock aus dem Felsen gehauen werden – eine äußerst langwierige Aufgabe, da die von den Schmieden des Pharaos hergestellten Bronze- und Kupferwerkzeuge für die Bearbeitung von Granit viel zu weich waren, und deshalb Stein auf Stein geschlagen werden mußte.

Zunächst zeichneten Vorarbeiter die Umrisse des Obelisken auf den Boden des Steinbruchs. Anschließend meißelten Gruppen von Arbeitern mit Hilfe vier bis fünf Kilo schwerer Kugeln aus Dolerit – einem basaltischen Gestein, das noch härter ist als Granit – schmale Gräben um mindestens drei Seiten des künftigen Monuments. Bei jedem Schlag sprangen nur wenige Gesteinssplitter ab, doch im Laufe der Wochen und Monate erreichten die Gräben nach und nach die erforderliche Tiefe. Gleichzeitig schlugen andere Arbeiter an der vierten Seite einen Weg aus dem Steinbruch, während ihre Kameraden den Steinblock unterhöhlten – die wohl schwierigste aller Arbeiten. In einem höchstens 75 Zentimeter breiten Steingraben unter der Erdoberfläche kauernd, mußten sie den gesamten Block aus dem Muttergestein lösen, indem sie das darunterliegende Gestein abschlugen und zuletzt den Block mit kräftigen hölzernen Hebelstangen vom Untergrund absprengten.

Die schweißtreibende Arbeit unter der heißen Sonne Ägyptens, die das Gestein aufheizte und die Temperatur auf bis zu 60 °C steigen ließ, kostete fast unvorstellbare Kraft. Die Arbeiter, die sie ausführten, setzten sich aus dienstverpflichteten Bauern, Sklaven und Kriegsgefangenen zusammen. Dazu kamen Straftäter, deren Vergehen schwer genug waren, um sie „in den Granit" zu schicken. Die Bauern schufteten in den Steinbrüchen nur von Juli bis September, wenn der Nil über die Ufer trat und ihre Felder unter Wasser standen. Sie wurden für ihre Mühsal von der Regierung bezahlt – zu einer Jahreszeit, in der sie in ihren Dörfern kein Einkommen erzielen konnten.

Während die Bauern genau wußten, wann ihr Dienst in den Steinbrüchen ablief, und sich auf die Rückkehr nach Hause freuen konnten, war für die Angehörigen der anderen Kategorien kein Ende der körperlichen Schwerstarbeit abzusehen. Einen Eindruck von den Massen, die beschäftigt wurden, geben zwei Stelen in Abu Simbel. Sie beschreiben die Lebensgeschichte von Setau, der während eines Großteils von Ramses' Regierungszeit Vizekönig in Nubien war. Zu Setaus Verdiensten gehörte demnach unter anderem: „Ich befehligte Sklaven zu Tausenden und Zehntausenden und Nubier zu Hunderttausenden." Auf einer anderen Stele gibt ein Armeeoffizier namens Ramose wieder, wie im Jahre 1247 v. Chr. „seine Majestät seinen Vertrauten Setau, den Vizekönig von Nubien, zusammen mit Soldaten der Kompanie von Ramses II. anwies, im Land der Libyer Gefangene zu machen, damit sie den Tempel für Ramses II. erbauten".

Der 42 Meter lange Obelisk in einem Granitsteinbruch bei Assuan wurde nicht vollendet, da sich schon bei der Arbeit Risse bildeten. Statt dessen läßt er erkennen, wie Arbeiter vor über 3000 Jahren große Steinblöcke aus dem Fels lösten. Mit Steinwerkzeug wurden den groben Konturen des Monuments entsprechend Gräben in den Fels geschlagen, von denen aus man den Granit so lange bearbeitete, bis er die erwünschte Form erreicht hatte.

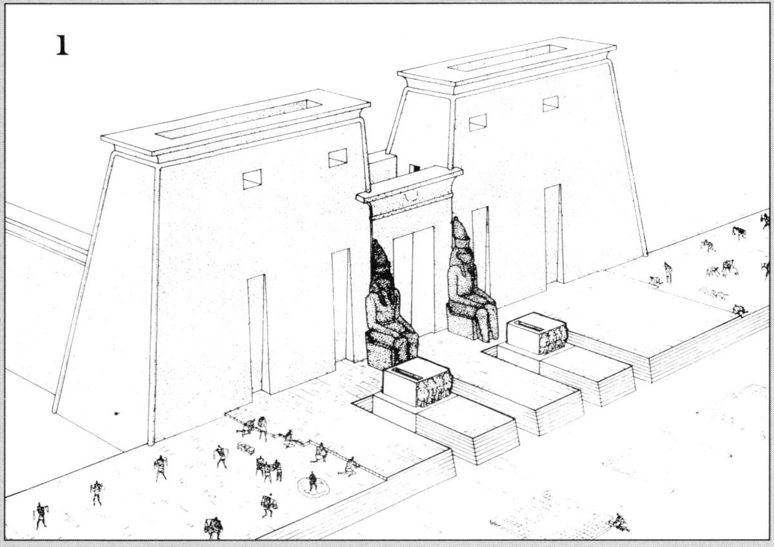

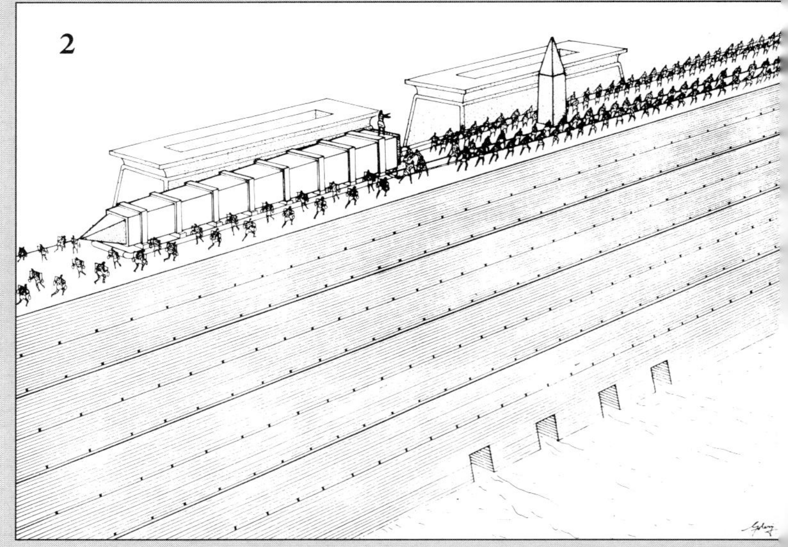

Die unten abgebildeten Skizzen illustrieren eine Theorie über die Art und Weise, wie die ägyptischen Ingenieure die Obelisken aufgestellt haben könnten – ein Kunststück, das selbst in heutiger Zeit nur sehr schwer zu bewerkstelligen wäre. Die Fundamente von zweien der Obelisken liegen bereits (1). Von links nach rechts: Arbeiter formen Lehmziegel und beginnen mit dem Bau eines riesigen provisorischen Walls mit Rampen an beiden Enden. Nachdem sie bereits einen Obelisken über eine solche Rampe auf den Wall gezogen und aufgestellt haben, ziehen Arbeiter den zweiten Obelisken zum Rand eines rechteckigen, teilweise mit Sand gefüllten Schachts (2). Sobald der Obelisk in den Schacht geglitten ist, tragen sie den Sand ab (3), wobei sich der Obelisk langsam senkt, bis er das Fundament erreicht hat. Zu guter Letzt wird das Monument mit Seilen aufgerichtet (4). Ein Wissenschaftler hat berechnet, daß 2000 Menschen erforderlich waren, um den 200 Tonnen schweren Obelisken aufzustellen, der noch heute vor dem Tempel von Luxor steht.

Das unübersehbare Heer der Arbeiter in den Steinbrüchen befehligten einige der besten Bildhauer des Landes. Für diese Künstler, die vor Ort Quartier bezogen, hatte Ramses sich höchstpersönlich auf die Suche nach geeignetem Gestein begeben, und ihnen galt auch seine Sorge und Anerkennung: „Ihr auserwählten Arbeiter, ihr kühnen und bewährten Männer, die ihr mit wertvollem Gestein umzugehen wißt, Granit ebenso kennt wie Quarzit und unermüdlich und wachsam den ganze Tag arbeitet, wisset: Ich lasse euch nicht im Stich. Ich weiß, daß ihr gute Arbeit leistet, und daß die Arbeit nur mit vollem Magen Freude bereitet. Die Kornkammern halten genug Getreide für euch bereit. Keiner von euch soll des Nachts über Armut klagen."

Die hochangesehenen und offensichtlich gutbezahlten Bildhauer warteten nicht, bis ein roh behauener Block aus dem Gestein gelöst war, sondern begannen bereits während der Steinbrucharbeiten mit der Ausarbeitung der Konturen. Ob Obelisk oder Statue, jedes bildhauerische Werk verließ den Steinbruch in fast fertigem Zustand. Dieses Vorgehen hatte einen guten Grund, denn jeder Meißelschlag machte die Skulptur und damit den Transport leichter. Zum Abtransport der Monumente baute man eine Rampe, die vom Steinbruch zum Flußufer führte, wo riesige, von Ruderbooten gezogene Schleppkähne die Monumente an Bord nahmen und zu ihrem Bestimmungsort brachten.

Da es keine zeitgenössische Beschreibung gibt, kann man nur spekulieren, wie Ramses' Arbeiter die schweren und sperrigen Blöcke auf die Schleppkähne verluden. Vielleicht kannten sie schon die Methode, die der Römer Plinius der Ältere in einem im 1. nachchristlichen Jahrhundert verfaßten Bericht wiedergibt. Seine Beobachtungen bezo-

3

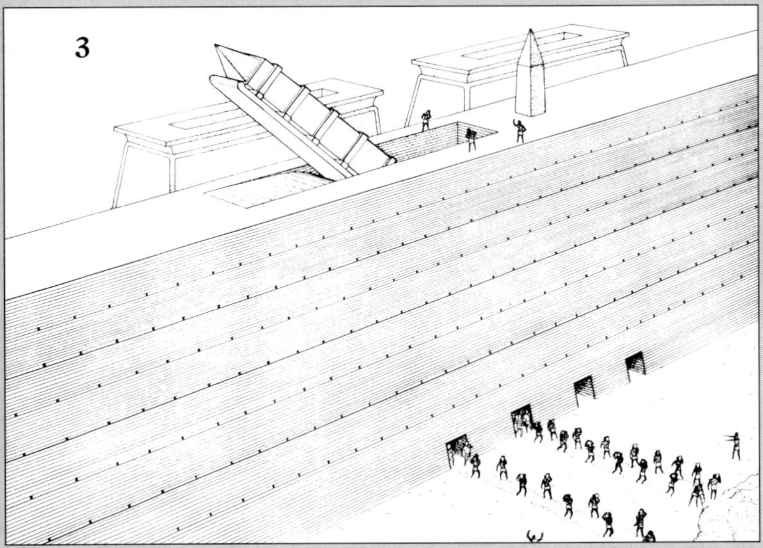

4

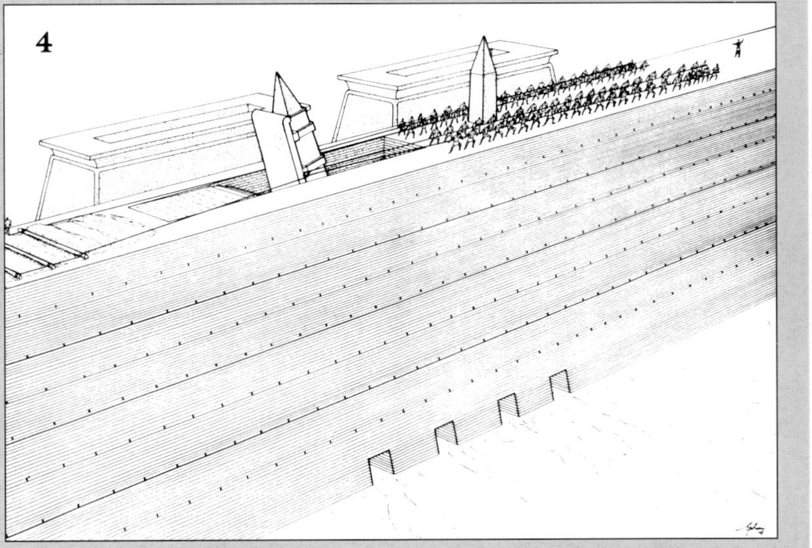

gen sich auf die Zeit der Ptolemäer, die fast 1000 Jahre nach Ramses Ägypten regierten. Wie Plinius beschreibt, ließen Arbeiter einen gewaltigen Obelisken zu Wasser, indem sie ihn zunächst quer über einen Kanal zogen, über dem er wie ein Brücke auflag. Darunter verankerten sie Schleppkähne, die so schwer mit Steinen beladen waren, daß sie tief im Wasser lagen. Während dieser Ballast entladen wurde, stiegen die Kähne im Wasser nach oben und nahmen das Gewicht des Obelisken auf; danach fuhren sie mit ihrer schweren Last flußabwärts, wo man vermutlich eine weitere Rampe errichtet hatte und die ganze Prozedur in umgekehrter Reihenfolge wiederholte.

Der komplizierteste Teil dieses Verfahrens dürfte die letzte Phase gewesen sein – das Aufrichten des Obelisken an seinem endgültigen Standort *(S. 56–57)*. Wie man festgestellt hat, weisen alle Obelisken, auch wenn sie senkrecht stehen, eine leichte Abweichung der Achse in Relation zum Fundament auf. Es gibt etliche Theorien zu den Methoden, die die Ägypter entwickelt haben könnten, um die offenkundigen Schwierigkeiten zu bewältigen. So kann man sich vorstellen, daß die Arbeiter den Monolithen zunächst eine Rampe hinauf auf eine zuvor errichtete, erhöhte Erdplattform zogen. Dort wurde er an den Rand eines Schachts geschoben, an dessen Fuß sich das Fundament befand, und langsam gekippt, so daß sich der untere Teil der Steinsäule nach und nach senkte. Irgendwann kam der kritische Augenblick, in dem der riesige Obelisk sich aufzurichten und in den Schacht zu gleiten begann, während unzählige Menschen mit aller Kraft an den Seilen zerrten, um zu verhindern, daß er wegrutschte und beim Aufprall auf dem Funda-

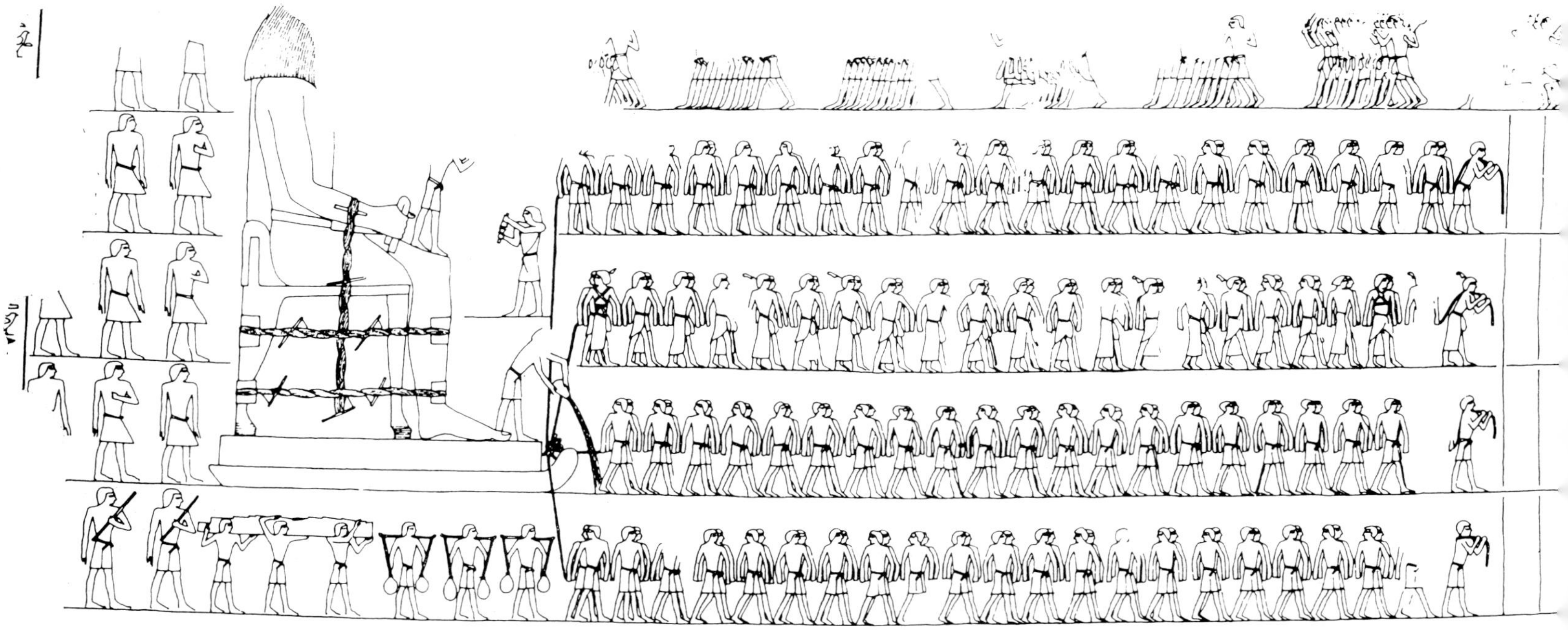

Eine Zeichnung aus einem Grab der 12. Dynastie zeigt einen Arbeiter, der auf dem Fundament eines steinernen Kolosses steht und Wasser auf den Boden schüttet, um die Oberfläche gleitfähig zu machen. Danach werden die 172 Männer damit beginnen, am Schlitten zu ziehen, auf dem die Figur steht. Da die Statue etwa 52 Tonnen schwer gewesen sein dürfte, mußte jeder Arbeiter gut 300 Kilogramm Zugkraft aufbringen, um sie zu bewegen. Anfang des 20. Jahrhunderts stellte ein Ingenieur bei einem Versuch fest, daß unter ähnlichen Voraussetzungen ein einzelner Mann Lasten von bis zu einer Tonne Gewicht bewegen kann.

ment zerbrach. Zweifellos forderte die Methode höchste Konzentration. Plinius der Ältere behauptete sogar, ein Pharao, den er Rhamesis nannte, habe einen seiner königlichen Söhne an die Spitze des Obelisken binden lassen, um die Arbeiter zu Aufmerksamkeit anzuspornen.

Malereien und Reliefs in Grabkammern und Tempeln zeigen, daß Statuen auf Schlitten verladen und von einem Heer von Arbeitern über Gleitpisten aus Nilschlamm beziehungsweise bewässerter Erde gezogen wurden. Die beiden riesigen Quarzitstatuen von Amenophis III., die je 630 Tonnen schweren, sogenannten „Memnonkolosse", mußten auf diese Weise vom Steinbruch bei Gebel Ahmar östlich des heutigen Kairo über eine Entfernung von fast 800 Kilometern ans Westufer des Nils bei Theben geschafft werden. Der Nil kam in diesem Fall als Transportweg nicht in Frage, denn kein Boot hätte eine so schwere Ladung gegen die Strömung flußaufwärts befördern können.

Zum Glück für Ramses und seine Arbeiter liegt das Ramesseum vom Steinbruch bei Assuan aus flußabwärts, so daß „Ozymandias" vornehmlich auf dem Wasser transportiert werden konnte. Wenn die Ägypter die Zeit des Nilhochwassers nutzten, entfiel sogar ein großer Teil des beschwerlichen Landtransports vom Fluß zum Eingang des Tempels, eine Strecke, die bei normalem Wasserstand etwa fünf Kilometer betrug (unweit der Ruinen wurden Reste eines Flußkais entdeckt).

Bei der Ankunft der Statue im Tempelbezirk mußte das dritte und letzte Problem gelöst werden: die Aufstellung der Statue. Wie dies genau geschah, kann man nur vermuten; heutigen Schätzungen zufolge benötigte man etwa 200 Ochsen oder 1000 Männer, um den 900 Tonnen schweren Monolithen zu bewegen. Vielleicht verwendete man auch in diesem Fall eine Rampe oder eine schiefe Ebene, auf die man die Statue zog und auf ihr Fundament gleiten ließ, so daß das Volk auf ein weiteres, überragendes Bild seines gnädigen Herrschers blicken konnte.

Während seiner Regierungszeit ließ Ramses II. aber nicht nur Projekte realisieren, die für die Augen der Öffentlichkeit gedacht waren. Dem Volk sollte vielmehr einiges verborgen bleiben, so etwa das Tal der Könige, wo traditionsgemäß unmittelbar nach der Krönung des Pharaos die Arbeit an dessen Grab begann. Fast drei Jahrhunderte vor Ramses' Geburt hatte sein großer Vorgänger Thutmosis I. den Brauch der Pharaonenbestattung in diesem Tal eingeführt. Die Wahl des Ortes war sicher durch die Ruhe bestimmt, die das Tal umgab, aber auch durch das Fehlen von Siedlungen, die Räubern Unterschlupf gewähren konnten.

Die Abgeschiedenheit, so erwünscht sie war, brachte natürlich logistische Probleme mit sich. Aus diesem Grund ließ Thutmosis I. in einem benachbarten, etwa anderthalb Kilometer vom Rand der grünen

Felder am Nil entfernten Tal eine Siedlung anlegen, die durch eine niedrige Hügelkette vor Blicken aus bewohnten Gebieten verborgen war, das heutige Deir el-Medina. Hier lebten die Handwerker, die nicht nur sein eigenes Grab bauen, verzieren und ausstatten sollten, sondern auch die der meisten seiner Nachfolger, ihrer Höflinge und hohen Beamten.

Das Dorf erfüllte seinen Zweck so gut, daß es auch von den Nachfolgern des Thutmosis weitergeführt wurde. Von etwa 1500 bis 1100 v. Chr. war es ein geschäftiger, lebensprühender Ort, dessen Bewohner man als die „Arbeiter des Königlichen Grabes" oder „Diener des Ortes der Wahrheit" bezeichnete.

Diese Arbeiter und ihre Familien hatten einen grundlegend anderen Status als die ungelernten Arbeiter, die in Assuan und anderswo am Bau der öffentlichen Denkmäler des Landes beschäftigt waren. Der Begriff „Arbeiter" ist in gewisser Weise irreführend, denn viele von ihnen waren hochspezialisierte Fachkräfte oder sogar Künstler, die bei ihrem königlichen Arbeitgeber und dessen Ministern in hohem Ansehen standen. „Der Gouverneur und Wesir Paser hat mich beauftragt, den Arbeitern des Heiligen Grabes das ihnen Zustehende zukommen zu lassen", schrieb der Bürgermeister von Theben-West, „nämlich Gemüse, Fisch, Brennholz, Krüge voller Bier, sonstige Lebensmittel und Milch. ‚Laßt es an nichts fehlen', ließ er mir ausrichten." Anderen Aufzeichnungen zufolge betrug das Jahresgehalt eines Facharbeiters 48 *khar* Emmer (eine Weizenart), was etwa dem Vierfachen des Lohns eines einfachen Lastenträgers entsprach.

Eine Polizeitruppe bewachte die Zugänge zu dem Tal, um Fremde zurückzuweisen. Die Angst vor Grabräubern – die der entscheidende Grund dafür gewesen war, daß Thutmosis das Tal der Könige ausgewählt hatte – herrschte nach wie vor, und man unternahm größte Anstrengungen, um die Geheimhaltung und Sicherheit zu garantieren. Und obwohl die Arbeiter von Deir el-Medina treue Diener ihrer Pharaonen waren, die pflichtgetreu ein Grab nach dem anderen in den Fels schlugen, neigten sie manchmal zu einer satirischen Sicht der Dinge: Auf einigen der dort gefundenen Ostraka sind müßige aristokratische Mäuse abgebildet, die sich von untertänigen Katzen bedienen lassen.

Die Arbeiter wußten ihre Freizeit zu nutzen, vor allem, wenn sie mit dem Fest des Schutzpatrons des Dorfes – des gottgewordenen Amenophis I. – zusammenfiel. Am 29. Tag des dritten Wintermonats, heißt es auf einem Fragment, „feierten sie vier ganze Tage, tranken mit ihren Frauen und Kindern – 60 Personen vom Dorf und 60 von außerhalb".

Die unzähligen in Deir el-Medina aufgefundenen Ostraka vermitteln zudem interessante Einblicke in die Abwicklung des täglichen Handels in Ägyptens geldloser Wirtschaft. Trotz des Fehlens einer Münzwährung erreichte das hochgradig vereinheitlichte System des

May, der Architekt Ramses' II., präsentiert sich hier mit ehrerbietig nach oben gekehrten Handflächen – und beleibter Figur, die Alter und Wohlstand verrät – als der personifizierte, erfolgreiche Staatsdiener. Er war seinem Vater im Amt des Aufsehers der königlichen Bauten gefolgt; unter ihm entstanden Tempel und öffentliche Bauten in allen größeren Städten.

Tauschhandels, in dem fast alles einen festgelegten Gegenwert in Metall oder Getreide hatte, beinahe die Flexibilität einer Geldwirtschaft. Einem Ostrakon aus Deir el-Medina zufolge kostete beispielsweise ein Sarg 25½ *deben* Kupfer; da ein Deben ungefähr 85 Gramm entsprach, waren dies gut zwei Kilogramm Metall.

Der Käufer bezahlte jedoch nicht einfach mit Kupfer. Statt dessen bot er ein Schwein an, das fünf Deben wert war, zwei Ziegen für ebenfalls fünf Deben pro Paar, zwei Stämme eines Maulbeerfeigenbaums für je ein Deben und als Restbetrag zwei Teilmengen seines Kupfervorrats mit einem Wert von 13 Deben. Bei einem anderen Geschäft erwarb ein Dorfpolizist von einem Arbeiter einen Ochsen, der einen Gegenwert von 50 Deben hatte. Da der Polizist nur über fünf Deben in Metall verfügte, bezahlte er den Restbetrag mit einem Krug Fett (einem großen vermutlich, da er auf 30 Deben in Kupfer veranschlagt wurde), zwei Tuniken im Wert von zehn Deben und Pflanzenöl für fünf Deben.

Die Arbeitszeit der Dorfbewohner war wie folgt geregelt: An neun Tagen der zehntägigen „Woche" wurde acht Stunden gearbeitet; der zehnte Tag, an dem die Bewohner von Deir el-Medina ihre Rationen erhielten, war arbeitsfrei. Dies galt jedenfalls, solange die Nachfrage nach Königsgräbern nicht stagnierte. Genau das war jedoch im Neuen Reich der Fall, als infolge der langen Herrschaft Ramses' II. eine Pause eintrat. Im 40. Jahr der Regierung des Pharaos hatten manche Arbeiter nur noch jeden vierten Tag zu tun und konnten die restliche Zeit den Vorbereitungen für ihr eigenes Leben nach dem Tode widmen und in einen Hügel oberhalb der kleinen Gemeinde Gräber für sich selbst meißeln.

Winkelmaß und Lot waren zu Ramses' Zeit im Baugewerbe ebenso gebräuchlich wie heute. Dieses im Grab eines Vorarbeiters bei Theben entdeckte Instrument trägt eine Inschrift, mit der der Besitzer seinen Schutzpatron, den Gott Ptah, um ein langes Leben und ein würdiges Begräbnis ersucht.

Die Macht Ramses' hatte wie die eines jeden anderen Pharaos ihre natürlichen Grenzen, was nicht etwa auf eine organisierte Opposition zurückzuführen war, sondern in dem komplexen Aufbau des Pharaonenstaats begründet lag. Ein wichtiges Segment der ägyptischen Gesellschaft allerdings entzog sich, soweit es ging, bewußt seinem Einfluß, und das war die Priesterhierarchie in ihren Tempeln. Aufgrund der zeitlichen Distanz von 3000 Jahren besteht möglicherweise die Gefahr, daß wir die Bedeutung der Priesterschaft nicht unerheblich überschätzen, da wir unser Urteil lediglich auf die über ganz Ägypten verstreuten archäologischen Funde stützen können.

Die Königspaläste waren größtenteils aus Lehmziegeln erbaut und sind deshalb weitgehend der Verwitterung zum Opfer gefallen. Während des Neues Reichs entstanden jedoch gewaltige, meist aus Stein gebaute Tempel, die nach den Pyramiden das dauerhafteste architekto-

Im Verlauf von 2000 Jahren entwickelte sich der ummauerte Tempelkomplex von Karnak von einem relativ bescheidenen Heiligtum zu einer 24 Hektar großen Stadt in der Stadt. Die ständigen Neu- und Umbauten durch die sich ablösenden Pharaonen, die einander zu übertrumpfen suchten, zeigten auch die wachsende Bedeutung der Religion und der Priesterschaft in Ägypten.

nische Erbe des Landes darstellen. Und im Gegensatz zu früheren Zeiten wurden diese riesigen Steintempel des Neuen Reichs im Herzen der ägyptischen Städte errichtet, so daß sie auch für die einfachen Ägypter im Mittelpunkt des täglichen Lebens standen.

Trotz dieser räumlichen Nähe der großen Tempel blieb deren Inneres dem Volk auch weiterhin verschlossen, denn weder ihre überwältigende Innenarchitektur noch ihre großartige Ausschmückung waren jemals für das Auge gewöhnlicher Sterblicher bestimmt. Der ägyptische Tempelkult zielte – die Feiertage ausgenommen – nie auf eine Beteiligung der Öffentlichkeit ab.

Zur Zeit des Neuen Reichs gewannen religiöse Prozessionen und öffentliche Feste erheblich an Bedeutung. Zu solchen Gelegenheiten wurden tragbare Bildnisse der Götter aus ihren Heiligtümern geholt und in einem geweihten Boot – wenn auch nach wie vor hinter Vorhängen verborgen – von einem Tempel zum anderen oder entlang einer Prozessionsstraße zum Flußufer gebracht *(S. 67)*. Einige dieser Zeremonien waren an bestimmte Jahreszeiten gebunden, etwa die Feiern zum Frühlingsanfang oder zum Beginn eines neuen Jahres. Andere galten einer bestimmten Gottheit, so wie das dem Amun gewidmete Opetfest, dem Ramses kurz nach seiner Krönung beigewohnt hatte.

Diese Prozessionen waren aus gutem Grund beim Volk ungeheuer beliebt. An solchen Feiertagen wurden nämlich aus den Vorräten der Tempel freigebig Essen und Bier verteilt. Die Feste brachten nicht nur Abwechslung in den harten Alltag der Bauern, sondern bewiesen anhand der Großzügigkeit des Königs auch, daß die Vertretung des Landes bei seinen Göttern in verläßlichen Händen lag – vor allem dann, wenn der Pharao selbst zugegen war.

Das Wohlergehen und sogar das bloße Überleben des Volkes hingen vom Wohlwollen der Götter ab, dessen man sich nur durch eine exakte Befolgung der Rituale versichern konnte. Die Anbetung der wichtigsten Gottheiten wie Amun, Re und Ptah war eine viel zu ernste Angelegenheit, als daß man sie in der Öffentlichkeit durchgeführt hätte. So bekamen die Ägypter von den bedeutendsten Institutionen ihrer Gesellschaft lediglich die äußeren, aus Lehmziegeln gemauerten Tempelwände zu Gesicht, nicht jedoch die hinter ihnen verborgenen Geheimnisse, auch wenn zu seltenen Gelegenheiten hin und wieder dem einen

Im Vergleich zu dem Tempelbezirk von Karnak, mit dem sie eine drei Kilometer lange, von steinernen Sphingen gesäumte Prachtstraße verband, wirkt die Tempelanlage von Luxor (unten) in sich geschlossen und sehr viel homogener. Der Tempel wurde im wesentlichen in der Regierungszeit der beiden Pharaonen Amenophis III. und Ramses II. gebaut.

IM WETTLAUF GEGEN DIE ZEIT: DAS BEDROHTE ERBE DER ALTÄGYPTISCHEN RELIEFS UND INSCHRIFTEN

Niemand wird erwarten, daß die Zeit spurlos an Ägyptens Baudenkmälern vorübergeht, doch hat sich der Verfall inzwischen besorgniserregend beschleunigt. Der Massentourismus und die Luftverschmutzung, der Anstieg des Grundwassers und das sprunghafte Wachstum der Bevölkerung wirken sich immer verheerender auf die Bauten aus.

Spätenstens seit der Jahrhundertwende ist man sich des Verfalls der altägyptischen Monumente bewußt. Es war James H. Breasted vom Oriental Institute der University of Chicago, der in den zwanziger Jahren die Devise ausgab, es sei „die wichtigste Aufgabe der heutigen Generation von Orientalisten, alles zu unternehmen, um die ungeheure Fülle der Zeugnisse aus der Antike, über die Ägypten verfügt, für die Nachwelt zu erhalten". Entsprechend eilig machten sich die Inschriftenforscher seines Instituts an die Aufgabe, Kopien anzufertigen.

Ziel der Inschriftenforscher ist „eine Dokumentation, die so genau ist, daß sie theoretisch die Originalmonumente ersetzen könnte". Für die Mitglieder des Teams, die sich mit einem der großartigsten Denkmäler, dem Tempel von Luxor, befassen, bedeutet dies unzählige Stunden, die sie in dem Bauwerk verbringen und Hierogylphen sowie Wandreliefs kopieren.

Das Verfahren ist naturgemäß überaus aufwendig. Man photographiert einen Ausschnitt eines Reliefs und vergrößert die Aufnahme. Dann werden mit Bleistift sämtliche Einzelheiten des Originals direkt auf das Photo gezeichnet. Als nächstes färbt man die Linien mit Tinte ein und bleicht das Bild, so daß nur die gezeichneten Linien sichtbar bleiben. Zwei Ägyptologen vergleichen dann unabhängig voneinander Zeichnung und Relief oder Inschrift an der Tempelwand, um eine genaue Darstellung der Hieroglyphen und der dazugehörigen Szenen zu gewährleisten. Nachdem eventuell nötig gewordene Änderungen übertragen worden sind, wird die Zeichnung zusammen mit anderen am selben Ort angefertigten in einem Folianten veröffentlicht und so zum Bestandteil einer immer umfangreicher werdenden, auf Papier übertragenen Dokumentation der in steinerner Form überlieferten ruhmreichen ägyptischen Vergangenheit.

Eine Zeichnerin überträgt Details von einem Relief, das aus der Zeit Tutenchamuns stammt, auf eine vergrößerte Photographie des entsprechenden Ausschnitts. Das Wandbild ist Teil einer Reihe, die sich in der Säulenhalle des Tempels von Luxor befindet.

Während der Regierungszeit Ramses' II. entstand im Tempel von Luxor dieses Wandrelief mit vier Figuren, das ein Zeichner schematisch erfaßt hat. Zusätzlich sind aber auch Reste eines Reliefs aus der Zeit des Pharaos Eje zu erkennen, die zeigen, daß Ramses das frühere Werk in seinem Sinne umarbeiten ließ.

Aus den schwach erkennbaren Linien konnten die Inschriftenforscher die Szene so wie sie war, bevor Ramses die Wand für eigene Zwecke beanspruchte, rekonstruieren. Sie zeigt Eje, der dem Götterpaar Amun und Mut Weihrauch und Trankopfer darbringt.

oder anderen Einlaß in die Vorhöfe gewährt wurde. Eine Ausnahme bildete die riesige Hypostylenhalle von Karnak, die Ramses der Öffentlichkeit zugänglich machte. Er nannte sie „den Ort, wo das einfache Volk den Namen seiner Majestät preist". Hier konnte die Allgemeinheit die Götter anbeten – und vor allem „seine Majestät", Ramses II.

In aller Regel blieben die Tempelgrenzen für gewöhnliche Sterbliche jedoch unüberwindbar. Reste einer in Karnak ausgegrabenen Mauer aus der 18. Dynastie lassen auf ein abweisendes, festungsähnliches Bauwerk schließen, in das in regelmäßigen Abständen quadratische Türme eingefügt waren. Die Zeit erweist sich manchmal als eine ironische Macht: Da die Außenmauern den Jahren weniger gut standhielten als die Steine, die zu schützen sie errichtet worden waren, sehen heutige Touristen in Luxor oder Karnak weitaus mehr von den Tempeln als die Masse des Volkes zur Zeit des Ramses.

Die einfachen Ägypter verrichteten ihre religiösen Pflichten in örtlichen Heiligtümern – jede Provinz hatte ihre eigenen, meist tierköpfigen Götter –, oder sie begaben sich so nahe an die großen Tempel wie nur irgend möglich. „Gelobt seist du am großen Schutzwall", lautete eine Inschrift an der Wand des Ptahtempels von Memphis. „Dies ist der Ort, an dem die Gebete erhört werden." Um zu unterstreichen, daß hier die Götter die Menschen anhörten, brachte man auf den Türmen der Außenmauer riesige Ohren an.

Gegen die Blicke Uneingeweihter abgeschirmt, erfüllte der Tempel seinen eigentlichen, unentbehrlichen Zweck: Der Tempel war *hwt-ntr,* das „Haus des Gottes". Sein Herz bildete, baulich wie symbolisch, das Heiligtum des Gottes, wo in kultischem Dämmerlicht eine geheiligte Statue stand, die nur einige wenige Auserwählte bei der rituellen Verrichtung kultischer Handlungen zu Gesicht bekamen.

Theoretisch durfte ausschließlich der Pharao, der göttlichen Status besaß, sein Volk gegenüber den Göttern vertreten, etwa indem er offizielle Feste leitete oder die Kultopfer im Heiligtum der Tempel darbrachte. In der Praxis jedoch konnte er unmöglich alle seine Funktionen persönlich ausüben, so daß im Falle seiner Abwesenheit einer der Hohepriester an seine Stelle trat.

Die ägyptische Priesterschaft war streng hierarchisch gegliedert: An der Spitze standen die Hohenpriester oder „ersten Propheten", die häufig ehemalige hohe Staatsbeamte und gelegentlich auch königlichen Geblüts waren und eher aufgrund ihrer Loyalität ausgewählt wurden als aufgrund einer speziellen religiösen Ausbildung. Zur nächsten Ebene gehörten die zweiten, dritten und vierten Propheten, die sogenannten „Väter des Gottes" – Gelehrte, die für die verborgeneren Aspekte von Religion und Ritual verantwortlich waren. Darunter rangierte die große Mehrheit derer, deren Namen mit einem priesterlichen Titel überliefert

TANZ UND GESANG, SPEIS UND TRANK: FESTE EINES SINNENFREUDIGEN VOLKES ZU EHREN DER GÖTTER

Die Ägypter liebten das Leben, und ihre religiösen Feste ließen keinen Zweifel daran. Einmal jährlich feierten sie das Schöne Fest des Tals, bei dem ein verhülltes Bildnis des Amun von Karnak auf einer goldenen Barke *(unten)* zum Westufer des Nils in Thebens Totenstadt gebracht wurde, um, so glaubten die Ägypter, die Verstorbenen zu neuem Leben zu erwekken. Unzählige Menschen säumten den Prozessionsweg. Am Abend überquerten die Angehörigen der Oberschicht den Fluß, um bis zum frühen Morgen an den Gräbern ihrer Vorfahren zu feiern; getrennt von ihnen feierte das einfache Volk aus Theben und Umgebung. Eine dem Amun geweihte Hymne beschreibt, wie die Menschen die Nacht durchwachten und der Name des Gottes, in Lobgesängen gepriesen, von allen Wänden widerhallte. Das Ganze ging einher mit viel Alkohol, denn Trunkenheit galt als eine Möglichkeit, die Grenzen zwischen den Lebenden und den Toten zu überwinden.

Nicht weniger freudig begingen die Ägypter das Opetfest, das mit der Zusammenführung Amuns mit Mut und seinem Sohn Chons im Tempel von Karnak begann. Von dort wurden die drei Bildnisse auf eine vergoldete Barke gebracht und flußaufwärts zum Tempel von Luxor gezogen. In Luxor blieben die Götter drei Wochen; während dieser Zeit wurde der göttliche Status des Königs bekräftigt, und Amun verkündete seine Orakel. Die feierlichen Umzüge zwischen den Tempeln zogen Sänger, Musiker und einfache Leute an, die die Gelegenheit nutzten, sich ausgiebig zu betrinken. „Das ganze Land feiert", hieß es in einem Lied zum Opetfest.

Die entspannte Atmosphäre der Feierlichkeiten äußerte sich auch in der Freigebigkeit der Priester des Ramesseums; bei einem einzigen Opetfest sollen sie 385 Krüge Bier sowie 11 400 Kuchen und Brotlaibe an die Bevölkerung ausgegeben haben.

sind, bei denen es sich jedoch um Tempelbedienstete gehandelt haben dürfte. Dreimal im Jahr hatten sie eine gewisse Zeit abzuleisten, durften aber aufgrund ihrer untergeordneten Stellung das Allerheiligste nicht betreten. Vor der Rückkehr in ihr weltliches Leben mußten sie sich einem bestimmten Reinigungsritual unterziehen.

Abgesehen von Ritualen und Zeremonien war ein Großteil der Arbeit im Tempel administrativer Natur und erstreckte sich auf die Verwaltung der Besitzungen des betreffenden Gottes. Zahlreiche geschäftliche Angelegenheiten waren zu erledigen, denn neben der religiösen hatten die Tempel auch eine nicht zu unterschätzende wirtschaftliche Funktion. Sie verfügten über gewaltige Reichtümer und Landbesitz, der sich infolge königlicher Schenkungen zu Großgrundbesitz addierte. Tempeleigene Schaluppen überquerten in regelmäßigen Abständen den Nil, um Pachtgebühren einzutreiben. Zusätzlich verwalteten die Tempel große Teile der persönlichen Besitzungen des Königs und erhielten nach jedem erfolgreichen Feldzug einen Anteil an der Kriegsbeute – als Opfergabe für die Götter, denen der Dank für den Sieg galt.

Oft ging die Freigebigkeit des Königs noch weiter. Für den Tempel seines Vaters in Abydos spendete Ramses ein seetüchtiges Schiff mit kompletter Besatzung, und sowohl Abydos als auch Karnak erhielten die Schürfrechte für die Ausbeutung von Goldminen in der Wüste sowie die dazu erforderlichen Arbeiter. Alle größeren Tempel verfügten über ihre eigenen Handelsschiffe und Kaufleute, deren Aufgabe es war, überschüssige Erzeugnisse gegen Güter einzutauschen, die sich nicht unter den Beständen befanden. Ihre Geschäftsverbindungen reichten offenbar über die Grenzen Ägyptens hinaus.

Die Tempel beschränkten sich nicht auf die Bestandsverwaltung und -mehrung, sondern lagerten in ihren Mauern auch den erwirtschafteten Reichtum. Die Getreidevorräte des Ramesseums etwa reichten, um 20 000 Menschen ein Jahr lang zu ernähren. So riesige Vorräte wurden natürlich in erster Linie für den Fall schlechter Ernten angelegt, doch stellten sie gleichzeitig ein Kapital dar, das zur Finanzierung größerer Vorhaben heran-

Aus der Vogelperspektive ist deutlich zu erkennen, welch riesige Fläche die den Totentempel umgebenden Kornspeicher des Ramesseums einnehmen (oben). Links ist einer der Flußkähne abgebildet, die Getreide transportierten. Um die Kornkammer des Ramesseums zu füllen, brauchte man 350 Kähne mit einer Frachtkapazität von 650 Sack Getreide.

gezogen werden konnte. Die ägyptischen Tempel fungierten somit in gewisser Weise auch als Bankhäuser.

Wie überall waren auch in den ägyptischen Tempeln Reichtum und Macht eng miteinander verknüpft. Zwar unterstanden die Tempel dem König, doch waren sie für diesen gleichzeitig unverzichtbar. Zwischen der Priesterschaft und der weltlichen Verwaltung kam es immer wieder zu Überschneidungen, und schon der Umfang der vom Personal der Tempel ausgeübten Verwaltungstätigkeiten – häufig waren die Tempel etwa für die Entlohnung von Bauarbeitern zuständig – machte eine rigorose Trennung von der staatlichen Verwaltung unmöglich.

Die Clique hochrangiger Priester war als einzige Gruppe im Staat mächtig genug, dem Pharao die Stirn zu bieten. Selbst Ramses, der Gottgleichheit beanspruchte, mußte sich überall dort, wohin der Arm der oberägyptischen Tempelhierarchie reichte, auf seine Rolle als Vermittler zwischen den Menschen und den Göttern beschränken. Nur außerhalb Oberägyptens, oberhalb von Assuan und im Nildelta, konnte er seinen göttlichen Status – im Leben wie im Tod – öffentlich prokla-

INTERNATIONALE PLÄNE ZUR RETTUNG VON RAMSES' GROSSARTIGSTEM DENKMAL

Eine der bemerkenswertetesten technischen Leistungen des 20. Jahrhunderts, die Rettung des von Ramses II. erbauten Tempels von Abu Simbel vor den Fluten des Nassersees, der hinter den Mauern des Assuan-Hochdamms gestaut wurde, ist durchaus mit dem Plan des Pharaos selbst vergleichbar, diese Monumente in die Sandsteinfelsen am Nil zu meißeln. Die Herausforderung war um so größer, als nicht nur die Kolossalbildnisse des sitzenden Ramses an der Vorderseite des Tempels, sondern auch der dahinterliegende, in den Felsen gehauene Tempel, die in der Nähe stehenden Standbilder von Ramses und seiner Frau Nefertari sowie der ebenfalls in den Felsen gehauene Tempel der Königin ab- und wiederaufgebaut werden mußten.

Die Aktion kostete über 40 Millionen Dollar. Geleitet wurde sie von einem internationalen Expertenteam, das sich auf ganze Heerscharen ägyptischer Arbeiter stützen konnte. Insgesamt wirkten zwischen 1964 und 1968 etwa 3000 Menschen vor Ort mit. Um ihre Arbeit in der Wüste überhaupt möglich zu machen, mußten provisorische Unterkünfte, Wasserleitungen, Straßen, Flugplätze, Schiffsanlegeplätze und Nachrichtennetze aufgebaut werden.

Zuerst schaffte man von den Rückseiten der Tempel mehrere hunderttausend Tonnen festes Gestein weg. Anschließend wurden die Kolossalstatuen und die Tempel selbst in über 1000 markierte Blöcke zersägt, die bis zu 30 Tonnen wogen. Auf Betonfundamenten setzte man die Blöcke wieder zusammen und bettete sie in armierte Betonwände ein *(unten)*.

Um die beim Zersägen entstandenen Schnittstellen zu verdekken, füllte man die – insgesamt über 150 Kilometer langen – Fugen zwischen den Steinblöcken mit sandsteinfarbigem Mörtel.

Eine Zeitlang schien es, als müsse der Tempelkomplex allen Anstrengungen zum Trotz doch noch im steigenden Wasser des Stausees versinken. In einem Wettlauf mit der Zeit errichtete man einen Fangedamm, um die Tempel vor einer, wie ein Beobachter es formulierte, „vom Menschen verursachten Sintflut" zu schützen. Später beschlossen die Ingenieure des Assuan-Hochdamms, den Wasserspiegel des Stausees um einen weiteren Meter zu erhöhen, und zwangen so die Ingenieure von Abu Simbel, den bereits teilweise rekonstruierten Kleinen Tempel wieder abzubauen und noch ein Stück höher erneut aufzubauen. Aus diesem Grund steht er nicht mehr, wie ursprünglich, 3,60 Meter, sondern nur noch 1,80 Meter unter dem Großen Tempel.

Bevor sich die finanzgebende UNESCO für ein Verfahren entschied, mußte sie eine ganze Reihe von Plänen zur Rettung von Abu Simbel prüfen. Die Italiener wollten das Monument insgesamt aus den Felsen heraustrennen und es in eine Betonschale betten, um anschließend den gesamten Komplex auf 650 synchronisierten Hebevorrichtungen anzuheben und vor-

übergehend auf vorgefertigte Betonsäulen zu stellen – ein Vorgang, der wiederholt werden sollte, bis die erforderliche Höhe erreicht war. Die Amerikaner schlugen vor, die Tempel freizulegen und auf Pontons zu stellen, die sich mit dem Wasserspiegel heben sollten, um die Bauwerke anschließend auf festem Boden wieder abzusetzen. Die Franzosen wiederum wollten einen 70 Meter hohen, mehrere Kilometer langen Damm um Abu Simbel bauen, um das Wasser von den Monumenten fernzuhalten.

Wieder andere meinten, man solle Abu Simbel in den Fluten versinken lassen; Touristen sollten den von einer Flutlichtanlage angestrahlten Komplex später durch gläserne Korridore bewundern können. Dazu wäre ein Damm aus einer dünnen Membran erforderlich gewesen, um den Nilschlamm auszufiltern und den Wasserdruck auszugleichen. Mit Hilfe von Chemikalien wollte man den porösen Sandstein härten, um zu verhindern, daß er verwitterte. Dieses archäologische Aquarium sollte nicht nur Aufzüge und Restaurants, sondern auch eine künstliche, auf- und untergehende Sonne erhalten.

Der letztlich angenommene Vorschlag, das Monument in Blöcke zu zerlegen und 65 Meter höher wiederaufzubauen, kam aus Schweden. So können Touristen noch heute die 3200 Jahre alten, nach wie vor respektgebietenden Kolosse bewundern. Hinter ihnen jedoch steht, unter Sand und Felsbrocken verborgen, eine 27 Meter hohe Betonschale mit 60 Meter Spannweite und elektrischer Beleuchtung, in der Pumpen ununterbrochen Frischluft durch die beiden Tempel zirkulieren lassen. Ramses wäre beeindruckt gewesen.

mieren, ohne die Priesterschaft vor den Kopf zu stoßen. Er nutzte die Möglichkeit besonders spektakulär in Abu Simbel und anderswo in Nubien, wo seine Selbsterhöhung zum Gott allerdings auch politische Gründe hatte, denn die Pharaonen wollten die nubische Bevölkerung mit ihrer Machtvollkommenheit beeindrucken.

Schon seit den Tagen der 1. Dynastie um 3000 v. Chr. hatten die ägyptischen Könige auf Nubien wegen seiner reichhaltigen Goldvorkommen ein begehrliches Auge geworfen. Gegen Ende des Mittleren Reichs hatten die Ägypter auf einer Strecke von etwa 500 Kilometern zwischen dem ersten und dem zweiten Katarakt Festungen und befestigte Städte angelegt. Zur Zeit des Neuen Reichs erstreckte sich das ägyptische Reichsgebiet noch weiter nach Süden fast bis zum fünften Katarakt. Aus diesem Gebiet, das von Assuan aus etwa 1300 Kilometer nilaufwärts reichte, bezog der König vor allem Gold und Sklaven.

Nubien erwies sich jedoch nicht gerade als die loyalste Provinz der Pharaonen. Seine Bevölkerung hatte sich nie in die ägyptische Herrschaft ergeben und immer wieder Aufstände angezettelt. 1294 v. Chr., also vier Jahre vor dem Amtsantritt Ramses', hatte das bloße Gerücht einer geplanten Rebellion im relativ fruchtbaren Distrikt Irem hinter dem dritten Katarakt des Nils Sethos I. zu einem größeren vorbeugenden Militärschlag veranlaßt. Der Vizekönig von Nubien berichtete: „Dann sprach seine Majestät zu den hohen Offizieren, den Höflingen und seinem Gefolge: ‚Für wen halten sich eigentlich diese verachtenswerten Leute von Irem, daß sie es wagen, meiner Majestät die Zeit zu stehlen?' Dann schickte seine Majestät die Infanterie sowie einen Großteil der Streitwagen in die Schlacht." Wenn man der Inschrift Glauben schenken darf, war der Feldzug ein Blitzkrieg mit triumphalem Ausgang: „Der starke Arm des Pharaos kam über sie wie eine Feuersbrunst und ließ die Berge erzittern." Wenige Tage später waren alle Rebellen getötet oder gefangengenommen.

Eine Generation danach entsandte auch Ramses Truppen, die denen des Vizekönigs von Nubien bei einem weiteren Feldzug gegen den Distrikt Irem beistehen sollten. Ramses versuchte zwar, seine nubischen Untertanen durch großangelegte Bauvorhaben und den Kult um den König zu beeindrucken, zögerte aber nicht, offenen Dissens notfalls mit militärischen Mitteln zu unterdrücken. Überhaupt schien Ramses größten Gefallen daran zu finden, seine Untertanen einzuschüchtern.

Keines von Ramses' zahlreichen Monumenten ist eindrucksvoller als der tief in nubischem Territorium gelegene, in den Fels gehauene Tempel von Abu Simbel. Zu diesem Projekt entschloß sich der König offenbar schon im ersten Jahrzehnt seiner Regierungszeit, als er oberhalb vom Westufer des Nils zwei rosafarbene Sandsteinfelsen erblickte. Der Tempelkomplex von Abu Simbel war bestens geeignet, um gegenüber einigen von Ramses' widerstrebendsten Untertanen Flagge zu zeigen, und hier – fernab des ägyptischen Kernlands – gab es nichts, was den Pharao in der Wahl seiner Bildersprache hätte behindern können.

Der Haupttempel, der ursprünglich den großen Gottheiten Ägyptens und Nubiens geweiht sein sollte, wurde schließlich zum Zentrum von Ramses' Personenkult in Nubien. Seine Frontseite bestand aus vier jeweils 20 Meter hohen, aus dem Muttergestein gehauenen Statuen des sitzenden Pharaos; die dahinterliegenden Hallen und Kammern des Tempels wurden fast 63 Meter tief in den Felsen getrieben. Ganz in der Nähe ließ Ramses in den zweiten Felsen einen Nebentempel schlagen, der der Göttin Hathor geweiht war. Seine Fassade bestand aus sechs Standbildern. Vier zeigten Ramses, zwei Nefertari, die erste unter seinen Königinnen; flankiert waren sie von kleineren Bildnissen von Prinzen und Prinzessinnen. Nach der Inschrift war der Tempel zu Ehren von Nefertari errichtet worden, „der zu Gefallen sogar die Sonne scheint".

Für den Fall, daß Abu Simbel die Nubier nicht gebührend beeindruckte, befahl der König den Bau weiterer Tempel an strategisch gewählten Punkten Nubiens. Darüber hinaus sorgte er dafür, daß er als einheimische Gottheit im Tempel jeder größeren Stadt vertreten war; selbst die Sphingen, die die heiligen Straßen säumten, waren nach Ramses' Ebenbild geformt. Seine flächendeckende Kampagne systematischer Selbstdarstellung erfüllte offenbar ihren politischen Zweck, denn während Ramses' Herrschaft verhielten sich die Nubier ungewöhnlich ruhig.

Im Laufe des allmählichen Niedergangs Ägyptens nach dem Ende des Neuen Reichs begrub der Wind die gewaltigen steinernen Bildnisse von Abu Simbel allmählich unter Wüstensand. Als Giovanni Battista Belzoni und seine Helfer im Jahre 1817 den Sand abgetragen hatten, waren sie seit über tausend Jahren die ersten, die den Tempel zu Gesicht bekamen. Mittlerweile haben Millionen von Touristen das „ausdrucksstarke, jugendliche Antlitz" von Ramses II. bewundert und sich gefragt, was dies wohl für ein Mensch gewesen sein mag, der sich selbst ein so gigantisches Denkmal setzte.

Die naheliegendste Antwort wäre, daß der Pharao ganz einfach extrem egozentrisch gewesen sein muß. Seine Eitelkeit bildete jedoch nur eine Facette von Ramses' Charakter. Vielleicht war er in der Tat größenwahnsinnig, doch war dies quasi ein Berufsrisiko, dem man als Pharao und somit unumschränkter Herrscher des mächtigsten Reichs der damaligen Welt wohl nur schwer entgehen konnte. Ramses' endlose Prahlerei und seine Bautätigkeit waren jedoch keineswegs nur die Folge seines Egoismus; zumindest teilweise tat der König damit lediglich seine Pflicht. Und ganz offensichtlich glaubte er an die Unsterblichkeit.

DENKMÄLER IN ÜBERLEBENSGROSSE

Mehr noch als die meisten anderen Führer großer Nationen in der Geschichte verkörperte Ramses II. für verschiedene Menschen die unterschiedlichsten Dinge. In seiner weltlichen Rolle als Pharao galt er als Kriegsheld, Eroberer und Garant des Friedens, doch befriedigte er darüber hinaus als Vermittler zwischen seinen Untertanen und den Göttern auch die geistigen Bedürfnisse der Nation. Im Verlauf der sechseinhalb Jahrzehnte seiner absoluten Herrschaft stellte er sich zunehmend so dar, als sei er den Göttern ebenbürtig.

Die vielen Facetten seiner Person vereinigte Ramses im dauerhaftesten Erbe seiner langen Regierungszeit, seinem gigantischen Bauprogramm. Paläste, Tempel und Statuen verbreiteten seinen Namen, sein Bild und seine Heldentaten vom Nildelta bis in die südlichsten Bereiche Nubiens. Mitunter ist die Botschaft, die Ramses zu vermitteln suchte, reine Propaganda, so zum Beispiel in den zahlreichen Wandreliefs und hieroglyphischen Beschreibungen seines „entscheidenden" Sieges bei Kadesch. In anderen Fällen stellt der Pharao eine unprätentiöse Frömmigkeit zur Schau; die Inschrift und Widmung im „Großen Hof von Ramses II." des Tempels von Luxor *(oben)* beschreibt ihn als ein „Denkmal für seinen Vater, Amun-Re, König der Götter, aus feinem weißem Sandstein, das der Sohn des Re, Ramses, für ihn gemacht hat".

Andere Bauwerke wie Abu Simbel dienten einem zweifachen Zweck: Die vier schon aufgrund ihrer Größe beeindruckenden Ramsesstandbilder sollten die widerspenstigen Nubier nachdrücklich an die weltliche Allmacht des Pharaos erinnern, während im Innern des Tempels eine kleinere Königsstatue ebenbürtig neben Ptah, Amun und Re stand und seine geistliche Macht demonstrierte.

Wie alles andere, was die Archäologen über Ramses in Erfahrung gebracht haben, zeugen auch dessen Bauprojekte in ihren gigantischen Dimensionen von der ungeheuren Tatkraft und Machtfülle dieses Pharaos. Noch als Ruinen flößen die steinernen Tempel, Statuen und Obelisken – die Paläste aus vergänglichen Lehmziegeln sind längst zu Staub zerfallen – dem Betrachter große Ehrfurcht ein, seit die ersten Touristen zur Zeit der Griechen und Römer nilaufwärts fuhren. Für die Welt von heute ist Ramses II. fast untrennbar mit dem Ruhm des alten Ägypten verbunden.

Zwei stark beschädigte Ramsesstatuen flankieren den Eingang des großen Kolonnadenhofes im Tempel von Luxor. Auf dem linken Koloß ist die Kartusche des Pharaos zu erkennen. Im Vordergrund links steht der 25 Meter hohe Obelisk von der Vorseite. Sein Gegenstück, dessen Sockel rechts im Bild zu sehen ist, ziert den Place de la Concorde in Paris.

Die Säulen der Hypostylenhalle von Karnak, mit deren Bau unter Ramses' Vater Sethos I. begonnen wurde, sollen ein Papyrusdickicht darstellen und damit die feuchte, urzeitliche Landschaft symbolisieren, in der nach dem Glauben der Ägypter die Schöpfung stattfand. Ramses scheute sich nicht, einige der Reliefs, die sein Vater in Auftrag gegeben hatte, in seinem Sinne umarbeiten zu lassen.

Eine Reihe widderköpfiger Sphingen, das Emblem des Reichsgottes Amun, war einst Teil des Prozessionsweges, der vom Nilkai zum Tempel des Gottes in Karnak führte. Nach Ramses' Tod wurden sie an ihren gegenwärtigen Standort im ersten Hof des Tempels gebracht. Jedes Sandsteintier hält eine kleine Figur – vermutlich die des Pharaos – zwischen den Vorderbeinen.

Am Rand der Wüste auf der Theben gegenüberliegenden Nilseite stehen die Überreste des Ramesseums. Die vier Säulen stellen Ramses in der Gestalt des Gottes Osiris dar. Die Köpfe könnten bei dem Erdbeben abgebrochen sein, bei dem unweit davon die „Ozymandias"-Statue umstürzte.

Die frühe Morgensonne unterstreicht den rötlichen Farbton des Sandsteintempels von Abu Simbel, mit dem Ramses seine Bautätigkeit krönte. An seinem neuen Standort oberhalb des aufgestauten Nassersees könnte der Pharao noch Jahrtausende in eine stark veränderte Welt hinausblicken.

Acht Ramsesstandbilder, wiederum in der Gestalt des Osiris, bewachen den Korridor, der zu den tiefstgelegenen Nischen von Abu Simbel führt. Zweimal im Jahr dringen Sonnenstrahlen in den 60 Meter langen Gang und fallen auf das Gesicht des Pharaos (unten). Nur Ramses und die Priester durften diese Kammer betreten.

D R E I

DIE STELLUNG DER FRAU IM ALTEN ÄGYPTEN

Im Spätherbst des Jahres 1257 v. Chr. zog eine lange, mit wertvollen Geschenken beladene Karawane in Begleitung von Soldaten und Streitwagen durch das zerklüftete Hochland Anatoliens. Auf ihrem Weg nach Süden, ins heutige Syrien, machte der Zug der Reisenden an der Grenze zwischen den beiden mächtigsten Reichen jener Zeit, dem Hethiterreich unter Hattusili III. und dem Ägypten von Ramses II., vorübergehend halt.

Die Monarchen beider Staaten hatten nach langer Feindschaft 13 Jahre zuvor Frieden geschlossen. Um das Band der Freundschaft zu festigen, schickte Hattusili nun seine älteste Tochter nach Ägypten, wo sie die jüngste Ehefrau des polygamen Pharaos und damit eine weitere ägyptische Königin werden sollte. Der Vermählung war ein Jahr intensivster Verhandlungen vorausgegangen, in deren Verlauf Gesandte zwischen der ägyptischen Hauptstadt Pi-Ramesse und dem fernen Hof des Hattusili hin- und hergeeilt waren.

Heilige Kobras und Sonnenscheiben bilden die Krone der Tochter und späteren Gemahlin Ramses' II., Meritamun. Neben diesem Symbol ihres hohen Ranges trägt sie ein Halsband aus Perlen, die zu der Hieroglyphe für Schönheit angeordnet sind.

Um seinen Reichtum zu demonstrieren, hatte der Herrscher der Hethiter Ramses nicht nur eine Prinzessin versprochen, sondern auch eine stattliche Mitgift, bestehend aus Edelsteinen und erlesenen Stoffen, bronzenen Ornamenten, Gold und Silber, Pferden, ganzen Herden von Rindern und Schafen sowie einer Truppe bestens ausgebildeter Sklaven. Ramses wartete schon seit Monaten auf die Einlösung dieses Versprechens, doch weder Braut noch Mitgift waren eingetroffen.

Zwischen den beiden Höfen wurden zunehmend unfreundliche Briefe gewechselt. Je mehr Zeit verging, desto verdrießlicher zeigte sich der Pharao, bis er schließlich seinen künftigen Schwiegereltern sein Mißfallen offen ausdrückte. Hattusilis leicht reizbare Gattin, Königin Puduhepa, mokierte sich über Ramses' Ungeduld und fragte mit kaum verhohlenem Sarkasmus, warum denn einer der reichsten Monarchen der Welt so dringend auf die versprochenen Geschenke angewiesen sei. „Besitzt mein Bruder etwa nichts? Daß Du, mein Bruder, Dich auf meine Kosten bereichern möchtest, ist weder sehr freundlich noch ehrenhaft!!" Als Grund für die Verzögerung nannte sie „Schwierigkeiten", darunter eine Feuersbrunst, die einen Palast vernichtet hatte.

Im Sommer des Jahres 1257 v. Chr. waren die Heiratsverträge endlich unter Dach und Fach. Ägyptische Botschafter trafen auf Hattusilis Geheiß am hethitischen Hof ein, um in einer formellen Zeremonie die Eheschließung zu besiegeln. Die Königin drückte Ramses in einem Brief ihre Freude über die Verbindung aus: „Als feinstes Öl über den Kopf meiner Tochter gegossen wurde, vertrieb dies die Götter der Unterwelt", schrieb sie. „An jenem Tag wurden die beiden großen Mächte ein Land, und Ihr, die beiden Könige, fandet zu wahrer Bruderschaft."

Dieser faszinierende Briefwechsel blieb in den hethitischen Archiven erhalten, die eine deutsche Expedition 1906 in der Türkei entdeckte. Die Reise der Prinzessin nach Ägypten und die Hochzeit selbst wurden der Nachwelt durch ägyptische Schreiber überliefert, die auf Ramses' Befehl eine ausführliche Monographie verfaßten. Der Text, der nicht mit Lob auf den Pharao spart, wurde auf steinernen Monumenten in Ägyptens wichtigsten Tempeln verewigt, und bis heute künden die aus Anlaß der Hochzeit von Ramses II. errichteten Stelen in Karnak, Abu Simbel und anderswo von Ereignissen aus ferner Vergangenheit.

Als die prunkvoll ausgestattete Karawane mit der Braut schließlich die Reise nach Ägypten antrat, begleitete Königin Puduhepa ihre Tochter noch bis zur Grenze des südlichen Syrien, das damals fest in ägyptischer Hand war. Was in den beiden Frauen beim Abschied vorging, ist nicht überliefert. Der Anlaß jedenfalls gebot eine feierliche Stimmung. Man darf annehmen, daß die Reisenden reichlich Proviant mitführten beziehungsweise jederzeit auf die erzwungene Großzügigkeit örtlicher Potentaten rechnen konnten, die sich der Gunst des Pharaos als würdig erweisen wollten. Der Übertritt auf das von den Ägyptern kontrollierte Territorium ging mit ausgiebigen Festessen und Trinkgelagen beider Delegationen einher.

Obwohl die Reise durch die Berge und über die Ebenen eine winterliche Durchquerung von Regionen erforderte, die für ihr rauhes Klima berüchtigt waren, blieb das Wetter außergewöhnlich mild und sommerlich. Den Hochzeitsstelen zufolge schrieb der Pharao dieses Phänomen sich selbst zu, denn er hatte eine persönliche Bitte an die Götter gerichtet: „Der Himmel ist in eurer Hand, die Erde unter euren

Füßen, und was auch immer ihr befehlt, wird geschehen – möget ihr also weder Regen, Eis noch Schnee schicken, bis das Wunderbare, das ihr für mich auserkoren habt, bei mir eingetroffen ist!”

Als das besagte „Wunderbare” in Pi-Ramesse angekommen war, wurde ausgiebig gefeiert, in der Öffentlichkeit und privat. Der Gatte war offenbar bezaubert: „In den Augen seiner Majestät war sie wunderschön, und er liebte sie über alles, denn es war ein großer Tag, ein Triumph für ihn. Sie nahm ihren Platz im königlichen Palast ein, begleitete fortan den Herrscher täglich, und ihr Name erstrahlte über dem Land.” Ihr neuer ägyptischer Name Maat-Hor-Neferure bedeutete „Die den königlichen Falken erblickt, den sichtbaren Glanz des Re”.

Die Verliebtheit, die die Hochzeitsstelen so ausführlich bekunden, dauerte anscheinend nicht ewig an. Während Namenszug und Bild der Maat-Hor-Neferure in den ersten Jahren ihrer Ehe häufig zusammen mit denen des Ramses auf Statuen und Grundsteinen wiedergegeben wurden, scheint sie später aus dem Blickpunkt der Öffentlichkeit verschwunden zu sein. Der letzte Hinweis auf ihr Leben in Ägypten ist das Fragment einer Auflistung ihrer Garderobe, das Archäologen am Ort eines königlichen Harems 200 Kilometer von Pi-Ramesse entfernt am Rande der fruchtbaren Provinz Faijum fanden.

Über diese Einzelheiten hinaus weiß man wenig über die hethitische Braut. Die Welt dagegen, die die ihre werden sollte, tritt immer klarer aus dem Dunkel der Geschichte hervor. Moderne Ägyptologen haben mit der Auswertung des riesigen Bestandes an Texten, Bildern und Artefakten aus der alten Hochkultur am Nil begonnen. Dabei ist ein – wenn auch teilweise widersprüchliches – Bild vom Leben der Frauen aller gesellschaftlichen Schichten zur Zeit Ramses' II. entstanden: das Leben von großen Königinnen, denen die Ägypter monumentale Denkmäler setzten, von Landbesitzerinnen, die vor Gericht ihre wirtschaftlichen Interessen vertraten, von Tänzerinnen und Musikantinnen, die die Wandgemälde in den Grabkammern der Reichen schmükken, und von Prostituierten, die Arbeiter im Tal der Könige sehnsüchtig in obszönen Skizzen bei der Ausübung ihres Gewerbes zeichneten.

Ramses, der seine dynastischen Verpflichtungen offenbar mit größtem Vergnügen erfüllte, zeugte während seiner fast 67jährigen Herrschaft über 90 Kinder. Zu deren Müttern, den Frauen des königlichen Harems, gehörten mindestens sechs Große Königinnen sowie Dutzende von untergeordneten Gemahlinnen und Nebenfrauen. Einige von ihnen – wie die hethitische Braut und eine Schwester, die ihr nach mehreren Jahren folgte – waren Ramses als Töchter ausländischer Könige zur Frau gegeben worden, um einen Vertrag zu besiegeln oder ein

Bündnis zu festigen; in der Korrespondenz des Hofes werden mindestens eine syrische und eine babylonische Prinzessin erwähnt. Andere Bräute stammten aus dem ägyptischen Königshaus selbst: Ramses zählte eine Schwester und drei Töchter zu seinen Ehefrauen.

Die Ehe mit Schwestern und Töchtern, im heutigen westlichen Rechtssystem als Inzest gebrandmarkt, war tief in der ägyptischen Kultur und Religion verwurzelt und reichte über 1000 Jahre bis in die Zeit des Alten Reichs zurück. Im Neuen Reich galt jeder Pharao als Sohn nicht nur seines leiblichen Vaters, sondern auch des Gottes Amun, der im Augenblick der Zeugung auf wundersame Weise im Schoß der Königin gegenwärtig war. Und da die alten Ägypter ihre Abstammung matrilinear definierten, besiegelte eine Heirat mit einer Prinzessin königlichen Geblüts die Rechtmäßigkeit des Anspruchs eines Pharaos auf den Thron. Einige Wissenschaftler glauben sogar, daß das Volk den göttlichen Status eines Herrschers auf eine solche Verbindung zurückführte.

Ebenso unterschiedlich wie ihre Herkunft war auch die Stellung der einzelnen Ehefrauen am Königshof. Einige übten offensichtlich beträchtliche Macht aus und genossen hohes Ansehen, während andere sich wohl damit begnügten, Ramses' Bett zu teilen. Doch welche Intrigen und Machtkämpfe auch immer hinter der Bühne stattgefunden haben mögen – eine Frau aus der königlichen Familie konnte sich ihres Einflusses auf den Pharao sicher sein: Ramses' Mutter, die Königin Tuja. Während der Herrschaft von Ramses' Vater Sethos I. hatte Tuja wie die meisten anderen Königinnen offenbar ein relativ zurückgezogenes Leben geführt. In Texten, die sich auf wichtige Staatsangelegenheiten beziehen, taucht ihr Name nirgendwo auf, und auch auf Monumenten aus der Regierungszeit ihres Mannes wird sie selten erwähnt oder bildlich dargestellt. Erst als Witwe des Königs beziehungsweise als Königinmutter trat sie ins Rampenlicht. Von Pi-Ramesse im Nildelta bis nach Abu Simbel 1500 Kilometer weiter südlich ließ ihr Sohn ihr zu Ehren Statuen und sogar einen Tempel errichten.

Auf der massiven Fassade des Felsentempels von Abu Simbel steht sie in steinerner Würde – der turmhohen Figur ihres Sohnes gerade bis zur Wade reichend – neben ihrer Schwiegertochter Nefertari und verschiedenen Enkelkindern des Königs. In Theben ließ der Pharao einen kleinen, halbverfallenen Tempel wiederaufbauen und widmete ihn seiner Mutter. Heute vermuten Wissenschaftler, daß dieses Bauwerk einst gemeißelte Reliefs beherbergte, die in der Nähe gefunden wurden und die an Tujas eigene Eltern erinnerten: ihre Mutter Ruia und deren Ehemann Raia, der unter einem vorherigen Pharao zum Leutnant der Streitwagentruppe aufgestiegen war.

Am Ende des langen Krieges gegen die Hethiter übernahm die Königinmutter bei den diplomatischen Zeremonien, die den Frieden

Verstorbenen aus den Königsfamilien entnahm man die Eingeweide, um sie, in Leinen gehüllt, in Kanopen neben ihnen beizusetzen. Der oben abgebildete Kanopendeckel, 1972 im Grab der Tuja, der Mutter Ramses' II., gefunden, zeigt ein idealisiertes Porträt der Königin.

besiegeln sollten, offenbar eine wichtige Rolle. Neben Ramses und den hohen Würdenträgern des Hofes sandte sie eine persönliche Gruß- und Glückwunschbotschaft an den Hethiterkönig. Es dürfte ein erhebender Augenblick für sie gewesen sein, den politischen Triumph ihres Sohnes zu erleben und zu wissen, daß Ägypten zum erstenmal seit Jahrzehnten einer Periode des Friedens entgegenging. Ihre Freude währte jedoch nicht lange, denn sie starb – über sechzigjährig – im folgenden Jahr.

Etwa 3200 Jahre später, im Jahre 1972, entdeckte ein französisch-ägyptisches Archäologenteam ihre letzte Ruhestätte im Tal der Königinnen westlich von Theben. Die Wissenschaftler stiegen in dem völlig ausgeplünderten Grab eine Treppe hinab und durchschritten mehrere in den Felsen gehauene Räume, bis sie schließlich eine mit Pfeilern geschmückte Kammer erreichten, in der Tujas Leichnam gelegen hatte. Der Raum mußte einst prunkvoll verziert und ausgestattet gewesen sein, wie es Tujas Stellung als Ehefrau und Mutter des Pharaos entsprach. In der Mitte hatte der Sarkophag aus rosa Granit gestanden, in dem die mumifizierte Königin ihre letzte Ruhe gefunden hatte.

Wie es die Kunst der Mumifizierung verlangte, hatte man ihrem Körper die Eingeweide entnommen und sie in speziellen Krügen, den Kanopen, bestattet. Auf dem Deckel eines dieser Gefäße erkannten die Archäologen ein idealisiertes Bild Tujas: einen etwa 15 Zentimeter großen, aus Alabaster gefertigten Kopf. Das Porträt zeigte ein lächelndes Gesicht unter einer lockigen Perücke mit Kopfschmuck in Form eines Geiers, der seine Trägerin als Mitglied des Königshauses auswies. Zu den wenigen sonstigen Artefakten, die die Grabräuber im Altertum liegengelassen hatten, gehörte auch eine Flasche Wein, die der trauernde Sohn der Toten bei der Beerdigung dort abgestellt hatte.

Nicht lange nach seiner Mutter verlor Ramses eine andere Frau, die in seinem Leben eine wichtige Rolle gespielt hatte. Irgendwann in seinem 24. Regierungsjahr starb Nefertari, die ranghöchste seiner Königinnen. Gemäß den Monumenten, die zu ihrem Gedenken errichtet wurden, und den Dokumenten, die ihren Namen tragen, war sie die erste – und offenbar meistgeliebte – von Ramses' Ehefrauen.

Auf Inschriften sind die Titel vermerkt, die ihr verliehen worden waren. Einer, wie der der „Großen Königsgemahlin" oder „Herrin der beiden Länder" (Ober- und Unterägypten) deuten ihre offizielle Rolle innerhalb der Monarchie an. Andere kennzeichnen ihren halb göttlichen Status: Als erste Ehefrau des Ramses und Mutter seines erstgeborenen Sohnes trug sie die Namen „Gottesgemahlin" und „Gottesmutter". Zur Liste ihrer Ehrentitel gehören jedoch auch intimere, zärtlichere Beinamen, in denen die Stimme des Königs nachklingt, wie „Bezaubernde Dame", „Hochgelobte", „Schönes Antlitz" oder „Süße Liebe".

Nefertaris Herkunft ist unter den Wissenschaftlern umstritten. Mit Sicherheit war sie Ägypterin, und höchstwahrscheinlich stammte sie aus angesehenem Hause, wenn auch nicht unbedingt aus der Königsfamilie selbst. Die Namen ihrer Eltern sind nicht bekannt, doch könnte sie einer Familie aus Theben entstammen; darauf läßt jedenfalls ein weiterer ihrer Beinamen – „Geliebt von der Göttin Mut" (einer thebanischen Göttin) – schließen. Ihre Hochzeit mit Ramses dürfte noch vor dessen Krönung zum Pharao stattgefunden haben. Vielleicht war sie eine der mit Sorgfalt ausgesuchten Frauen, die sein Vater Sethos I. ihm bei seiner Ernennung zum Prinzregenten präsentiert hatte. Auf einer Inschrift im Tempel von Abydos, der seinem Vater gewidmet ist, drückte Ramses seine Dankbarkeit für die gute Wahl aus, die Sethos getroffen hatte: „Er besorgte mir einen Königlichen Harem der Schönheiten, vergleichbar mit denen seines Palastes, und wählte für mich Gemahlinnen aus."

Eine goldene Totenmaske bedeckte das Gesicht von Kaemwaset, des vierten Sohnes von Ramses II., dessen Mumie 1852 von einem französischen Ägyptologen im Serapeum von Sakkara entdeckt wurde. Das Serapeum war eine aus zahlreichen Kammern bestehende unterirdische Nekropole für die heiligen Apis-Stiere, die die Anhänger des Apiskults als Verkörperungen des Schöpfergottes Ptah verehrten. Kaemwaset war Priester dieses Kults.

Von Beginn an war Nefertari Ramses' Lieblingsfrau. Reliefs an den Wänden des Heiligtums von Gebel Silsila, die eindeutig auf das erste Jahr von Ramses' Herrschaft zurückgehen, zeigen ihn und Nefertari bei der gemeinsamen Durchführung religiöser Rituale. Die Wände eines nubischen Tempels, der in den Anfangsjahren seiner Herrschaft entstand, sind mit Bildern des ältesten Sohnes der beiden, Amunherschopschef, geschmückt; dieser ist in einem Alter dargestellt, das darauf schließen läßt, daß er vermutlich schon vor dem Amtsantritt seines Vaters geboren wurde. Amunherschopschef war der erste von Ramses' vielen Nachkommen: Nefertari brachte mindestens sechs Kinder zur Welt, von denen jedoch keines, nicht einmal der junge Kronprinz, den ehrwürdigen Ramses überlebte.

Während ihrer über 20jährigen „Regentschaft" als wichtigste Königin spielte Nefertari im politischen und religiösen Leben am Hof eine bedeutende Rolle.

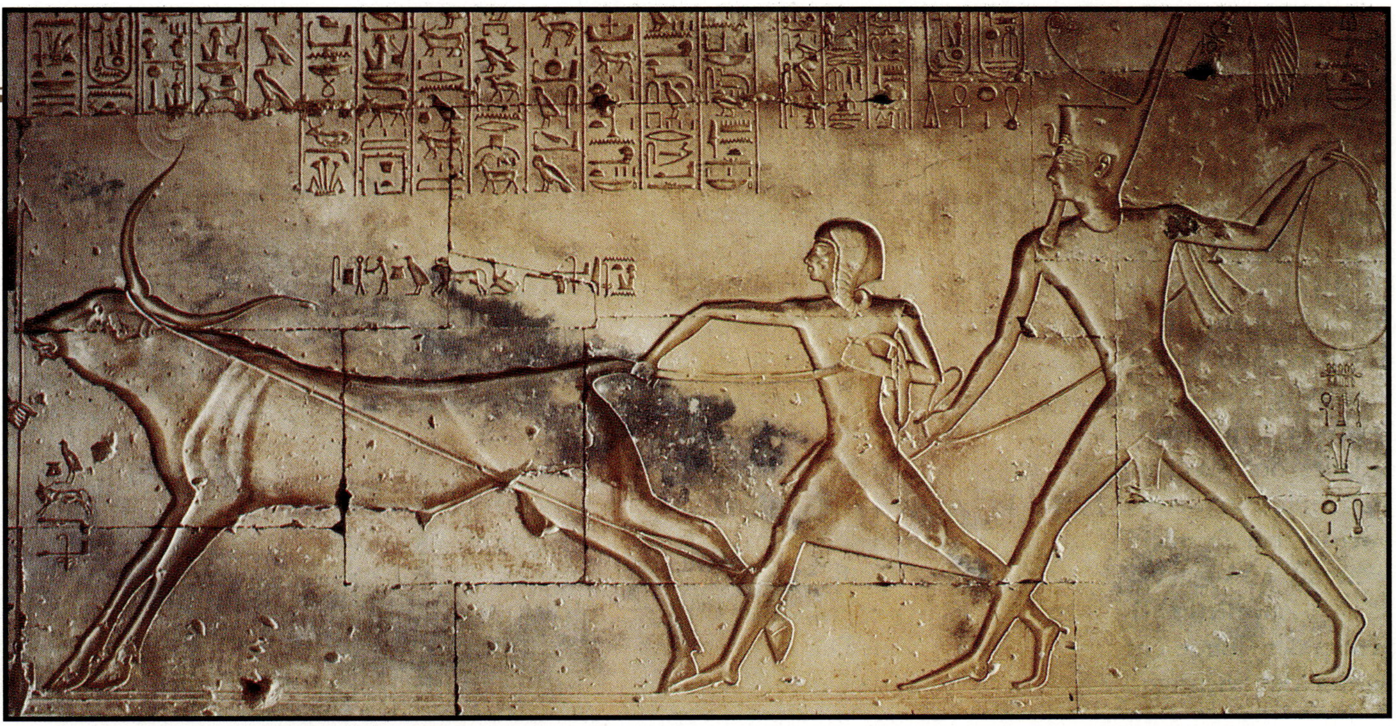

Im Tempel Sethos' I. in Abydos befindet sich dieses Relief, das Ramses II. und seinen ältesten Sohn Amunherschopschef zeigt. Beide fangen einen Stier ein, um ihn dem Geist Sethos' als Speiseopfer darzubringen. Ramses überlebte viele seiner zahlreichen Söhne; als er starb, trat sein 13. Sohn, Merenptah, die Thronfolge an.

Als der bahnbrechende Friedensvertrag zwischen Ägypten und dem Hethiterreich unterzeichnet wurde, tauschten Nefertari und Königin Puduhepa eigene offizielle Grußbotschaften aus. Das zuerst eingetroffene Schreiben der hethitischen Königin ist verschollen, während uns Nefertaris Antwort überliefert ist: „Mir, Deiner Schwester, geht es gut, und meinem Land ebenfalls. Möge es Dir, meiner Schwester, gutgehen, und Deinem Land ebenfalls. Du, meine Schwester, hast mir geschrieben und Dich nach meinem Wohlbefinden erkundigt. Mögen der Sonnengott und der Sturmgott Dir Freude bringen und der Sonnengott den Frieden gedeihen lassen, ebenso wie für alle Zeiten die Bruderschaft zwischen dem großen König, dem König von Ägypten, und seinem Bruder und großen König, dem König von Hatti. Ich verbleibe heute und für alle Zeiten in Freundschaft und schwesterlicher Beziehung mit meiner Schwester, der großen Königin von Hatti."

Nach den uns bekannten Monumenten zu urteilen, kam keine andere Königin an Ramses' Hof an Bedeutung Nefertari gleich. Sie begleitete den Pharao bei mehreren königlichen Prozessionen nilaufwärts von Pi-Ramesse in das fast 800 Kilometer weiter südlich gelegene Theben, um zusammen mit ihrem Gatten bei religiösen Feiertagen und der Investitur von Priestern den Vorsitz zu übernehmen. In den Tempeln von Karnak, Luxor und Abu Simbel schufen Bildhauer ihr Bildnis neben dem ihres königlichen Gemahls.

Im nubischen Abu Simbel wurde sie weit mehr als alle anderen Königinnen verehrt. Ramses befahl hier den Bau zweier in den Fels gehauener Tempel, von denen der erste ihm selbst und den offiziellen Göttern des ägyptischen Staates, der zweite der Göttin Hathor – Schutzpatronin der Mutterschaft und Göttin der Liebe – sowie Nefertari geweiht war. Die Fassade dieses zweiten Heiligtums zieren Kolossalstatuen: Vier Bildnisse von Ramses und zwei von Nefertari *(S. 106–107)*.

Nach der Fertigstellung dieser großartigen Werke, vermutlich im Jahre 1266 v. Chr., segelte das Königspaar mit ihrer Tochter Meritamun den Nil hinauf, um das Heiligtum seiner Bestimmung zu übergeben. Auf der 1500 Kilometer langen Reise begleiteten sie Hekanacht, der Vizekönig von Nubien, sowie ein großes Gefolge von Höflingen und Dienern. Um dieses glorreiche Ereignis der Nachwelt zu überliefern, ordnete der Vizekönig an, daß aus dem Fels nahe dem Tempel eine Stele gehauen werden sollte. Auf ihr sieht man den Pharao und seine Tochter bei feierlichen Ritualen zur Einweihung der beiden Tempel, während Hekanacht der sitzenden Königin seine Aufwartung macht.

Zu dieser Zeit dürfte Nefertaris irdisches Dasein bereits dem Ende entgegengegangen sein. Die Ägyptologen führen die wichtige Rolle Meritamuns bei der Weihe des Tempels darauf zurück, daß ihre Mutter zu diesem Zeitpunkt entweder bereits krank oder von den Strapazen der Reise zu erschöpft war, um ihrem Gemahl zur Seite zu stehen. Sicher ist, daß man keine späteren Bilder der Nefertari gefunden hat, und so nimmt man an, daß sie nicht lange nach der anstrengenden Reise nilaufwärts starb.

Einige Historiker gehen davon aus, daß irgendwann in Ramses' Regierungszeit Meritamun an die Stelle ihrer Mutter als „Große Königsgemahlin" trat. Doch weder sie noch Nefertari sollten die Freude haben, ihren Sohn auf dem Königsthron zu sehen. Diese blieb Königin Istnofret vorbehalten, an die nur wenige intakt gebliebene Monumente und ebenso wenige vorhandene Aufzeichnungen aus der Regierungszeit Ramses' erinnern; ihr gemeinsamer – und Ramses' 13. – Sohn sollte den Vater überleben und als Merenptah, der vierte Pharao seiner Dynastie, die Thronfolge antreten.

Das wenige, was man über das Leben von Ramses' Königinnen weiß, stammt im wesentlichen aus den Bildern auf Baudenkmälern, diplomatischer Korrespondenz aus den offiziellen Archiven sowie aus den Reliefs und Gemälden in Tempeln und Königsgräbern. Sie sind bei der Ausübung ihrer offiziellen Funktionen dargestellt, wenn sie – an der Seite des Pharaos – an staatlichen Zeremonien teilnehmen oder als Hohepriesterinnen religiöse Kulthandlungen vollziehen und dabei die rituellen Gegenstände in Händen halten, die bestimmten Gottheiten des ägyptischen Pantheons geweiht waren.

Archäologische Erkenntnisse über den Alltag der Königinnen sind hingegen rar. Ausgrabungen durch den Pionier der englischen Archäologie in Ägypten, Flinders Petrie, in den achtziger Jahren des

GEMEINSAME REISE IN DIE EWIGKEIT

Die Verwandten und Gefährten des Pharaos genossen eine Reihe von Privilegien, im Leben wie im Tod. Eins der letzteren war die Unsterblichkeit, die sie sich durch ein steinernes, die Jahrhunderte überdauerndes Grabmal

erkaufen konnten. Ein solches „Haus für die Ewigkeit" ließen sich Prinzessin Tia, Tochter von Sethos I. und Schwester von Ramses II., und ihr Mann, der ebenfalls Tia hieß, in der Nekropole von Sakkara errichten.

Als ein englisch-niederländisches Archäologenteam das Grab 1982 bei Ausgrabungen entdeckte, standen nur noch einige Säulenfragmente und Mauerreste, eine Nebenkapelle und das Fundament einer kleinen Pyramide *(links)*; alle übrigen Steine waren im Laufe der Jahrhunderte anderswo verbaut worden.

Wie sich zur Überraschung der Archäologen herausstellte, hatten sich die Baumeister trotz der Macht und und des Ansehens der Auftraggeber nicht bemüht, einwandfreie Arbeit zu leisten. „Kaum eine Wand ist gerade", schrieb Geoffrey Martin, der Leiter der archäologischen Expedition, „und es gibt fast keine exakten rechten Winkel." Darüber hinaus war ein Großteil des verwendeten Gesteins von ausgesprochen minderwertiger Qualität; Fehler im Material hatte man einfach mit Mörtel verdeckt.

Ungeachtet dessen dürfte das Monument mit seiner Pyramide und dem Säulenhof zu seiner Zeit recht beeindruckend gewesen sein, und die Unzulänglichkeit der Baumeister versperrte dem königlichen Paar nicht den Weg zur Unsterblichkeit. Reliefs an der Kapelle, die die Zeit überdauert haben, zeigen die beiden bei verschiedenen Tätigkeiten. Auf der unten abgebildeten Südwand beispielsweise genießen sie eine Nilfahrt an Bord einer Barke, die im Schlepp eines geruderten Bootes mit Segel und Pferden an Deck hängt. Die Fahrt führt sie flußauf nach Abydos, wo sie im Osiristempel ihren religiösen Pflichten nachkommen wollen.

19. Jahrhunderts lassen auf die Existenz eines königlichen Harems in Mi-Wer schließen, in den sich die hethitische Prinzessin, die zur Königin Maat-Hor-Neferure gekrönt wurde, schließlich zurückgezogen hatte. Anders als man vielleicht annehmen könnte, war der Harem keineswegs eine Art Palast für die Gespielinnen des Königs, in dem sie sich zwischen dessen Besuchen dem Müßiggang hingaben, sondern ein landwirtschaftliches und gewerbliches Zentrum. Verwalter überwachten einen Stab hochspezialisierter Kunsthandwerker und Bediensteter. Darüber hinaus verfügten die Harems über Textilwerkstätten, in denen junge Frauen das Spinnen und Weben feiner Leinentücher und die Herstellung von Kleidungsstücken für die Familie des Pharaos und seine Günstlinge erlernten. Jeder Harem unterhielt zudem eigene Gehöfte und Herden, die Getreide, Milch und Fleisch für den Königshof produzierten.

Hochrangige Hofdamen besaßen darüber hinaus ihre eigenen Landgüter mit zahlreichen Angestellten. Auf einem erhalten gebliebenen Dokument sind die Rationen an Heilkräutern, Brot und Milch aufgelistet, die von den Gütern der Prinzessin Istnofret II. an deren Gefolgsleute ausgegeben wurden. Ein weiteres Dokument enthält eine Nachricht an dieselbe Prinzessin von zwei Palastsängerinnen, die offenbar nicht nur ihre Dienerinnen, sondern auch ihre Freundinnen waren. Sie erkundigen sich nach ihrer Gesundheit, berichten von ihrem eigenen Befinden und bekunden: „Wir sind sehr, sehr besorgt um Dich!"

In Mi-Wer und anderen königlichen Residenzen, etwa in des Pharaos Palast in Pi-Ramesse, unterrichteten Lehrer – möglicherweise pensionierte Verwaltungsbeamte oder Militärs – die Bewohner in Lesen und Schreiben, Ethik und Etikette, Militärkunde und Staatswesen. Zu ihren Zöglingen gehörten neben Ramses' zahlreichen Nachkommen auch die ranghoher ägyptischer Beamter sowie die Kinder ausländischer Herrscher, die dem Pharao anvertraut worden waren, um die Lebensweise der Ägypter kennenzulernen. Manches deutet darauf hin, daß die Töchter des Hauses zumindest teilweise an dieser Schulung teilhatten.

Bei aller Geschäftigkeit bot das Leben im Harem gleichzeitig zahlreiche Annehmlichkeiten. Ramses umgab sich und seine Familie gerne mit schönen Dingen. Das Innere seiner Paläste in Pi-Ramesse und anderswo war mit Fliesen und Friesen in leuchtenden Farben ausgeschmückt, auf denen Fische und Wasservögel *(S. 11)*, Lotosblüten, Weinreben und Mohnblumen prangten.

Unabhängig davon, ob der König im Hause weilte oder nicht, fehlte es an der königlichen Tafel nie an Köstlichkeiten. Ein zeitgenössisches Handbuch für die Ausbildung von Schreibern enthält als Schreibübung eine möglicherweise typische Auflistung für ein

ÄGYPTENS ARCHITEKTONISCHE GESCHICHTE: EIN ÜBERBAUTER TEMPEL AUS DER ZEIT DER RAMESSIDEN

Mit dem Gesicht nach unten liegt die Statue von Meritamun vor der Ruine des Pylons am Eingang des Tempels von Achmim. Der große Block links von der Skulptur ist Teil einer mit Inschriften versehenen Säule, die zu der Statue von Ramses II. gehört.

Arbeiter ziehen eine Plane über den mit Hieroglyphen bedeckten Sockel eines Kolossalbildnisses des sitzenden Ramses II., das vermutlich etwa 15 Meter hoch war. Vorhandene Wohnbauten erschweren die Ausgrabungen in Achmim: Das Haus im Hintergrund mußte teilweise abgestützt werden.

Ägypten hat eine so lange, reiche Vergangenheit, daß es fast kommentarlos zur Kenntnis genommen wird, wenn Jahr für Jahr neue Funde auftauchen. Das galt jedoch nicht für die Entdeckung, die Bauarbeiter 1981 in Achmim, einer etwa 120 Kilometer nördlich von Luxor (dem früheren Theben) gelegenen Provinzstadt, machten. Bei Ausschachtarbeiten für eine Schule stießen sie auf einen auffallend großen Kalksteinblock; wie sich zeigte, handelte es sich um das obere Ende einer skulptierten Krone mit zwei Federn, die im alten Ägypten das Attribut entweder einer Göttin oder einer Königin darstellte. Der Rest der Statue wurde unter archäologischer Leitung ausgegraben. Es handelte sich um die etwa 7,50 Meter hohe Figur einer jungen Frau *(gegenüber)*. Eine Kartusche wies sie als Meritamun aus, die Tochter von Ramses II. und seiner Lieblingsfrau Nefertari, die Ramses nach dem Tod ihrer Mutter zur Hauptgemahlin gemacht hatte. Eine Inschrift auf dem Sockel pries Meritamun; sie sei, wie ihre Mutter, „von lieblichem Antlitz, die Schöne des Palastes, geliebt vom Herrn der beiden Länder".

Bei weiteren Ausgrabungen kamen Bruchstücke einer nicht minder großen Ramsesstatue zutage. Kunstwerke wie diese, so mutmaßten die Archäologen, konnten im Grunde nur Teil eines ehemaligen

Tempels sein und hatten vielleicht einmal einen aus zwei Pylonen bestehenden Eingang flankiert.

Obwohl es sich eindeutig um einen bedeutenden Fund handelte, konnten die Archäologen ihre Arbeit nicht fortsetzen, da die vermuteten Tempelbezirke unter modernen Wohnbauten lagen. Ende 1991 wiederholte sich die Geschichte: Beim Aushub einer Baugrube kamen diesmal eine 15 Meter große, mit Hieroglyphen bedeckte Ramsesskulptur und Fragmente einer zweiten, offenbar weiblichen Kolossalstatue zutage. Grabungen führten zu Ruinen des Tempels, zu dem die Skulpturen gehörten, doch erneut mußte die Arbeit eingestellt werden. Die Bewohner weigerten sich, ihre Häuser zu verlassen, obwohl die Regierung ihnen neue Wohnungen versprach. „Antike Bauwerke gibt es überall", meinte einer von ihnen. „Aber was geht mich das an? Das sind doch nur Steine!"

Damit hat er zwar nicht unrecht, doch vermuten Archäologen inzwischen, daß der Tempel unter den Straßen von Achmim größer sein könnte als der berühmte Tempel von Karnak; möglicherweise reichen seine Ruinen sogar über die Stadtgrenzen hinaus. Ausgegraben und restauriert, würde der verschwundene Tempel für Achmim vielleicht zu einer Touristenattraktion, die selbst Luxor in den Schatten stellt.

An einem Gerüst wird die Statue der Meritamun, Königin und Tochter von Ramses II., wieder aufgerichtet. In der linken Hand hält sie ein Perlenhalsband mit dem Bild Hathors, der Göttin der Liebe, der Musik und des Tanzes.

Festbankett zur Feier der Ankunft des Pharaos: „Habe 200 Ringständer für Blumensträuße gemacht, 500 Körbe für Speisen. Liste von Lebensmitteln: 1000 Laib Brot aus feinem Mehl, 10 000 *ibshet*-Kekse, 2000 *tjet*-Laibe; Kuchen, 100 Körbe; Dörrfleisch, 100 Körbe mit 300 Schnitten; Milch, 60 Maß; Sahne, 90 Maß; Karuben, 30 Schüsseln. Weintrauben, 50 Sack; Granatäpfel, 60 Sack; Feigen, 300 Schnüre und 20 Körbe." Zu den Gaumenfreuden zählten auch Fische aus dem Nil oder Karunsee, von denen Fischer täglich die schönsten Exemplare ablieferten, beziehungsweise Enten, Gänse und anderes Geflügel, das gerupft und gebraten wurde. Gewürzt wurde mit Lauch, Kräutern und Honig.

Bei rituellen Tänzen oder zur Unterhaltung der Königsfamilie und ihrer Gäste während solcher Banketts bei Hof stellten Tänzerinnen und Musikerinnen – in Ausnahmefällen auch Tänzer und Musiker – ihr Können unter Beweis. Grabreliefs, bemalte Töpferwaren und in Wände gemeißelte Darstellungen zeigen die Mädchen bei der Ausübung ihres Berufs. Tänzerinnen erfreuten die Anwesenden mit Akrobatik oder einer frühen Form des ägyptischen Bauchtanzes. Musikantinnen begleiteten den Tanz rhythmisch mit Trommel, Tamburin und Rassel sowie Fingerschnalzen und handförmigen Klappern aus Elfenbein oder Knochen. Orchester und Solisten sangen und spielten auf Flöten, Harfen, Zun-

Dieses Fresko aus der 18. Dynastie, das zusammen mit zehn weiteren im Grab eines Thebener Beamten gefunden wurde, zeigt zwei Tänzerinnen und vier Musikerinnen: Eine spielt auf der Doppelflöte, während zwei sie mit Händeklatschen begleiten. Die sitzenden Frauen tragen Perücken mit Kegeln aus duftender Salbe, die nach und nach zerläuft und Haar und Kleidung parfümiert. Die Hieroglyphen oben geben den Text des Liedes wieder. Rechts stehen Weinkrüge, die mit Blumengirlanden umkränzt sind.

genpfeifen und Lauten. Und im Laufe des Abends schmolzen nach und nach die parfümierten Fettkegel auf den Köpfen der Festgäste, bis die Salbe schließlich in die Zöpfe ihrer exquisit frisierten Perücken und die Falten ihrer Kleider tropfte.

Außerhalb des Palastes lebten Ramses' weibliche Untertanen in ungleich ärmlicheren Verhältnissen. Vorwiegend Bäuerinnen, bewohnten sie mit ihren großen Familien enge Lehmhäuser und halfen ihren Männern auf den Feldern, um für sich und ihre Angehörigen die knapp bemessenen Rationen an Gemüse, Zwiebeln, Käse und grobkörnigem Brot zu verdienen. Malereien auf den Gräbern ihrer wohlhabenden Grundbesitzer zeigen Frauen bei der Weizenernte, beim Flachspflücken oder mit schweren Körben voller Feldfrüchte auf dem Kopf beim beschwerlichen Gang vom Feld zum Lagerhaus.

Wer auf seiner eigenen kleinen Parzelle Überschüsse erwirtschaftete und entsprechend geschäftstüchtig war, verkaufte seine Ware auf dem Markt. Auf einer Illustration in einem Grab in Theben sitzt eine Marktfrau inmitten ihres reichhaltigen Angebots, das sie mit großer Sorgfalt angeordnet hat, um die Blicke potentieller Käufer anzuziehen. Auch in kommunalen Backhäusern, in denen industriell Mehl gemahlen wurde, arbeiteten Frauen. Wie man der Buchführung auf einem Papyrus entnehmen kann, wurden in einem Betrieb, der 26 Mitarbeiter beschäftigte, an einem einzigen Tag von drei Frauen zehneinhalb Sack Getreide herangeschafft und zu siebeneinviertel Sack Mehl verarbeitet.

Das Textilgewerbe, nahezu ebenso bedeutend für die ägyptische Wirtschaft wie die Landwirtschaft, und die Herstellung von Parfüms aus Lilienblütenessenz und anderen pflanzlichen Ölen waren mehr oder minder weibliche Domänen. Vor allem in Branchen, in denen die Arbeiterschaft weitestgehend oder ausschließlich aus Frauen bestand, stiegen einige von ihnen auch in höhere Positionen auf: In Texten aus dem Neuen Reich ist von weiblichen Aufsehern in Webereien sowie von Besitzerinnen einer Perückenmacherwerkstatt und eines Speisesaals die Rede. Zudem gab es, wie in jeder Gesellschaft, natürlich auch Frauen, die sich ihren Lebensunterhalt als Prostituierte verdienten. In Deir el-Medina, dem Dorf der Arbeiter und Handwerker, die auf der Theben gegenüberliegenden Westseite des Nils, im Tal der Könige und im Tal der Königinnen, Gräber bauten und ausschmückten, bezeichnete man, wie aus Quellen hervorgeht, diese außerhalb der Kernfamilie lebenden Frauen als „die anderen". Ebenfalls in Deir el-Medina fanden sich Skizzen auf Kalkstein oder Fragmenten von Töpferwaren, in denen die Freudenmädchen in verschiedenen Posen wiedergegeben sind. Ein Arbeiter mit besonders künstlerischer Ader hat auf einer Papyrusrolle sogar äußerst anschaulich einen Tag in einem Haus dargestellt, bei dem es sich offensichtlich um ein Bordell handelt.

Andere, gewissermaßen respektablere Dienstleistungen lagen fast ausschließlich in den Händen von Frauen. Die Geburtshilfe etwa war ihre Domäne, und wenn ein Leben endete, so nahm sich eine gut geschulte Schwesternschaft professioneller Klageweiber der Trauerfeierlichkeiten an. Verschiedene Dokumente belegen, daß diese Frauen nicht nur in herkömmlicher Weise das Dahinscheiden beklagten, sondern sich auch um die Organisation der Begräbnisse kümmerten und langfristige Verträge für die Durchführung von Ritualen zum Gedenken an die Toten und die Pflege der Gräber abschlossen.

Inschriften und Fresken in Gräbern identifizieren viele Frauen aus Ramses' Zeit als Priesterinnen religiöser Kulte diverser Gottheiten. Dabei ist nicht ganz klar, ob es sich bei den Grabeignerinnen um ausgebildete Priesterinnen oder lediglich fromme Laienschwestern handelte. In jedem Fall nahmen sehr viele Frauen an religiösen Riten teil, wie die Reliefs auf den Tempelwänden belegen: In Szenen solcher Zeremonien lassen beispielsweise Priesterinnen des Hathorkults die metallenen Rasseln und Perlenketten erklingen, die der Göttin der Liebe – und Schutzpatronin von Musik und Tanz – geweiht sind.

Zweifellos bot auch die Hausarbeit vielen Frauen eine Einkommensquelle, ob sie nun Sklavinnen oder bezahlte Bedienstete waren.

Über 3000 Jahre alt ist dieses Bild der Lebensfreude auf einem 15 Zentimeter großen Ostrakon, das ein Arbeiter aus Deir el-Medina zum Zeitvertreib gezeichnet haben könnte. Die Biegsamkeit und Grazie der Tänzerin in ihrem schwarzen Lendentuch hatten es dem Künstler offensichtlich angetan.

Wandmalereien in den Gräbern der Reichen und der Könige jedenfalls zeigen Dienerinnen, die bei einem Festessen Gerichte auftragen oder einer Dame das Haar frisieren. Die Oberschicht war von ihrem Hauspersonal derart abhängig, daß man sich in die Grabkammern kleine Statuen von Hausdienerinnern stellen ließ, um sicherzustellen, daß man auch im Leben nach dem Tode angemessen bedient wurde. Doch selbst weniger reiche Familien schienen sich mindestens ein Mädchen leisten zu können, das alle Arbeiten im Haus erledigte und vielleicht in Naturalien bezahlt oder gleich als Sklavin gekauft wurde. Eine derartige Transaktion ist uns in Form eines Papyrusfragments überliefert, in dem von einem Rechtsstreit berichtet wird, der – vermutlich im 15. oder 16. Jahr von Ramses' Herrschaft – das Gericht von Theben-West beschäftigte. Eine Frau namens Irynofret, Ehefrau des Beamten Simut, erwarb von einem fahrenden Kaufmann ein junges syrisches Sklavenmädchen. Vermutlich nach einigem Feilschen einigten sie sich auf einen Preis, den Irynofret in Form eines Tauschgeschäfts bezahlte: Kleidungsstücke aus Leinen, eine selbstgewebte Decke, sonstige Haushaltsartikel und eine Reihe kupferner und bronzener Gefäße.

Kurz nach Abschluß dieses Handels reichte jedoch eine von Irynofrets Nachbarinnen namens Bakmut offiziell Klage ein – mit der Begründung, nicht Irynofret, sondern sie sei die Besitzerin eines Teils der Waren, mit denen der Kaufpreis beglichen worden war. Entsprechend forderte sie ihren Anteil an den Dienstleistungen des Mädchens. Um ihren Forderungen Nachdruck zu verleihen, ließen sie und ihr Mann eine eindrucksvolle Reihe von Zeugen aufmarschieren: Einen pensionierten Polizeimeister aus der mit dem Schutz des Königsgrabes betrauten Truppe, den Bürgermeister von Theben-West persönlich, vier von Bakmuts Freundinnen und Verwandten und sogar einen Schwager der Beklagten, dessen Aussage den häuslichen Frieden bei Irynofret nicht gerade gefördert haben dürfte.

Bevor diese Zeugen ihre Aussage machten, verlangte der vorsitzende Richter von Irynofret eine förmliche Erklärung ihrer Unschuld: „Schwöre im Namen des Herrschers: Falls Zeugen behaupten, daß in meiner Zahlung für dieses Sklavenmädchen Eigentum der Frau Bakmut enthalten war und ich dies verschwiegen habe, so soll ich sie entschädigen und mit 100 Hieben bestraft werden." Irynofret schwor den Eid, und die Zeugen machten ihre Aussage. Unglücklicherweise ist der Rest des Papyrus verlorengegangen,

so daß wohl man nie erfahren wird, wie der Rechtsfall ausgegangen ist.

Etwa 3000 Jahre nach dem Prozeß um das Sklavenmädchen, im Jahre 1886, machten ägyptische Archäologen in Deir el-Medina einen äußerst seltenen Fund: ein Grab, das seit dem fernen Tag seiner Versiegelung intakt geblieben und nicht von Grabräubern geöffnet worden war, die skrupellos die Nekropole Thebens plünderten. Der Zugang zur Grabkammer war durch eine hölzerne Tür versperrt, die in einen Rahmen aus Kalkstein eingebaut und mit einem Riegel verschlossen war. Bemalt war die Tür mit Szenen in Tiefgrün, Bläulichgrün, Rot und Ocker; sie zeigten den Grabeigner, seine Frau und seine Kinder bei der Anbetung verschiedener Götter und Göttinnen.

Hieroglypheninschriften belegen, daß der verstorbene Familienvater Sennodiem hieß. Als „Diener am Ort der Wahrheit" gehörte er zu den höhergestellten Arbeitern und Handwerkern in Deir el-Medina. Nachdem die Archäologen vorsichtig die bemalte Tür – das schönste Exemplar seiner Art, das je in Theben-West gefunden worden war – entfernt hatten und in die Grabkammer eingetreten waren, fanden sie dort nicht nur den verstorbenen Sennodiem vor, sondern auch 19 männliche

Im obersten Feld dieses Freskos, das sich im Grab Sennodiems befindet, entsteigt die Sonne der Unterwelt; Paviane erheben ihre Arme anbetend zum Sonnengott Re-Harachte. Dieselbe Haltung nehmen Sennodiem und seine Frau im Feld darunter gegenüber Re-Harachte, Osiris und Ptah ein; ganz rechts wacht ein Sohn an der Mumie seines Vaters. Im dritten Feld erntet der Grabeigner mit seiner Frau Getreide; rechts atmet er den Duft einer Lotosblüte ein. Das vierte Feld zeigt das Ehepaar bei der Flachsernte und beim Umpflügen eines Feldes.

Weinreben zieren den Innensarg der Isis, die in Sennodiems Grab bestattet wurde. Im Gegensatz zum Außensarg, der den Verstorbenen als eine Mumie zeigte, gab der Innensarg das Erscheinungsbild der lebenden Person wieder.

und weibliche Familienmitglieder aus drei Generationen. Neun der 20 Leichname ruhten in Holzsärgen, während die übrigen elf, in weiße Leinentücher gehüllt, auf dem Boden des Grabes lagen.

In einem der Särge war Isis beigesetzt, die, wie man annimmt, eine Enkelin oder Schwiegertochter Sennodiems und mit dessen Sohn Chabechnet verheiratet war. Wenn diese Annahme zutrifft, war sie nicht Chabechnets einzige Ehefrau, denn in dessen Grab wiederum, das sich in einer angrenzenden Kammer befand, wurde eine bemalte Holztruhe mit einer Inschrift gefunden, die die Truhe als Eigentum von Chabechnet und seiner Frau Sahto auswies.

Die Bilder an den Wänden sowie die Gegenstände, die die Ausgräber im Innern von Sennodiems Grab fanden, lassen Rückschlüsse auf das Leben der Frauen zu, die neben Isis der Familie des Grabeigners angehörten: Sahto, ihre Schwägerinnen Tameket und Nefer sowie ihre Schwiegermutter Iyneferty. Sie alle tragen Kleider aus fein gewobenem, weißem, plissiertem Leinen sowie Perücken, die aus Menschenhaar angefertigt gewesen sein dürften. Die Kegel aus parfümiertem Fett, die sie auf dem Kopf tragen, sind teilweise geschmolzen und haben die Kleider gelblich gefärbt, was der Künstler naturgetreu im Bild festhielt. Dem Stil seiner Zeit folgend, hat der Maler die Gesichter der Figuren ihrem Geschlecht entsprechend in unterschiedlichen Hautfarben gehalten; Sennodiem und seine Söhne haben eine sonnengebräunte, rötlichbraune Haut, während die Frauen einen blasseren Teint aufweisen.

Der Innensargdeckel zeigt die verstorbene Isis darüber hinaus mit einem Teil ihres Schmucks. Sie trägt eine fein gearbeitete Halskette sowie zwei Paar Ohrringe aus Elfenbein oder Knochen und zahlreiche Ringe und Armreife; ihre gelockte Perücke wird von einem Stirnband mit Blumenmuster gehalten.

In ihrer freien Zeit unterhielten sich die Frauen und Männer der Familie gelegentlich mit einem beliebten Brettspiel, bei dem jeder Mitspieler eine Gruppe geschnitzter Figuren über das in Felder eingeteilte Brett schob. Bei Begräbnissen zur Zeit des Neuen Reichs erlangte dieses Spiel spirituelle Bedeutung; im Familiengrab Sennodiems sind Tameket und ihr Mann dargestellt, wie sie gegen einen unsichtbaren Gegner – das Schicksal – spielen. Der Preis, um den es hier offenbar geht, ist das Geschenk des ewigen Lebens.

Bei der Einrichtung ihres Hauses dürfte Isis, genau wie ihre angeheirateten Verwandten, ebensoviel Gewicht auf den Gebrauchswert wie das Dekor der Gegenstände gelegt haben. Bunt bemalte Tonkrüge – etwa eine schöne, mit Lotosblüten, Alraunen und Granatäpfeln bemalte Amphore oder ein mit Wellenlinien verziertes Tongefäß, das wie aus Alabaster aussieht – enthielten Wein, Öl oder das duftende Parfümkegelfett. Truhen und ihre Deckel waren so geschickt bemalt, daß sie wie

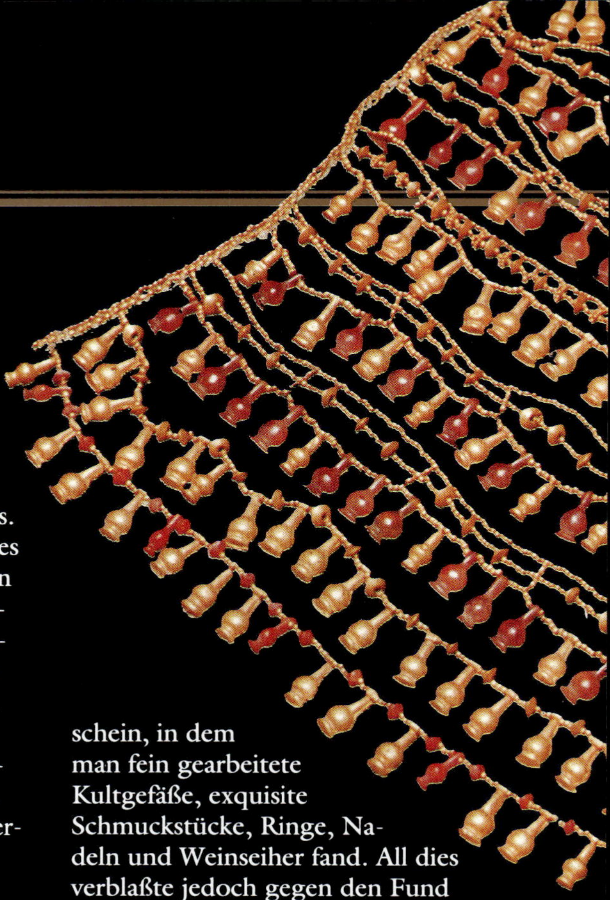

KLEINODIEN AUS DEM TEMPEL DER LÖWENGÖTTIN BASTET

Im Nildelta lag Bubastis, die florierende Stadt der Löwengöttin Bastet und Zentrum eines Kults, dessen Anhänger in Scharen in die Tempel und zu den religiösen Festen strömten. Mit Handel und Tributen aus dem Osten kamen Edelmetalle und Halbedelsteine ins Delta und begründeten einen jahrhundertelangen Wohlstand. Doch als die Römer die Herrschaft übernahmen, fanden sie Bubastis verlassen vor, und die Schätze der Göttin waren in alle Winde verstreut oder vernichtet – mit Ausnahme zweier im Boden verborgener Verstecke. Forscher vermuten, daß Priester die darin gefundenen Schätze versteckt und dann keine Gelegenheit mehr gehabt hatten, sie zu bergen.

Am Morgen des 23. September 1906 verbreitete sich in der Stadt Sagasig das Gerücht, Bahnarbeiter hätten am Tag zuvor im nahen Tell Basta – dem Erdhügel, unter dem die Ruinen von Bubastis lagen – einen Schatz aus goldenen und silbernen Gefäßen entdeckt. Wie es hieß, hatten sie den Fund still und heimlich wieder vergraben, um ihn später im Schutze der Nacht unter sich aufzuteilen. Von diesem Gerücht aufgeschreckt, veranlaßte die zuständige Behörde bei den Verdächtigen eine Hausdurchsuchung. Bei einem Händler, der noch keine Gelegenheit gehabt hatte, seine Erwerbungen weiterzugeben, beschlagnahmten sie einen wunderschönen silbernen Krug mit einem goldenen Henkel in Form einer Ziege *(gegenüber)* sowie Teile eines silbernen Gefäßes. Aus dem Dachgebälk im Haus eines Arbeiters holten sie einen goldenen Pokal mit der Kartusche von Königin Tawosre, der letzten Herrscherin der 19. Dynastie. Der Rest des Schatzes blieb leider unauffindbar.

Da er befürchtete, ähnliche Funde könnten ebenfalls in die falschen Hände fallen, ordnete C. C. Edgar vom Ägyptischen Altertümerdienst Ausgrabungen an, die von strengen Sicherheitsvorkehrungen begleitet waren. Zunächst entdeckten die Archäologen lediglich weit verstreute, kleinere Objekte. Eines davon, ein mit Blattgold überzogenes Stück Silber, mußte ein zweites Mal aus dem Mund eines Arbeiters „ausgegraben" werden, wo dieser es vor den Aufsehern versteckt hatte. Am 17. Oktober sah ein Aufseher, wie ein Arbeiter einige silberne Fragmente freilegte. Sofort rief er Hilfe herbei, um den vielversprechenden Fundort abzusichern.

Im Verlauf weiterer Grabungen kam ein zweites Versteck zum Vorschein, in dem man fein gearbeitete Kultgefäße, exquisite Schmuckstücke, Ringe, Nadeln und Weinseiher fand. All dies verblaßte jedoch gegen den Fund eines goldenen Armreifenpaars von Ramses II., die zu den wenigen persönlichen Gegenständen des Pharaos gehörten, die bis in die heutige Zeit erhalten geblieben sind. Dank der Armreife und Tawosres Kartusche auf dem Goldpokal konnten die Funde von Tell Basta der Zeit Ramses' II. zugeordnet werden.

Diese schönen, guterhaltenen goldenen Armreife, die Ramses' Namen tragen, sind mit Enten aus Gold und Lapislazuli verziert. Männer wie Frauen trugen häufig mehrere solcher Schmuckstücke.

Die alten Ägypter schmückten sich mit mehrreihigen Ketten, wie man an Statuen und Grabfresken erkennen kann. Diese Kette aus Gold und Karneol fand man in kleine Stücke zerfallen. Sie wurde nach dem Muster einer ähnlichen Halskette an einer Statue zusammengesetzt, die eine von Ramses' Töchtern zeigte.

Eine Ziege, auf den Hinterbeinen stehend, trinkt vom Rand eines silbernen Krugs; in der Nase trägt das aus Gold gefertigte Tier einen Ring, an dem man das granatapfelförmige Gefäß aufhängen konnte. Der Granatapfel, der in Ägypten nicht heimisch war, sondern aus dem östlichen Mittelmeerraum importiert werden mußte, und die Edelmetalle Silber und Gold, die vornehmlich aus dem Nahen Osten und aus Nubien kamen, machen die internationalen Beziehungen Ägyptens deutlich.

Bes, der Beschützer der Gebärenden und Glücksbringer des Hauses, tanzt mit einer Trommel in den Händen auf einer Lotosblüte, dem Symbol der Wiedergeburt. Bilder des Gottes – hier eine bemalte Holzfigur aus der 19. Dynastie – befanden sich an Kopfstützen, Spiegeln und anderen häuslichen Gegenständen.

Elfenbein wirkten oder wie seltene und teure Hölzer gemasert waren.

Das Bild vom Leben der Frauen im alten Ägypten, das sich aus dem Familiengrab Sennodiems ergibt, hat natürlich eine ganze Reihe von Lücken. Die fehlenden Teile lassen sich jedoch ergänzen, und zwar aus Beigaben, die man in anderen Grabstätten aus der gleichen Zeit gefunden hat, sowie aus zahlreichen schriftlichen Dokumenten. So kann man mit relativ großer Sicherheit davon ausgehen, daß in den kunstvoll bemalten Holztruhen und Schatullen der Isis Leinenstoffe, Schmuck und Kosmetika aufbewahrt worden waren. Frauen wie Männer trugen Schminke; sie konturierten die Augen mit dicken schwarzen Strichen, die sowohl als schick galten als auch vor der Sonne schützen sollten. Ihre Haut pflegten sie mit Ölen und Salben aus unterschiedlichen pflanzlichen und tierischen Stoffen, und als Rouge für die Wangen diente eine Mixtur aus Fett und rotem Ocker.

Man legte großen Wert darauf, frisch und angenehm zu duften. Die Reicheren wuschen sich täglich und begannen den Tag mit einem kalten Guß Wasser, in dem eine Dienerin ein reinigendes Mittel wie Natron aufgelöst hatte – natürliches Natriumkarbonat oder Soda (wie es im übrigen auch zur Mumifizierung verwendet wurde). Die Ärmeren, die sich weder Soda leisten konnten noch eine Dienerin, die ihnen half, benutzten als billige Seife eine Mischung aus Asche und tierischem Fett. Um die Wirkung der täglichen Reinigung zu verlängern, wandte eine Frau mit Isis' finanziellen Mitteln ein schweißhemmendes Mittel aus Pinienbalsam, Weihrauch und einem duftenden Pulver unbekannter Zusammensetzung an. Wer es sich leisten konnte, benutzte ein Parfüm, bei dem es sich je nach Geschmack – und dem Einkommen des Gemahls – um eine einfache Essenz aus Lotosblüten oder eine kostspieligere und seltenere Mischung aus Myrrhe, Olibanum, Besenginster sowie verschiedenen Extrakten aus exotischen Pflanzen handelte.

Auf einer Papyrusrolle fand sich ein Rezept für frischen Atem, das auch Isis gekannt haben dürfte: „Getrocknetes Olibanum, Pinienkerne, Terebinthenharz, wohlriechendes Schilfgras, Zimtrinde, Melone, phönizisches Schilfgras. Fein mahlen, zu einer festen Masse vermengen und auf das Feuer stellen. Honig hinzufügen. Erhitzen, kneten, zu Kügelchen formen." Aus demselben oder ähnlichen Texten entnahm Isis vielleicht auch Rezepte gegen Hautunreinheiten oder andere kleine Leiden. Gegen Fältchen cremte sie ihr Gesicht vermutlich mit einer Paste aus feingemahlenem Terebinthenharz, Wachs, einem speziellen, aus Zypern importierten

Gras und frischgepreßtem Öl ein. Andere Mixturen dienten eher sinistren Zwecken: In einem Text etwa heißt es, eine Flüssigkeit aus in Öl getauchten und verbrannten Lotosblättern lasse, auf den Kopf einer Rivalin aufgetragen, deren Haare ausfallen.

Mußte sie sich Sorgen um ihre Gesundheit machen, ließ Isis einen Arzt kommen. Hauptberufliche Ärzte konnten Texte über alle möglichen allgemeinmedizinischen Bereiche zu Rate ziehen, die von Beschwerden wie Depressionen über eventuelle Geschlechtskrankheiten bis zu Krebs reichten. Ein Handbuch hält eine Therapie für eine von tiefer Lethargie befallene Frau bereit, „die immerfort nur liegen möchte, keine Anstalten macht aufzustehen, und nicht den Willen aufbringt, ihre Müdigkeit abzuschütteln. Die Diagnose lautet: Sie leidet an Krämpfen im Bauch. Behandle sie wie folgt: Flöße ihr einen Krug *haawy* ein und lasse sie sogleich erbrechen."

Auch wegen Unfruchtbarkeit wandten sich zahlreiche Frauen an einen Arzt, und die medizinische Literatur lieferte Hinweise darauf, wie gut ihre Chancen auf eine Empfängnis waren: „Um zu prüfen, ob eine Frau ein Kind haben wird oder nicht, nimm das Kraut *bededu-ka*, zu Pulver zermahlen und in die Milch einer Frau gerührt, die einen Sohn geboren hat. Gib es der Patientin zu essen; erbricht sie es, wird sie ein Kind gebären, bekommt sie jedoch Blähungen, wird sie nicht gebären."

Falls und wann immer Isis schwanger wurde, wandte sie sich vermutlich eher an eine Hebamme als an einen Arzt. Die Hebamme kam ins Haus, wenn die Wehen einsetzten, und brachte für die Entbindung einen speziellen hölzernen Gebärstuhl mit. Dieser hatte einen halbrunden Sitz und zwei nach oben stehende Stangen, an denen sich die werdende Mutter festhalten konnte, während sie preßte. Dauerte die Geburt über Gebühr lange, so half die Hebamme mit wehenfördernden Mitteln, die entweder äußerlich angewandt oder der werdenden Mutter als Trank verabreicht wurden. Einem medizinischen Fachtext zufolge konnten in solchen Arzneien Zutaten wie Salz, Honig, Öl, Wein, Weihrauch und verschiedene Kräuter oder Gemüse enthalten sein, die manchmal mit den zu Pulver gemahlenen Panzern von Schildkröten oder Skarabäen vermischt waren.

Trotz des Beistands solcher erfahrener Helferinnen war die Geburt für Mutter und Kind nie ungefährlich. Schätzungen gehen davon aus, daß im alten Ägypten etwa 25 von 1000 Müttern im Kindbett starben, was etwa dem Stand in ländlichen Gebieten Englands zwischen dem 16. und 18. Jahrhundert entspricht.

Um sich vor solchen Risiken zu schützen beziehungsweise ihre Überlebenschance zu erhöhen, erflehten Isis und ihre Zeitgenossinnen die Gunst der für die Geburt zuständigen Gottheiten: etwa der Göttin Hathor, die als besondere Schutzpatronin des weiblichen Geschlechts galt, oder der Nilpferd-Göttin Toeris beziehungsweise des Gottes Bes, der für alle häuslichen Belange zuständig und von so furchtbarem Äußeren war, daß böse Geister vor ihm die Flucht ergriffen. Zudem wandte man verschiedene Formen der Magie an: Auf einem Papyrus heißt es, zur Linderung starker Schmerzen während der Wehen sollten die Freundinnen der Frau Zaubersprüche vor einer kleinen Tonfigur sagen und diese dann auf die Stirn der Gebärenden legen.

Aus archäologischen Funden läßt sich nicht ablesen, ob Isis in ihrer Ehe glücklich gewesen ist. Sollte sie es nicht gewesen sein, so stand es ihr, wie allen ägyptischen Frauen, frei, sich scheiden zu lassen. Frauen hatten dieselben Möglichkeiten wie ihre Männer, eine gescheiterte Ehe zu beenden. Wie das gemeinsame Vermögen aufgeteilt und wem eine eventuelle Mitgift zugesprochen wurde, die die Frau mit in die Ehe gebracht hatte, hing davon ab, ob sich die Frau oder der Mann entschlossen hatten, die Scheidung zu beantragen.

Auch in anderen Punkten genossen Frauen absolute Gleichheit vor dem Gesetz. Zahlreichen juristischen Dokumenten zufolge hatten sie das Recht, Land zu besitzen – Grund und Boden wurde in Ägypten über die weibliche Linie vererbt – und dieses Land selbständig und ohne männlichen Vermittler oder Berater zu verpachten, zu verkaufen oder anderweitig zu nutzen. Auf einem Papyrus ist sogar der Verkauf eines Grundstücks durch ein Konsortium von Frauen verzeichnet. Auch der Rechtsstreit zwischen Irynofret und ihrer Nachbarin verdeutlicht, daß das umstrittene Eigentum – und die gerichtliche Auseinandersetzung darum – eine Angelegenheit zwischen den beiden Frauen war; die Ehemänner traten lediglich als Zeugen auf. Eine Frau durfte darüber hinaus Kinder adoptieren, juristische Dokumente beglaubigen und als Testamentsvollstreckerin fungieren. Ob man im alten Ägypten sein Recht zugesprochen bekam, hing weit mehr vom gesellschaftlichen Status und den finanziellen Möglichkeiten ab als vom Geschlecht.

Doch selbst für die weiblichen Mitglieder der reichsten und mächtigsten Familien garantierten abstrakte Rechte noch keine faktische Gleichstellung der Frau. Die Einstellung gegenüber Frauen in der ägyptischen Literatur ist ambivalent und zuweilen sogar von regelrechtem Frauenhaß geprägt. In der ägyptischen Mythologie verkörpern die Göttinnen sowohl die Gefahr als auch die Tugend; Hathor etwa beschützt die Menschen, bringt sie aber durch ihren furchtbaren Zorn auch in Gefahr, und Isis ist einerseits die Ernährerin und Muttergöttin, andererseits eine Hexe mit furchterregenden Kräften. In weltlicheren Erzählungen treten Frauen meist als heimtückische Verführerinnen auf, die zur Befriedigung ihrer sündhaften Gelüste betrügen und morden.

Die Ambivalenz gegenüber Frauen äußert sich auch in den sogenannten „Quellen der Weisheit“, einer beliebten Form der Überliefe-

Doppelfeder, Sonnenscheibe und Hörner der Göttin Hathor krönen eine der beiden Kolossalstatuen der Nefertari, die, von Ramsesfiguren flankiert, den Eingang (Mitte) des Kleinen Tempels von Abu Simbel bewachen. Eine Inschrift auf den Pfeilern zwischen den Statuen verkündet voller Stolz, daß nie zuvor etwas Vergleichbares geschaffen worden sei.

rung geltender Anstands- und Verhaltensregeln, die in Belehrungen eines Sohnes durch den Vater gekleidet waren. Diese Texte – einige gehen bis auf das Alte Reich zurück, also in eine Zeit, die fast 1000 Jahre vor Ramses' Herrschaft lag – warnten vor Frauen, besonders dann, wenn sie sich der Männerherrschaft entzogen. „Laufe keiner Frau nach", meint ein Autor. „Laß es nicht zu, daß sie dein Herz stiehlt. Hüte dich vor jeder fremden Frau. Starre sie nicht an, wenn sie vorübergeht, und gehe keine körperliche Verbindung mit ihr ein." Eine Frau, betont der Autor weiter, ist „ein tiefes Gewässer, dessen Lauf niemand kennt. Solcherart ist eine Frau, sobald ihr Mann fern ist. Wenn niemand in der Nähe ist, ist sie bereit, dich zu verführen."

Der verheirateten Frau und Mutter hingegen gebührte die Achtung und der Respekt des Ehemannes. „Überwache deine Frau nicht in deinem Haus", empfiehlt ein Autor, „wenn du weißt, daß sie tüchtig ist." Und so sehr ein Mann auch durch die Freuden der Ehe abgelenkt sein mochte, durfte er doch nie seine Mutter vernachlässigen: „Versorge sie, wie sich dich versorgt hat; sie hatte mit dir eine schwere Last zu tragen, und doch hat sie dich nie verlassen." Die gesellschaftliche Stellung der Frau definierte sich über die ihres Mannes. Und was die Etikette betraf, so hat sich in einem Punkt in über 3000 Jahren, die seitdem vergangen sind, wenig geändert. „Eine Frau fragt man nach ihrem Mann, einen Mann nach seiner Stellung", heißt es in einem Text, der gesammelte Weisheiten wiedergibt.

Diese Rangfolge, die den Mann höher stellte als die Frau, blieb in Familiengräbern und Totentempeln gewahrt. Immer wurde der männliche Familienvorstand als der Besitzer des Grabes genannt und in Form einer Inschrift verewigt, in der seine Lebensgeschichte, seine Ämter und die Höhepunkte seiner Karriere aufgelistet sind. Ehefrauen und Töchter hingegen werden eher geringschätzig behandelt: Neben der Erwähnung ihres Verwandtschaftsgrades zum Grabeigner sind ihnen bestenfalls extrem kurze Beschreibungen wie „Herrin des Hauses" oder „Sängerin" im Kult einer bestimmten Gottheit gewidmet. Werden verheiratete Paare entweder sitzend oder bei einer religiösen Zeremonie abgebildet, so befindet sich der Mann fast immer auf der rechten Seite des Bildes, die nach den Grundregeln der ägyptischen Kunst die übergeordnete Position repräsentiert.

Angesichts dieser Unterschiede warnen einige Wissenschaftler von heute davor, das alte Ägypten als eine Art urfeministisches Paradies zu betrachten. Sie betonen, daß alle Informationen und Bilder, über die wir verfügen – von Dokumenten bis hin zu den Fresken in Grabkammern und Tempeln – höchstwahrscheinlich das Werk von Männern sind, seien es nun die Bildhauer, die an den königlichen Baudenkmälern arbeiteten, oder die Schreiber der Tempel oder des Königshofes.

Nur selten spricht aus den Worten und Bildern aus der Zeit des Ramses die Stimme einer Frau, wie es in dem Brief einer gewissen Hennutawy aus Theben an ihren Mann, einen Schreiber, der Fall ist. In seiner Abwesenheit hatte sie seine Aufgabe übernommen, Getreide an die Einwohner der Stadt zu verteilen, und dabei Unregelmäßigkeiten bei den von den Arbeitern benutzten Maßeinheiten festgestellt. „Ich sah selbst nach und ließ das Getreide in meiner Anwesenheit verteilen. Dieses *oipe*-Maß faßte 146,75 *khar*-Maße."

Die Männer beteuerten ihre Unschuld und versicherten, beim Wiegen mit dem *oipe*-Maß in der Kornkammer seien es genau 150 *khar*-Maße gewesen. „Ich überprüfte das *oipe*-Maß und sagte zu ihnen: „Jetzt weiß ich Bescheid. Ich werde das Getreide finden, wo es auch sei." Und der Ton ihres Briefes läßt keinen Zweifel an ihrer Entschlossenheit.

In einer persönlichen Anmerkung schreibt Hennutawy in diesem ansonsten weitgehend geschäftlichen Brief: „Mach Dir keine Sorgen um Deinen Vater. Wie ich höre, ist er in sehr guter Verfassung." Und sie fügt hinzu: „Der Verwalter von Amun hat mir geschrieben: ‚Machen Sie sich um ihn keine Sorgen. Er ist bei bester Gesundheit.'"

Briefe oder Schriftstücke von Frauen wie Hennutawy sind leider selten. Doch auch wenn sie sich der Äußerung offenbar enthielten, konnten ägyptische Frauen durchaus den Lauf der Geschichte beeinflussen. Einer von Ramses' berühmtesten Namensvettern und Nachfolgern mußte dies in schmerzlicher Weise erfahren, als ausgerechnet in seinem Harem der Keim zu einer Verschwörung gelegt wurde, die seinen und den Untergang seiner Dynastie einleitete.

BILDER EINES GRABES

Kein Hauch bewegt die Luft, und es ist kühl, selbst im Hochsommer. Sterne glitzern am dunkelblauen Firmament. Die in leuchtenden Farben gehaltenen Figuren an den Wänden stehen wie erstarrt – wie Schauspieler auf einer Bühne, um die herum die Zeit stehengeblieben ist. In diesem „Haus der Ewigkeit" im Tal der Königinnen wurde Nefertari, die „Schönste" der Frauen Ramses' II., beigesetzt.

Traditionsgemäß waren die Wandgemälde des Grabes weit mehr als bloße Dekoration: Sie sollten magische Darstellungen der Rituale sein, die die Toten in der Unterwelt zu ewigem Leben gelangen ließen. Um der verehrten Königin einen schnellen und sicheren Übergang zur Unsterblichkeit zu ermöglichen, schufen Künstler des alten Theben auf 520 Quadratmeter Fläche eine der schönsten Bilderserien Ägyptens. Mit ihren wirklichkeitsnahen Darstellungen Nefertaris auf der Suche nach der Ewigkeit – das Gesicht der Königin ist fein aus dem Stuck herausgearbeitet und zur Verstärkung der plastischen Wirkung zusätzlich schattiert *(oben)* – erzielten sie einen Grad an Realismus, der in der altägyptischen Kunst nirgendwo seinesgleichen hat.

Der italienische Archäologe Ernesto Schiaparelli entdeckte das geplünderte Grab im Jahre 1904. Abgesehen von wenigen kleineren Artefakten war es völlig leer und damals schon in einem sehr schlechten Zustand. Die zwölf Meter unter der Erde aus qualitativ minderwertigem Kalkstein gehauenen Wände waren verputzt worden, damit die Künstler auf glattem, ebenen Untergrund arbeiten konnten. Im Laufe der Jahrhunderte hatte sich der Putz jedoch vom Gestein gelöst, und die Farbe begann abzublättern.

Obwohl seit der Entdeckung des Grabes Restaurationsarbeiten vorgenommen wurden, wies in den achtziger Jahren bereits ein Fünftel aller Fresken irreparable Schäden auf. 1986 begann unter der Leitung der Ägyptischen Altertümerverwaltung (EAO) und des Getty Conservation Institute (GCI) in Los Angeles ein internationales Projekt zur Rettung dieses Teils von Ägyptens kulturellem Erbe, das der Restauration, nicht der Rekonstruktion des Grabes galt. Den Verlauf der Arbeiten zeigen die Photos auf den folgenden Seiten.

EINE CHRONIK DES VERFALLS UND WIEDERERSTEHENS

Als Ernesto Schiaparelli im Jahre 1904 das Grab der Nefertari öffnete, erkannte er sofort die überragende künstlerische Bedeutung seines Fundes. Da er darüber hinaus mit den neuen Methoden der Archäologie vertraut war, drang er darauf, der Wissenschaft eine genaue Dokumentation der Stätte, so wie er sie vorgefunden hatte, zu vermitteln. Zusammen mit dem bekannten Ägyptologen Francesco Ballerini fertigte Don Michele Pizzio – ein Priester, der das Team als Photograph begleitete – 132 Glasplattennegative sowohl vom Innern als auch von der Außenansicht des Grabes an. Diese historische Sammlung gilt bis heute als wichtigstes Referenzmaterial in allen Fragen bezüglich der Fresken zur Zeit ihrer Entdeckung.

Spätere Aufnahmen dokumentierten den langsamen Verfall der Wandmalereien und die Versuche, die zu ihrer Restaurierung unternommen wurden. Die Photos reichten von Archivaufnahmen – wie der Serie, die Harry Burton während der Ägyptenexpedition eines Teams vom Metropolitan Museum of Art in den zwanziger Jahren machte *(unten)* – bis hin zu handelsüblichen Ansichtskarten. Die daraus entstandene Bilddokumentation war für die Restauratoren, die 1986 ihre Arbeit aufnahmen, von unschätzbarer Bedeutung. In chronologische Reihenfolge gebracht, ließen die Aufnahmen nicht nur fehlerhafte Änderungen früherer Restauratoren erkennen, sondern auch von Wänden und Decke gefallene Putzstücke wieder der richtigen Stelle zuordnen. Zur vollständigen Dokumentation der jüngsten Restaurierung – und auch, um Richtwerte für künftige Arbeiten auf diesem Gebiet zu schaffen – machte der mexikanische Photograph Guillermo Aldana etwa 7000 Photos, die das Grab vor, während und nach der Restaurierung zeigen.

Übereinandergeschichtet liegen geschlachtete Opferstiere, über die Nefertari den Sechem, ein Symbol der Macht, hält, für den Schöpfergott Atum bereit. Die Opfergaben sind auf dem Photo, das Harry Burton in den zwanziger Jahren für das Metropolitan Museum aufnahm (oben links), noch fast vollständig zu erkennen. Als die Restauratoren von EAO und GCI mit ihrer Arbeit begannen, war ein Großteil der Wandmalereien im Grab bereits zerstört und der Rest, wie auf dem Bild oben zu erkennen, von einer dicken Staubschicht bedeckt. Den Erfolg der Reinigung und Konservierung belegt die Aufnahme aus dem Jahr 1992 (oben rechts).

Guillermo Aldana photographiert Wandmalereien entlang der Treppe zum Grab. Über dem Eingang der Kammer breitet Maat, die Göttin der Wahrheit und der Weltordnung, ihre blaugrünen Flügel aus – eine Geste des Schutzes für die tote Königin.

BESTANDSAUFNAHME UND SCHADENSBEGRENZUNG

Restauratoren müssen ein inneres Bedürfnis haben, alles, was verfallen ist, wiederherzustellen. Mit diesen Worten umschrieb – sinngemäß – der weltbekannte Restaurator Professor Paolo Mora seine ersten Eindrücke im Grab Nefertaris und die Einstellung, die ihn und andere Denkmalschützer auszeichnet. Das Restauratorenteam von EAO und GCI, dessen Leitung unter anderem in den Händen von Mora und seiner Frau Laura lag, arbeitete eng mit einer multidisziplinären Gruppe von Wissenschaftlern zusammen, um den immer weiter fortschreitenden Verfall der Malereien aufzuhalten.

Die Mitglieder des Teams nahmen zunächst eine umfassende wissenschaftliche Analyse der Verhältnisse im Grab und seiner Umgebung vor. Fachleute ermittelten die geologischen und hydrologischen Gegebenheiten in dem Tal, analysierten die Auswirkungen von Temperatur- und Feuchtigkeitsschwankungen, untersuchten das Grab auf Befall mit mikroskopisch kleinen Algen und Bakterien und bestimmten mit Hilfe von Röntgenstrahlen, chemischen und spektrographischen Analysemethoden die Zusammensetzung sämtlicher Originalmaterialien. Zur gleichen Zeit fertigten die Moras und ihre Mitarbeiter genaue Kopien der Wandmalereien an und vermerkten ihren jeweiligen Ort sowie die Art und das Ausmaß des Schadens.

Auf der Grundlage dieser Analyse leitete das Team erste Maßnahmen ein, die dazu dienten, bis zur Erstellung eines umfassenden Plans zur Konservierung der Kunstschätze ein Fortschreiten des Verfalls zu verhindern. An gefährdeten oder beschädigten Teilen der Wände und der Decke brachte man Streifen von extrem feinem japanischem Spezialpapier aus Maulbeerbaumrinde an, um zunächst einmal das dringlichste Problem zu lösen: das Herabfallen von Putz und das Abblättern von Farbe. Die Absicherung schwererer Fragmente der Decke erforderte mitunter die Anwendung einer feinmaschigen Baumwollgaze. Insgesamt brachten die Restauratoren über 10 000 schützende Papier- und Stoffstreifen an, von denen einige am Bildnis der Göttin unten zu sehen sind.

Dann begann man mit der Reinigung der bemalten Oberflächen, die nicht nur von Staub bedeckt waren, sondern auch von Ruß und Spinnweben. Da die empfindlichen Wände eine Verwendung irgendwelcher harter Werkzeuge, die selbst Schaden angerichtet hätten, nicht zuließen, arbeitete man mit Druckluft, um die Schmutzpartikel wegzublasen. Bei dieser Grundreinigung des Grabes entdeckte man ein mit Hieroglyphen beschriftetes winziges Teilstück eines goldenen Armreifs. Es war, wie sich herausstellte, mit einem zur Mumifizierung benutzten Harz überzogen; dies deutete darauf hin, daß Nefertari den Armreif getragen hatte, als sie ihre Reise ins Jenseits antrat.

Um die Wandgemälde zu schützen, hatte man sie zu einem früheren Zeitpunkt mit schwerer Baumwollgaze und einem starken Kleber befestigt (oben). Die Entfernung der Gazestreifen erwies sich als eine überaus heikle und langwierige Arbeit, bei der wiederholt Lösungsmittel angewendet werden mußten, um den Kleber zu entfernen (links).

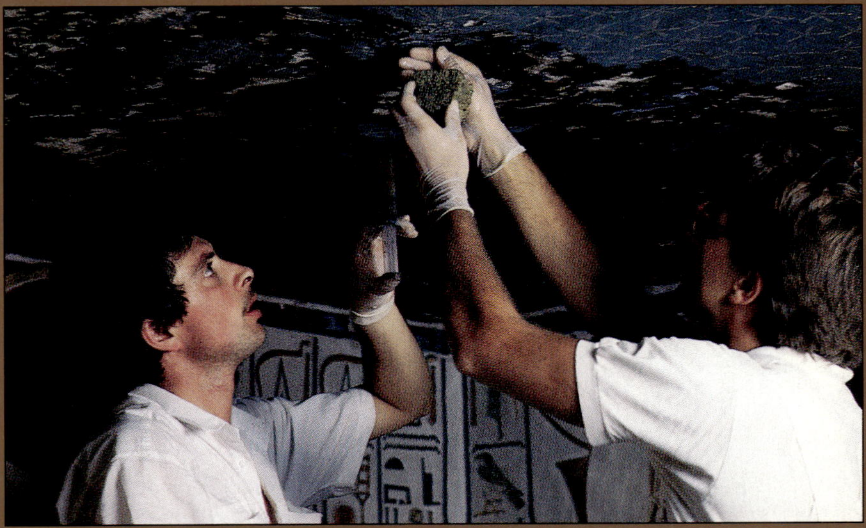

Restauratoren unterspritzen Deckenfragmente mit einer Acrylharzemulsion, um zu verhindern, daß sie sich ablösen (rechts). Das Team benutzte ausschließlich lösliche Fixiermittel, um den Prozeß gegebenenfalls wieder rückgängig machen zu können.

DER KAMPF GEGEN DIE ZERSTÖRERISCHEN KRÄFTE

Im Rahmen der eingehenden Untersuchungen, die die Fachleute des Restaurierungsprojekts von EAO und GCI durchführten, identifizierte man etliche Faktoren, die zur allmählichen Zerstörung der Wandmalereien beitrugen. Nicht nur Sickerwasser und Erdbeben, sondern auch Vandalismus und Bakterienwachstum befanden sich darunter. Die Hauptursache aber war Natriumchlorid, also gewöhnliches Kochsalz.

Der Kalksteinfelsen, aus dem Nefertaris Grab gehauen war, enthält Salze, die sich in Wasser lösen, in das Gestein sickern, zwischen Fels, Putz und Farbe auskristallisieren und die einzelnen Schichten auseinanderdrücken. Bei archäologischen Untersuchungen der Umgebung des Grabes fand man Hinweise auf sintflutartige Regenfälle vor allem zur Zeit der Römer. Die aktuellere Gefahr jedoch war die Feuchtigkeit, die sich aus dem Atem und Schweiß von Touristen in der kleinen Grabkammer niederschlägt und die Bildung von Salzkristallen beschleunigt.

Um die vollständige und endgültige Zerstörung der Malereien zu verhindern, mußten die Restauratoren überaus sorgsam vorgehen *(unten)*. Sie arbeiteten nur in den kühleren Monaten von fünf aufeinanderfolgenden Jahren und benutzten dabei Skalpelle, Hammer und Meißel sowie Mikrobohrer, um eingedrungenes Material – hauptsächlich Salzkristalle, aber auch Schmutz, verwitterten Putz und bei früheren Restaurierungsversuchen verwendeten Zement – unter der bemalten, rissig gewordenen Oberfläche zu entfernen. Abgefallener und herabhängender Putz wurde mit salzfreiem Mörtel aus örtlichem Sand und Gips, den schon die alten Ägypter verwendet hatten, befestigt. Abblätternde Farbe verbanden die Restauratoren mit Hilfe von löslichem Acrylharz oder einem schwachen Lösungsmittel wieder mit dem Putz. Abgeschlossen wurde die Restaurierung mit einer gründlichen Reinigung und der Entfernung sämtlicher noch verbliebener fremder Substanzen, einschließlich der bei früheren Restaurierungsversuchen aufgetragenen Farbe. Im gesamten Verlauf des Projekts blieb das Team seinem Ziel treu, so behutsam wie möglich vorzugehen, um die historische Integrität des Grabes zu erhalten.

Wenn Salzkristalle wachsen, bilden sie kleine Türme, die den Verputz vom Gestein abheben – und die Mitglieder des Teams manchmal an die Skyline von Manhattan erinnerten.

Ein Restaurator hält behutsam eine Schicht bemalten Putzes fest, die von der Wand hängt, während er mit einem Meißel Salzkristalle und alten Zement entfernt.

Mit schwacher Druckluft werden Staub- und Sandpartikel hinter Stücken von teilweise abgelöstem Putz weggeblasen, bevor dieser wieder an der Wand befestigt werden kann.

Nachdem neuer Mörtel auf die Wand aufgetragen worden ist, wird eine Lösung injiziert, die das Abbinden verlangsamt und verhindert, daß der Putz Feuchtigkeit absorbiert.

Eine Strebe mit Druckfeder aus Polyurethan drückt das wiederbefestigte Fragment etwa 48 Stunden lang fest an die Wand, bis der Mörtel ganz durchgetrocknet ist.

Eine Detailaufnahme von Osiris' Fuß zeigt das Ergebnis des aufwendigen und langwierigen Verfahrens, das in den vorausgegangenen vier Photos dokumentiert wurde.

BEREIT FÜR EINE ZWEITE EWIGKEIT

Wer heute das Grab der Nefertari besucht, bewundert die unglaubliche Frische der Fresken und die Leuchtkraft ihrer Farben. Klare Linien konturieren die wohlproportionierte Figur der Königin, die durch ihr hauchdünnes Kleid durchscheint. Auch die Inschriften aus den altägyptischen Totenbüchern sind wieder in ursprünglicher Deutlichkeit lesbar. Die Pinselstriche der Maler sind ebenso zu erkennen wie alles andere, was die Künstler an Spuren zurückgelassen haben. Hier und da stecken noch Pinselhaare im Pigment, und überall finden sich Farbspritzer. Wer genau hinsieht, erkennt sogar Fingerabdrücke, die die Arbeiter in der damals frischen Farbe hinterließen.

Nach der Rettung der Fresken sahen sich die Restauratoren jedoch einem weiteren Problem gegenüber. Messungen ergaben, daß zwölf Menschen, die sich eine Stunde im Grab aufhalten, eine Erhöhung der Luftfeuchtigkeit um fünf Prozent bewirken, wobei bereits eine relative Luftfeuchte von weniger als 50 Prozent den durch Salz verursachten Zerstörungszyklus von neuem beginnen läßt. Fachleute hoffen, daß in Zukunft die Zahl der Besucher, die das Grab betreten dürfen, streng begrenzt wird. Bis es soweit ist, werden der in ein Leopardenfell gekleidete Horus und die gestreiften Djedpfeiler auf den Säulen auch weiterhin die Stelle umgeben, an der einst Nefertaris Sarkophag aus rosarotem Granit gestanden hat. Das Grab der Königin hat die Dimension der Ewigkeit zurückgewonnen.

V I E R

ÄGYPTENS RÜCKFALL INS CHAOS

Dutzende von Gräbern, wie Waben in die Felsen gehauen, säumen die Flanken des langen, schmalen Tals, von dem die alten Ägypter nur in ehrfürchtigem Ton sprachen. Hier, in prächtig gestalteten Gewölben, traten die Pharaonen des Neuen Reichs ihre Reise in die Ewigkeit an; hier wurden sie mit allen erforderlichen religiösen Segnungen zu Grabe getragen und mit irdischen Gütern versehen, die ihnen den Übergang ins Jenseits erleichtern sollten. Der sonnendurchglühte, lebensfeindliche Einschnitt ist als das Tal der Könige bekannt, und unter den der Einfachheit halber durchnumerierten Gräbern befindet sich auch das Grab Nummer 7.

Drei Jahrtausende der Geschichte sind weder an Grab 7 noch den benachbarten Grabstätten spurlos vorübergegangen. Vielmehr türmen sich in Korridoren und Kammern Ablagerungen von Sand und Schotter, die Überschwemmungen, ausgelöst durch sintflutartige Regenfälle, dort hinterlassen haben. An manchen Stellen reichen die Ablagerungen in dem weitläufigen, über 800 Quadratmeter großen Grab bis knapp einen Meter unter die Decke.

Der Verfall hat vor keinem Winkel des Grabes halt gemacht. Ein Brunnenschacht in der sogenannten „Halle des Wartens" beispielsweise ist mit angeschwemmtem Schutt bis zum Rand aufgefüllt. Wenn man ihn passiert und einen langen, abfallenden Gang hinuntergeht, gelangt man in einen weiteren Raum, die „Halle der Wahrheit", durch die man das Herzstück des Grabes, die eigentliche Grabkammer, erreicht. In dieser Kammer türmen sich zerbrochene Säulen, die einst ein sieben Meter

Reliefs zu beiden Seiten des Eingangs beziehungsweise der Fenster dieses Torturms zeigen den letzten großen, kriegführenden Pharao des Neuen Reichs, Ramses III., der seine Feinde an den Haaren hinter sich herschleift. Der Pylon bewacht den festungsartigen Totentempel von Medinet Habu.

hohes Deckengewölbe trugen. Infolge des Wechsels von Überflutung und Austrocknung haben sich in den Wänden tiefe Risse gebildet. Wenige Meter weiter ist in einer von mehreren Seitenkammern an manchen Stellen der Putz abgeblättert und von der bemalten Decke gefallen.

Der gegenwärtige Zustand von Grab 7 läßt den früheren Glanz der Stätte und den hohen Rang des Grabeigners kaum noch ahnen. Durch diese von Fackeln erhellten Korridore nämlich hatten die Ägypter im Herbst 1224 v. Chr. den mumifizierten Leichnam ihres Pharaos Ramses II. in die mit Pfeilern geschmückte Grabkammer getragen, um ihn, in seinen ineinander geschachtelten Särgen ruhend, in einem steinernen Sarkophag beizusetzen. Nachdem Priester und Würdenträger ihre Aufgabe erledigt hatten, verließen sie die Grabkammer auf dem gleichen Weg, auf dem sie sie betreten hatten. Sie verwischten ihre Spuren, löschten die Fackeln und vermauerten den Eingang, um ihn, wie sie glaubten, für die Ewigkeit zu versiegeln.

Als Ramses II. im Alter von etwa 90 Jahren starb, ging eine fast 67jährige Regierungszeit zu Ende, die dem Land mit seiner langen und bereits damals ruhmreichen Vergangenheit ein weiteres goldenes Zeitalter beschert hatte. Doch schon als der Leichnam des toten Königs zur letzten Ruhe gebettet wurde, stand das Reich, das er wie kaum ein anderer geprägt hatte, am Rande des Abgrunds. Wie der Eingang zu Ramses' Grab führte auch der Weg, den Ägypten gehen sollte, immer tiefer nach unten. Und wie vom Grab des Pharaos blieben auch vom Glanz seines Staates am Ende nur Trümmer.

An ein mögliches Ende des Reiches dürfte Merenptah, der 13. und älteste noch lebende Sohn Ramses' II., nicht im geringsten gedacht haben, als er mit über 60 Jahren den Thron bestieg. Doch es dauerte nicht lange, bis Aufstände im benachbarten Kanaan und im Süden Syriens nach fast 50 Jahren der Ruhe wieder Ägyptens Grenzen bedrohten und den Pharao in die erste von vielen heiklen Lagen brachten. Der stämmige Merenptah handelte umgehend und schlug die Rebellion nieder, um danach seinen Triumph in einer Serie von Reliefs mit Szenen aus dem Krieg an den Mauern des Tempels von Karnak zu feiern.

Die Tempelwände von Karnak berichten auch von einer weitaus schwerwiegenderen Bedrohung des ägyptischen Königshauses. Im fünften Jahr von Merenptahs Herrschaft durchbrachen große Verbände der Libyer und der sogenannten Seevölker die westlichen Verteidigungslinien des Reiches. Es handelte sich nicht um einen gewöhnlichen Einfall, denn die Invasoren waren offenbar entschlossen, in Ägypten zu bleiben; die Tatsache, daß sie eine der führenden Großmächte jener Zeit herausforderten, schien sie nicht zu schrecken. So hatte Meryre, der Anführer

Richard Fazzini, der im Jahre 1975 in Ägypten ein Gemeinschaftsprojekt des Brooklyn Museum und des American Research Center zur Erforschung des Grabes von Ramses II. leitete, untersucht erhalten gebliebene Verzierungen in einer der überschwemmungsgeschädigten Kammern. Seine Analyse der Möglichkeiten künftiger Arbeit in der Grabstätte legte den Grundstein für ein weiteres Forschungsprojekt des Museums, das Theban Royal Tomb Project, in dessen Rahmen 1978–79 untersucht wurde, welche Auswirkungen lokale geologische Faktoren, sporadische Regenfälle und die Öffnung für Besucher auf die Gräber im Tal der Könige gehabt haben.

der Libyer, sein ganzes Hab und Gut sowie seine gesamte Familie mitgebracht. Eroberungsabsichten hatten auch die Seevölker – keine Einzelkultur, sondern die Vorhut einer großen Völkerwanderung, die in den kommenden Jahrzehnten die Kulturen des Mittelmeerraums überrennen sollte.

Quellen zufolge, die allerdings keine genauen Angaben über den Ort der Schlacht machen, trafen die Invasoren an einem Frühlingsmorgen des Jahres 1220 v. Chr. irgendwo im westlichen Teil des Nildeltas auf die Armee des Pharaos. Während Merenptah Infanterie und Streitwagen in Reserve hielt, belegten die ägyptischen Bogenschützen die Feinde sechs Stunden lang mit einem Pfeilhagel und fügten den Libyern und ihren Verbündeten entscheidende Verluste zu. Als sich die Überlebenden zurückzogen, wurden sie von den ägyptischen Streitwagen und Fußsoldaten verfolgt und gestellt. Dennoch konnte Meryre, der Anführer der Libyer, entkommen; nimmt man einen Bericht über seine Flucht wörtlich, ließ er in seiner Hast sogar sein Schuhzeug zurück. „Dem elenden Führer der Libyer", heißt es in der Inschrift, „blieb vor Angst das Herz stehen, so daß er innehielt, sich niederkniete und Bogen, Köcher und Sandalen hinter sich warf." Die siegreichen Ägypter zählten die gegnerischen Gefallenen – insgesamt etwa 6000 – auf die bei ihnen übliche Art und Weise: Den Leichen, die nach ägyptischem Brauch beschnitten waren, trennten sie eine Hand ab, den anderen das männliche Glied *(S. 129)*.

Schon als Merenptah seine Truppen nach Nordwesten gegen die Libyer in Marsch gesetzt hatte, waren Berichte über Unruhen im Süden eingetroffen, wo im unteren Nubien nach über sieben Jahrzehnten des Friedens die ägyptischen Untertanen revoltierten. Ihr Aufstand wurde schnell und hart unterdrückt. Danach, so heißt es auf einer Stele aus Merenptahs Zeit, konnten die einfachen Ägypter „wieder ohne Furcht auf die Straße gehen"; die Bauern kehrten auf ihre Felder zurück, und die Menschen zogen wieder in die Städte, die sie in panikartiger Flucht verlassen hatten. „Re ist nach Ägypten zurückgekehrt", endet die In-

Ramses III., den diese schöne Abbildung aus dem Harris-Papyrus ganz rechts zeigt, empfängt die Stadtgötter von Memphis: Ptah, den Schöpfergott, Sechmet, Ptahs Gemahlin und Beschützerin, sowie ihren Sohn Nefertem (von rechts nach links). Die göttlichen Besucher halten ein Zepter – ähnlich einem Gnomon oder Schattenstab – in der Hand, ein Symbol für Heil und Glück. Der Gnomon ist das älteste Meßinstrument, ein senkrecht stehender Stab, aus dessen Schatten sich der Sonnenstand, die Tages- und sogar die Jahreszeit bestimmen läßt.

schrift, deren eingemeißelte Symbole die Dankbarkeit eines ganzen Volkes gegenüber ihrem Gott ausdrückten.

Der Rest von Merenptahs Herrschaft verlief offenbar ohne Zwischenfälle. Was geschah, als er nach zehnjähriger Regierung starb, gibt Ägyptologen noch immer Rätsel auf, da es den Anschein hat, daß die rechtmäßige Thronfolge durch einen Eindringling namens Amenmesse unterbrochen wurde. Die meisten Wissenschaftler gehen davon aus, daß Amenmesse unmittelbar auf Merenptah folgte, obgleich dies aus den entsprechenden, oftmals in sich widersprüchlichen Quellen nicht eindeutig hervorgeht. Amenmesses Aufstieg gilt demnach als Beweis für einen Machtkampf zwischen zwei rivalisierenden Gruppen um den Thron, nämlich zwischen den Nachfahren Merenptahs und den zahlreichen noch lebenden Nachkommen des kinderreichen Ramses II. Amenmesse könnte einer der letzteren gewesen sein.

Wie genau Amenmesse an die Macht kam, ist unklar. Auf seine kurze Regierungszeit folgten fast zwei Jahrzehnte, die von Intrigen um die Macht und bürgerkriegsähnlichen Zuständen geprägt waren. Nach nicht einmal vier Jahren, so scheint es, trat dann der Mann die Thronfolge an, den Amenmesse zuvor verdrängt hatte: Kronprinz Sethos-Merenptah, der als Sethos II. den Thron bestieg. Der neue Pharao machte sich sofort daran, die Geschichte umzuschreiben und den Namen Amenmesse von sämtlichen ägyptischen Denkmälern zu tilgen.

Doch auch Sethos II. regierte nur kurze sechs Jahre. Ihm folgte, wie es auf einem heute im Ägyptischen Museum von Kairo ausgestellten Ostrakon aus Kalkstein heißt, sein minderjähriger Sohn Siptah. Die

Jugend und die schwächliche Konstitution des Knaben lieferten der verwitweten Königin Tawosre genau den Vorwand, den sie suchte, um an seiner Stelle die Macht auszuüben. Als der unglückliche Siptah sechs Jahre später im Alter von nur etwa 20 Jahren starb, gab es keinen legitimen Erben. Tawosre beanspruchte die Macht für sich und wurde die vierte Pharaonin, die in einem Zeitraum von tausend Jahren den Thron bestiegen hatte. Aber auch Tawosres Tage waren gezählt; nach nur zwei Jahren endete nicht nur ihre Herrschaft, sondern auch die 19. Dynastie, die Dynastie des Ramses II. und seiner direkten Nachfahren.

Der beste Beweis dafür, daß die Jahre nach dem Tod Ramses' des Großen Ägypten eine Zeit schwerer Unruhen brachten, findet sich in einem Dokument, das heute im British Museum aufbewahrt wird: im sogenannten Harris-Papyrus. Ramses IV. verfaßte die 40 Meter lange Rolle im Jahre 1165 v. Chr. zum Gedenken an den Tod seines Vaters Ramses III. „Das Land Ägypten trieb dahin, jeder machte sich seine eigenen Gesetze, und viele Jahre lang gab es keinen Führer", heißt es, vielleicht etwas übertrieben, in dem Papyrus über die dunkle Zeit am Ende der 19. Dynastie. „Jeder beraubte jeden, und man behandelte die Götter nicht anders als die Menschen."

Von diesem Chaos blieb auch Theben nicht verschont, wo zeitweise bürgerkriegsähnliche Zustände herrschten. Selbst in der relativ homogenen Gemeinde Deir el-Medina bekämpften sich die Grabbauer gegenseitig; sie spalteten sich in rivalisierende Fraktionen auf, deren Streitigkeiten im kleinen die Machtkämpfe innerhalb ihrer Regierung widerspiegelten. Während sich die meisten Handwerker noch alle Mühe gaben, den infolge des raschen Wechsels der Monarchen stark gestiegenen Bedarf an Königsgräbern zu befriedigen, wurden andere angeklagt, die Heiligkeit des Tals der Könige verletzt zu haben, sei es durch den Diebstahl von Werkzeugen oder Baumaterial oder sogar durch das Unvorstellbare – die Plünderung der Schätze in den Grabkammern selbst.

Bei all seinen Problemen konnte sich Ägypten aber zumindest auf die Sicherheit seiner Grenzen verlassen. Anderswo im Mittelmeerraum wurde gegen Ende des 13. Jahrhunderts v. Chr. ein Land nach dem anderen von einer Welle von Barbaren überrollt. „Ihren Waffen hielt kein Land stand", klagen Inschriften auf den Wänden des Tempelkomplexes von Medinet Habu. Um 1200 v. Chr. war selbst das Reich der Hethiter – Ägyptens früherer Feind und neuerer Verbündeter, der jahrhundertelang ein sicheres Bollwerk gegen das Vordringen von Barbaren aus dem Norden und Westen dargestellt hatte – vom Untergang bedroht. Wenig später reißt der Strom der schriftlichen Dokumente, der bis dahin den Aufstieg der Hethiter so ausführlich dokumentiert hatte,

Den Eingang des Palastes von Medinet Habu zierte die in leuchtenden Farben gehaltene Darstellung der ägyptischen Kosmologie – hier in einer Nachbildung mit Wasserfarben. Der rote Sonnengott breitet schützend seine Flügel über Ramses III., der als blaue Sphinxgestalt seine Feinde vernichtet. Fayencekacheln am Fuß des Tores zeigen Besiegte in ihrer Landestracht (rechts, vergrößert).

DAS UNGELÖSTE GEHEIMNIS VON MEDINET HABU: WER WAREN DIE SEEVÖLKER?

Wie man weiß, erlebte der Mittelmeerraum Ende des 13. vorchristlichen Jahrhunderts eine stürmische Zeit. Schlachten und Feuersbrünste tobten in Anatolien, der Levante, auf Zypern und dem griechischen Festland. Zur gleichen Zeit sah sich Ägypten mit seinen grünen Feldern am Nil nicht nur von Angreifern, die auf dem Landweg kamen, sondern auch von See her bedroht. Ramses III. gelang das doppelte Kunststück, die libysche Gefahr zu bannen und die Seefahrer zurückzudrängen.

Wer waren diese Fremden? Am Totentempel Ramses' in Medinet Habu sind die traditionellen Feinde Ägyptens – Libyer, Hethiter, Nubier und Syrer – zu sehen; in Inschriften ist darüber hinaus von Invasoren die Rede, die zusammenfassend als die Seevölker bezeichnet werden. Einige dieser Völker sind namentlich genannt, darunter die Peleset, die Tjekker, die Schekelesch und die Denyen. Als heimatlose Wanderer auf der Suche nach einem Ort, an dem sie sich niederlassen konnten, gingen sie in die Geschichte ein, doch über ihre Herkunft ist nichts Definitives bekannt.

Bei dem Bemühen um Klärung suchten die Wissenschaftler vor allem in der Etymologie und der Archäologie des Mittelmeerraums nach Hinweisen. Linguistische Namensähnlichkeiten führten dazu, daß man die Peleset mit den Philistern, die Weschesch mit den trojanischen Wilusa und die Schekelesch mit den Sizilianern in Verbindung brachte. Einen konkreteren Hinweis lieferten die auf Sardinien gefundenen Rundschilde und gehörnten Helme, die denen der Krieger der Scherden ähneln, wie man sie auf Abbildungen in Medinet Habu findet. Die Beweiskraft solcher Darstellungen ist jedoch begrenzt, da die Ausschmükkungen des Tempels nicht so sehr historische Aufzeichnungen sein, als vielmehr die Größe des Pharaos feiern sollten, der Ägypten vor den Seevölkern rettete.

LIBYER

NUBIER

SYRER

BEDUINE AUS PALÄSTINA

HETHITER

urplötzlich ab. Neuere Ausgrabungen bestätigen, daß um diese Zeit Hatti, die inneranatolische Heimat der Hethiter, vollständig zerstört und ihre Städte bis auf die Grundmauern niedergebrannt wurden.

An dem plötzlichen Zusammenbruch des kulturellen Gefüges im Mittelmeerraum waren maßgeblich die Seevölker beteiligt, die eine Generation zuvor mit ihren libyschen Verbündeten die Grenze zu Ägypten überschritten hatten und von Merenptah vernichtend geschlagen worden waren. Als Sethnacht, der erste Pharao der 20. Dynastie, den ägyptischen Thron bestieg, hatten die „nördlichen Völkerscharen aus allen Ländern", wie sie in ägyptischen Quellen genannt wurden, erneut das fruchtbare Niltal ins Visier genommen.

Der neue Pharao kam nicht mehr dazu, sich mit dem Problem der Seevölker auseinanderzusetzen. Sethnacht, der, von unbekannter Herkunft, aus dem Dunkel der Geschichte aufgetaucht und dem Harris-Papyrus zufolge von den Göttern auserwählt worden war, „das Land wieder in den ihm angemessenen Zustand zu versetzen", regierte vermutlich nur etwa zwei Jahre lang und starb, bevor er seinen göttlichen Auftrag erfüllen konnte. Um 1196 v. Chr. ging der Thron an seinen fähigeren Sohn Ramses III. über.

Über die Anfangsjahre der Herrschaft Ramses' III. ist kaum mehr bekannt, als daß er in seinem fünften Jahr als Pharao den ersten von mehreren Kriegen führte – nicht etwa gegen die Seevölker, sondern gegen einen alten Feind, die Libyer, und deren Nachbarn, die Maschwesch. Dieser Krieg ist ebenso wie die folgenden ausführlich an den Wänden des Totentempels von Ramses III. in Medinet Habu am Westufer des Nils gegenüber von Theben dokumentiert *(S. 129)*.

Die Siegesreliefs von Medinet Habu, obgleich zerfallen, beschreiben eine Zeit, in der die Libyer, die wie immer begierig auf das reiche Land am Nil blickten, trotz ihrer Niederlage gegen Merenptah ein weiteres Mal am Westrand des Nildeltas nach Ägypten einfielen. Nachdem Ramses das Orakel des Amun in Theben befragt hatte, wies er seine Armeen an, sich den Invasoren entgegenzustellen. Tausende von Libyern kamen bei der Schlacht ums Leben. Wie üblich zählten die Ägypter die gefallenen Feinde, indem sie ihnen eine Hand oder das männliche Glied abschnitten und die grausamen Beweise ihres Sieges vor Ramses' königlichem Streitwagen aufhäuften. Außerdem nahmen sie mehr als tausend Gefangene, brandmarkten sie als Sklaven und führten sie im Triumphzug durch die ägyptische Hauptstadt.

Ramses blieb wenig Zeit, sich im Ruhm seines Sieges zu sonnen, denn es drohte bereits der nächste Krieg, diesmal mit den unruhestiftenden Seevölkern. Auch diese Episode ist an den Wänden von Medinet Habu verewigt. Die Reliefs berichten, daß sich der Feind, von Syrien kommend, auf dem Land- und Seeweg auf Ägypten zu bewegte. Jenen

Der oben abgebildete Ausschnitt aus einem Relief in Medinet Habu zeigt den Kampf der mit Schleudern und Bogen bewaffneten Ägypter gegen die Seevölker. Das Schiff der Ägypter schmückt der Löwenkopf der Kriegsgöttin Sechmet. Das unten abgebildete vollständige Relief zeigt im Detail, wie die Ägypter ein feindliches Boot zum Kentern bringen (Mitte) und zahlreiche Invasoren gefangennehmen (unten).

aber, die auf dem Seeweg kamen, sollte es nicht besser ergehen als den Libyern und den Maschwesch.

Wie die Reliefs im Tempel von Medinet Habu zeigen *(S. 127)*, griffen die Seevölker mit Schiffen an, deren Segel der Wind blähte; ihr Bug war zu einem Entenkopf gestaltet. Die Schiffe der Ägypter, mit Bogenschützen bemannt und wendiger, da sie gerudert wurden, treiben die Invasoren offenbar ausweglos ans Ufer, und zwar, wie es scheint, in einem der Mündungsarme des Nils. Dort werden sie von weiteren Bogenschützen empfangen, die die Ägypter in Stellung gebracht haben, um alle in Schußweite geratenen feindliche Schiffe mit einem Hagel von Pfeilen einzudecken. Andere gegnerische Schiffe sind, wie man sieht, bereits gekentert oder werden von ägyptischen Seestreitkräften gerammt beziehungsweise mit Enterhaken angegriffen. Im Wasser treiben Ertrinkende, die der Inschrift zufolge „an den Strand gezogen und zu Haufen aufgeschichtet wurden". Unterhalb der eigentlichen Schlachtszene ist dargestellt, wie die feindlichen Krieger, die das Massaker überlebt haben, in die Sklaverei getrieben werden – die Arme auf den Rücken „gebunden wie Vögel".

Nach der Schlacht rühmte sich Ramses mit berechtigtem Stolz seines Triumphes über die Seevölker. Der Harris-Papyrus beispielsweise enthält die folgenden Sätze: „Ich weitete sämtliche Grenzen Ägyptens aus und besiegte jene, die sie von ihren Ländern aus angegriffen hatten. Ich schlug die Denyen auf ihren Inseln, ich zermalmte die Tjekker und die Peleset. Die Scherden und die Weschesch des Meeres löschte ich aus; ich nahm sie allesamt gefangen und brachte sie in Ketten nach Ägypten, zahlreich wie die Sandkörner am Strand."

Die Seevölker hatte Ramses III. zurückgedrängt, doch standen ihm noch viele heroische Abenteuer auf dem Schlachtfeld bevor. Nur drei Jahre danach, im elften Jahr seiner Herrschaft, griffen die Libyer ein weiteres Mal an, und zwar erneut zusammen mit den Maschwesch und deren Anführer Mascher. Bei ihrem Marsch nach Osten durch das Nildelta kamen die Invasoren offenbar bis zu einem Kanal, den die Ägypter „Wasser des Re" nannten. Dort stellten Ramses' Truppen sie zum Kampf; sie töteten über 2000 Feinde und nahmen ebenso viele gefangen, unter ihnen auch Mascher. Auf einem weiteren Relief in Medinet Habu fleht Maschers Vater, Keper, Ramses an, seinen Sohn am Leben zu lassen. Der Pharao jedoch kannte keine Gnade und ließ zunächst den Sohn und dann den Vater an Ort und Stelle hinrichten.

Anderswo in Medinet Habu ließ Ramses III. seine Angriffe auf Syrien, Hatti und Amurru verherrlichen. In Fachkreisen herrschen Zweifel, ob diese Szenen der Wahrheit entsprechen, da Hatti und Amurru als politische Einheiten zu diesem Zeitpunkt gar nicht mehr existierten. Wissenschaftler vermuten, daß die Reliefs lediglich Kopien ähnlicher, von Ramses II. in Auftrag gegebener Darstellungen sind. In der Tat orientierte sich Ramses III. stark an seinem berühmten Vorgänger und benannte sogar seine Kinder und Pferde nach denen des großen Ramses.

Seine militärischen Abenteuer jedenfalls hatte Ramses' III. im zwölften Regierungsjahr im wesentlichen hinter sich. Überzeugt, die Bedrohung von außen weitgehend abgewehrt und in seinem gesamten Herrschaftsbereich den Frieden wiederhergestellt zu haben, konnte er nun seine Aufmerksamkeit verstärkt der Innenpolitik zuwenden. „Ich pflanzte im ganzen Land Bäume und Sträucher an, damit die Menschen im Schatten sitzen konnten", berichtet Ramses mit berechtigter Freude im Harris-Papyrus. „Ich sorgte dafür, daß die ägyptischen Frauen wieder ungehindert ihrer Wege gehen konnten, da kein Fremder oder sonstwer sie auf der Straße belästigte."

Ein Schreiber schichtet die Hände, die gefallenen Feinden im zweiten Krieg Ramses' II. gegen die Libyer abgetrennt wurden, zu einem Haufen auf. Inschriften zufolge, die diesen Ausschnitt aus einem Relief in Medinet Habu erläutern, zählten die Truppen des Pharaos 2175 solcher grausiger Trophäen.

Mit dem Frieden brach eine Periode des Wohlstands an, die bis in die letzten Jahre der Regierungszeit des Pharaos dauerte und in den Reliefs im Tempelkomplex von Medinet Habu, die Ramses' Herrschaft so lebendig dokumentieren, ihren erhabensten Ausdruck fand. Hier setzte Ramses hinter einer 800 Meter langen und 18 Meter hohen Mauer sich und seinen ehrgeizigen Zielen ein Denkmal, das zugleich als Tempel, Palast und Festung diente. Reliefs auf einer der erhalten gebliebenen inneren Wände eines außergewöhnlichen vielstöckigen Eingangstores lassen zudem Einblicke in das Palastleben zu: Sie zeigen den Pharao in Gesellschaft der Frauen seines Harems, die er ganz offensichtlich genießt.

Doch die Welt hinter den Mauern von Medinet Habu war allem Anschein zum Trotz keineswegs in Ordnung. Ganz in der Nähe, in Deir el-Medina, wuchs der Ärger der Arbeiter und Handwerker in den Königsgräbern über Verzögerungen bei der regulären Ausgabe der Rationen, mit denen sie bezahlt wurden. Nachdem ihre Forderungen nach Lohn wiederholt auf taube Ohren gestoßen waren, ließen die Arbeiter schließlich am 14. November des 29. Jahres von Ramses' III. Herrschaft die Arbeit einfach stehen und liegen. Dieser erste dokumentarisch überlieferte Streik der Weltgeschichte war nur der Anfang einer Reihe ähnlicher Arbeitsniederlegungen in den darauffolgenden Monaten.

Bezeichnenderweise herrschte im Land an Lebensmitteln kein Mangel. Ganz im Gegenteil: Die Kornkammern der Tempel waren bis zum Rand gefüllt. Vielmehr hatte eine Kombination aus administrativer Ineffizienz und Korruption zu einem Zusammenbruch der Verteilung von Lebensmitteln geführt, von dem auch die Erbauer der Königsgräber nicht verschont geblieben waren. Zugleich war das einst so mächtige Theben nach der Verlegung der Residenz nach Memphis immer mehr zur politischen Provinz verkommen und hatte den Kontakt zum König weitgehend verloren, so daß die Bedürfnisse der Stadt vernachlässigt wurden und ihre Beschwerden meist ungehört verklangen.

Klagen und Streiks der Grabbauer hinderten Ramses III. nicht, sein bevorstehendes Jubiläum vorzubereiten. Es handelte sich nicht um eins der regulären Feste, sondern das sogenannte Hebsed, eine auf die frühesten Dynastien zurückgehende Reihe von Ritualen, die dem herrschenden König neue Kräfte verleihen sollte. In der Regel wurde das erste Jubiläum eines Pharaos 30 Jahre nach dessen Thronantritt abgehalten. Weitere Jubiläen folgten in unregelmäßigen Abständen. Ramses II. etwa könnte vor seinem Tod noch sein 14. Hebsed gefeiert haben – eine Leistung, die, wenn sie auf Tatsachen beruht, seinen Bewunderer und Nachfolger zweifellos zur Nachahmung herausgefordert hätte.

Das Schicksal wollte es anders, wie aus einer Reihe von Gerichtsprotokollen hervorgeht. Die betreffenden Papyri berichten von einer Verschwörung, die in der unmittelbaren Umgebung des Königs, nämlich in seinem eigenen Harem, angezettelt wurde: Eine seiner Nebenfrauen, die ihren Sohn auf den Thron bringen wollte, plante, Ramses am ersten Tag seines 32. Regierungsjahres ermorden zu lassen. Es gelang ihr, mindestens 28 weitere Personen für die Verschwörung zu gewinnen, darunter auch Regierungsbeamte, einen Befehlshaber des Heeres und drei Schreiber des Königs. Ob die konspirative Gruppe tatsächlich einen Attentatsversuch unternahm, ist nicht sicher; jedenfalls wurden die Beteiligten verhaftet und vor ein aus zwölf vom Pharao selbst ernannten Richtern bestehendes Tribunal gestellt. Die meisten Angeklagten wurden hingerichtet oder zum Selbstmord verurteilt.

Dieselben Papyri berichten von einem überraschenden Ereignis während des Prozesses, das man als Anzeichen des moralischen Niedergangs jener Zeit interpretieren könnte: Fünf der Richter scheuten sich nicht, sich in aller Öffentlichkeit bei einem Trinkgelage mit einigen der weiblichen Verschwörer sehen zu lassen. Einer von ihnen wurde wegen mangelnder Zurückhaltung zurechtgewiesen, während die anderen weit

HINTER MÄCHTIGEN SCHUTZWÄLLEN: EIN ORT DES TODES, DER FREUDE GEWEIHT

Als die Inschriftenforscher des Oriental Institute der University of Chicago 1924 begannen, die Reliefs und Inschriften des Tempels von Ramses III. in Medinet Habu aufzuzeichnen, hatte die Archäologie noch einen weiten Weg bis zur Enthüllung aller Geheimnisse des Ortes vor sich. Nachdem der berühmte französische Ägyptologe Auguste Mariette gegen Ende der fünfziger Jahre des 19. Jahrhunderts einen Torturm östlich des Tempels freigelegt hatte *(rechts)*, fand 1912 der Archäologe und Photograph Harry Burton unmittelbar südlich davon Ruinen eines Bauwerks, das einst ein Palast gewesen zu sein schien – Teile von Säulen, Türschwellen und den Sockel eines Throns. Worum es sich bei den Bauwerken jedoch genau gehandelt hatte, blieb unklar, bis 1927 das Oriental Institute der University of Chicago ein Team von Archäologen, Ingenieuren und anderen Experten beauftragte, den gesamten eingefriedeten Bezirk zu untersuchen.

Die Gruppe stellte fest, daß der Gebäudekomplex – ursprünglich lediglich der Tempel, ein kleiner Palast sowie Kornspeicher, die alle zusammen von einer einzigen Mauer umgeben waren – in der zweiten Hälfte der Regierungszeit von Ramses III. festungsartig ausgebaut wurde. Der ursprüngliche Palast wurde abgerissen, wiederaufgebaut und mit zwei zusätzlichen Außenmauern umfriedet.

Obwohl der ganze Komplex danach imposant und eher martialisch wirkte, gehen die Archäologen davon aus, daß für den Ausbau innenpolitische Überlegungen eine ebenso große Rolle gespielt hatten wie die Angst vor Angriffen von außen. Der neue Palast verfügte über eine Audienzhalle mit sechs Säulen, drei Alabaster-Thronsessel, vier je aus Bad, Toilette und Ankleideraum bestehende Zimmerfluchten, einen Schlafraum des Königs, in dem das Hochbett über eine kurze Treppe zu erreichen war, und einen Harem. Auf diese Weise konnte Ramses III. bei Besuchen seines eigenen Totentempels noch die Freuden des Lebens genießen.

Der Tempel und zweite Palast von Ramses III. in Medinet Habu war von drei Schutzwällen umgeben: einer inneren Mauer, dem Großen Ringwall und einer äußeren Mauer. Der Kai unten verband den Gebäudekomplex mit einem Kanal, der zum Nil führte.

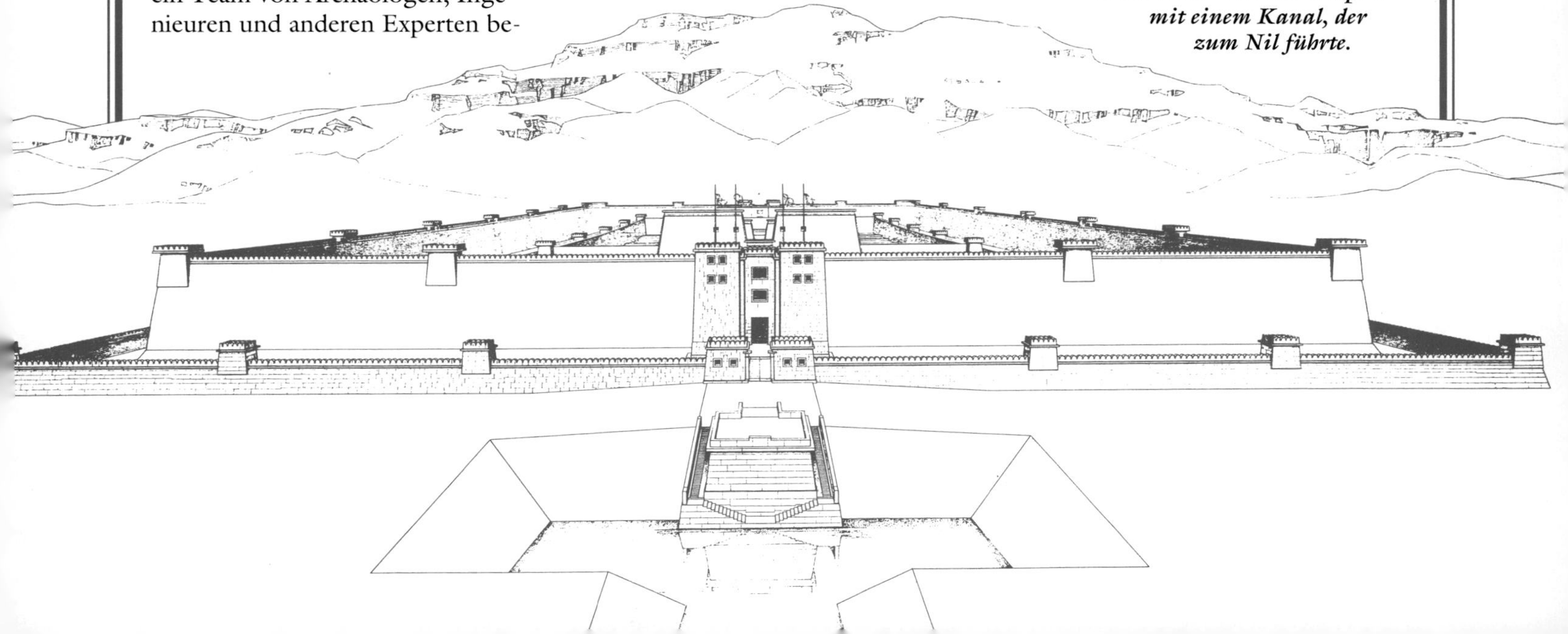

weniger glimpflich davonkamen: Ein Richter wurde verurteilt, Selbstmord zu begehen, den übrigen schnitt man die Nase und die Ohren ab.

So ausführlich die Texte auf die teilweise blutigen Tatsachen eingehen, so wenig sagen sie darüber aus, ob das Mordkomplott gegen den König doch noch gelang. Sicher ist, daß Ramses III. etliche Wochen nach Aufdeckung der Verschwörung starb. Das Datum seines Todes wurde zusammen mit der traditionellen Floskel „Der Falke ist gen Himmel geflogen", die beim Tod eines Pharaos Anwendung fand, von einem Schreiber der Erbauer des Königsgrabes pflichtschuldigst notiert. Ob sein Tod ein natürlicher oder eine Folge des versuchten Staatsstreichs war, ist heute nicht mehr zu klären; seine Mumie, die im Ägyptischen Museum in Kairo aufbewahrt wird, läßt keinerlei Anzeichen von Gewalteinwirkung erkennen.

Auf Ramses III. folgte sein Sohn Ramses IV., der kurz nach seinem Regierungsantritt den Harris-Papyrus verfaßte. Das Schriftstück, das das Datum des Todestages von Ramses III. trägt, gibt an einer Stelle die Hoffnung des Vaters wieder, sein Sohn möge lange herrschen und „für Ägypten als Souverän der beiden Länder triumphieren". Nach vier Jahren auf dem Thron drückte Ramses IV. diesen Wunsch in eigener Sache aus: In einem Gebet, das in eine Kalksteinstele in Abydos gemeißelt ist, bat der Pharao den Gott Osiris, ihm eine doppelt so lange Herrschaft zu gewähren wie Ramses II.

Die Bitte des Pharaos ging nicht in Erfüllung, denn statt der erbetenen 134 herrschte Ramses IV. lediglich sechs Jahre. In dieser Zeit verwirklichte er ein ehrgeiziges Bauprogramm, um das ihn womöglich selbst der ähnlich unermüdliche Ramses II. beneidet hätte. Zu diesem Programm gehörte unter anderem Ramses' IV. eigenes Grab, dessen auf Papyrus gezeichneter Bauplan – einer von zwei bislang gefundenen Plänen von Königsgräbern – im Ägyptischen Museum in Turin aufbewahrt wird. Außerdem begann der König mit dem Bau zweier gewaltiger Tempel in Theben-West, von denen einer dem Tempel seines Vaters in Medinet Habu nachempfunden, aber anderthalbmal so groß wie dieser ist. Heute sind davon bei Deir el-Bahri nur noch Reste des Fundaments erhalten. Andere Tempel in Memphis und Abydos kamen kaum über das Planungsstadium hinaus, während in Theben-West ein kleinerer Totentempel tatsächlich vollendet werden konnte.

Um das Baumaterial für diese Projekte zu beschaffen, ordnete Ramses IV. die Wiedereröffnung der gut 100 Kilometer von Theben

EIN WEGWEISER ZU RUHM UND REICHTUM

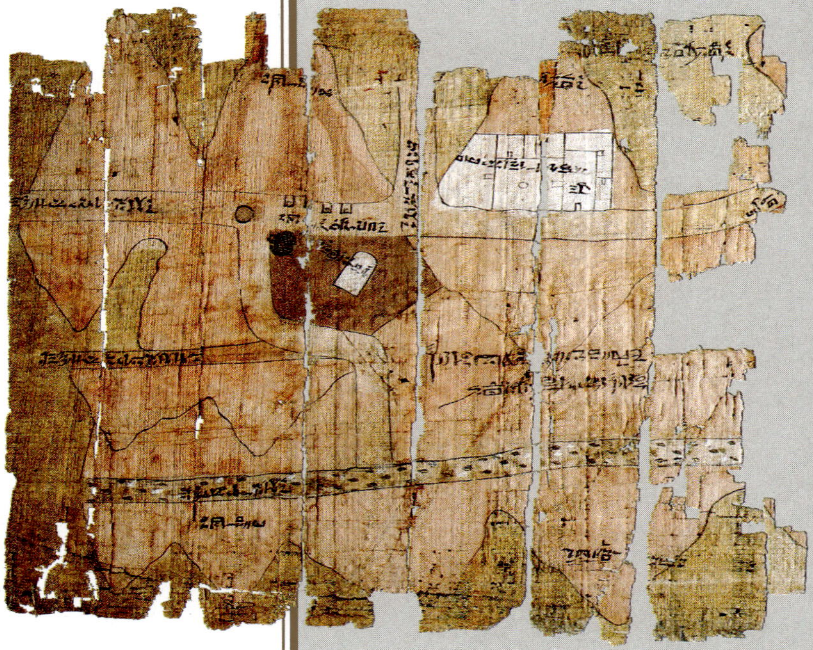

Das oben reproduzierte Papyrusfragment ist ein Teil der ältesten geologischen – und der zweitältesten geographischen – Landkarte der Welt. Aller Wahrscheinlichkeit nach gehörte der Plan einem Schreiber in Deir el-Medina, der Gemeinde von Arbeitern und Handwerkern nahe dem Tal der Könige, die mit dem Bau der Gräber beauftragt waren. Die vermutlich während der Herrschaft von Ramses IV. entstandene Karte deckt das Gebiet des heutigen Wadi Hammamat ab, das im Altertum für seine Goldminen und das schieferartige, graugrüne Gestein – die Grauwacke – berühmt war, aus dem die rechts abgebildete kniende Figur des Pharaos gehauen wurde. Ramses IV. entsandte zum Abbau dieses Gesteins mindestens drei Expeditionen in das Gebiet; die dritte, die aus über 8000 Mann bestand, sollte das Baumaterial für seinen Totentempel und andere Monumente heranschaffen.

Die Landkarte scheint lange Zeit

vergessen in einem Grab – vielleicht in dem des Schreibers, der sie zeichnete – gelegen zu haben, bevor Grabräuber sie fanden und Anfang des 19. Jahrhunderts über Mittelsmänner an einen italienischen Sammler verkauften. Die 40 Zentimeter breite Karte war ursprünglich wohl über zweieinhalb Meter lang. Auf dem noch vorhandenen Fragment erkennt man die Hügel, das Wadi Hammamat *(vorn)*, ein ausgetrocknetes Flußbett, das als Straße diente, vier Häuser von Goldgräbern und ein Amun-Heiligtum. Die braunen Streifen am Hang dahinter sind goldhaltige Quarzadern.

Nur diese mit großem Aufwand restaurierte Statue und eine weitere Skulptur Ramses' IV. sind als Zeugnisse des Steinabbaus im Wadi Hammamat, den der Pharao förderte, erhalten geblieben. Sie zeigt ihn bei einem Weinopfer zu Ehren eines nicht spezifizierten Gottes.

entfernten Steinbrüche im Wadi Hammamat an. Vermutlich etwa zur selben Zeit wurde auf Papyrus eine Landkarte angefertigt – die älteste erhalten gebliebene Landkarte der Welt, die sich ebenfalls im Besitz des Ägyptischen Museums in Turin befindet. Der Pharao schickte mehrere Expeditionen zum Abbau der schieferähnlichen Grauwacke in die Steinbrüche. Über sie berichtet der Fels des Wadi Hammamat selbst, und zwar sowohl in Form von Hieroglyphen, die die königlichen Bildhauer dort hinterließen, als auch als Graffiti, die von den Arbeitern in den Fels geritzt wurden. Das größte Arbeiteraufgebot umfaßte über 8000 Menschen – darunter 2000 Soldaten –, die unter der Aufsicht des Hohenpriesters des Amun aus Karnak den unbeschreiblichen Bedingungen der Wüste trotzten. Ein Großteil der Arbeiterschaft war damit beschäftigt, Steinblöcke von teilweise rund 40 Tonnen Gewicht etwa 100 Kilometer zum Nil zu schleppen, wo sie zum Transport nach Theben auf Flöße verladen wurden. Kein Wunder, daß diese Knochenarbeit zahlreiche Menschenleben forderte; etwa 900 Arbeiter überlebten die Tortur nicht.

Die Mühen und Qualen lohnten sich nicht: Als Ramses IV. um 1160 v. Chr. starb, war kaum eins der angefangenen Bauwerke fertiggestellt und selbst sein eigenes Grab noch immer eine Baustelle. Auf Ramses IV. folgten sieben Könige, die sich alle Ramses nannten; die meisten segneten schon bald das Zeitliche und konnten kaum mehr tun, als den allmählichen Niedergang Ägyptens zu verwalten.

Ein Großreich nur noch dem Namen nach, sah sich Ägypten in diesen Jahren schweren Zeiten ausgesetzt, da das Hochwasser des Nils wiederholt unter dem erwünschten Stand blieb. Die daraus resultierenden Mißernten, die Lebensmittelknappheit und die steigende Inflation schürten bald Unruhen im Innern. Hinzu kamen mangelnde Effizienz der Verwaltung und die allgegenwärtige Korruption, die sich seit den letzten Jahren der Herrschaft Ramses' III. wie eine Seuche ausgebreitet hatte. Bei einem der eklatantesten Korruptionsfälle, der uns in Form einer Anklageschrift aus der Regierungszeit Ramses' V. überliefert ist, hatte eine Gruppe von Beamten fast die gesamten Getreidevorräte eines kleinen Tempels auf der Insel Elephantine beiseite geschafft – mit denen die unzufriedenen Arbeiter in Deir el-Medina gut 200 Kilometer weiter nördlich vier Monate lang hätten versorgt werden können. Und was noch wesentlich bedenklicher war: Die Unterschlagung war ein ganzes Jahrzehnt lang unbemerkt geblieben. Die zuständigen Behörden hatten offenbar die ganze Zeit über die Augen zugedrückt.

In Memphis regierte neben den einzelnen Pharaonen vor allem die Gleichgültigkeit. Die Könige zogen sich zunehmend aus ihren administrativen Aufgaben zurück und überließen das Wohlergehen der Nation einer Bürokratie, die im wesentlichen in die eigene Tasche wirtschaftete und eigene Dynastien begründete. Verschärfend kam hinzu, daß die Könige ihre Reisen durchs Land immer mehr einschränkten. Besonders offensichtlich war das Machtvakuum in der Südhälfte des Reiches, wo das Amt des Wesirs – eines der beiden höchsten Verwaltungsbeamten des Landes – abgeschafft worden war. Alle Aufgaben wurden nunmehr von einem einzigen Wesir wahrgenommen, der sich, wie der Pharao, meist etwa 650 Kilometer nilabwärts in der Hauptstadt aufhielt.

In das Vakuum, das das Königshaus hinterließ, stieß insbesondere in Oberägypten der Hohepriester des Amun vor. Während der Regierungszeit Ramses' III. war Karnak durch großzügiger Schenkungen des Königs an die Tempel reicher und mächtiger als je zuvor geworden. Angaben des Harris-Papyrus, in dem mehrere Schenkungen aufgelistet sind, veranlassen Wissenschaftler zu der Annahme, daß sich inzwischen etwa ein Drittel des gesamten Ackerlands im Besitz religiöser Institutionen befand und davon drei Viertel allein dem Amuntempel gehörten.

Das altehrwürdige Theben erlebte den Aufstieg einer immer mächtiger werdenden Familie, deren Oberhaupt Merybast, der oberste Steuereintreiber von Ramses und Verwalter des Totentempels von Medinet Habu, war. Ihm gelang es, seinen Sohn Ramsesnacht in das Amt des Hohenpriesters zu lancieren – nachdem dieses möglicherweise bereits von einem anderen seiner Söhne ausgeübt worden war. Ramsesnacht diente unter mindestens drei Pharaonen, nämlich Ramses IV., Ramses V. und Ramses VI., bevor er sein Amt an seine eigenen Söhne weitergab. Ein anderer seiner Nachkommen wurde Verwalter des Amun und der königlichen Ländereien sowie oberster Steuereintreiber – Posten, die einst sein Großvater innegehabt hatte. Der Reichtum der Landgüter des Reichsgottes und die Finanzen der königlichen Besitzungen waren somit fest in den Händen einer einzigen Familie.

Unter Ramsesnacht scheinen den Hohenpriestern im Anschluß an den Streik der Arbeiter in Deir el-Medina neue Rechte und Pflichten übertragen worden zu sein. Als Vermittler zwischen dem Pharao und der königlichen Arbeiterschaft kümmerte sich der Hohepriester bald persönlich um die Verteilung der Rationen an die Dorfbewohner und besserte wohl auch ihre Löhne aus der Tempelkasse auf. Ramsesnacht leitete außerdem die große Expedition zu den Steinbrüchen im Wadi Hammamat und überwachte die Arbeit im Tal der Könige.

Als Ramsesnachts Sohn Amenhotep Hoherpriester wurde, besaß er eine derartige Macht, daß er es zur Zeit von Ramses IX. wagen konnte, sich selbst auf der Wand des Tempels von Karnak abbilden zu lassen, und zwar in gleicher Größe wie der Pharao. In den politischen Wirren jener Zeit übten jedoch selbst die Hohenpriester auf den Gang der Geschehnisse in Memphis nur geringen Einfluß aus.

In einem Tagebuch, das während der Regierungszeit von Ramses V. oder Ramses VI. entstand und von einem der dem Königsgrab in Deir el-Medina zugewiesenen Schreiber verfaßt wurde, heißt es, die Arbeiter seien „aus Angst vor dem Feind untätig" gewesen. Ein weiterer Eintrag gibt ein Gerücht wieder, dem zufolge derselbe, nicht näher spezifizierte Feind eine Stadt nördlich von Theben angegriffen, alles zerstört und ihre Einwohner verbrannt habe; der Hohepriester des Amun habe daraufhin die Polizei beauftragt, die Königsgräber zu bewachen. Wenige Tage später wurden die Grabbauer angewiesen, gar nicht erst zur Arbeit im Tal der Könige zu erscheinen. „Geht erst hinauf, wenn ihr wißt, was geschehen ist", soll der örtliche Polizeichef gesagt haben. „Ich werde an eurer Stelle nachsehen und hören, was sie sagen, und ich selbst werde euch sagen, wann ihr hinaufgehen könnt." Wer genau der Feind war, bleibt im dunkeln; einige Historiker glauben, daß libysche Marodeure und ägyptische Banditen das Land unsicher machten.

Ramses VI. regierte nur rund sieben Jahre, bevor er den Weg für Ramses VII. und Ramses VIII. freimachte. In dieser Zeit sank der Lebensstandard der Ägypter immer weiter, während die Inflation den Getreidepreis beständig in die Höhe trieb. Im vierten Regierungsjahr von Ramses VII. kostete Getreide einem zeitgenössischen Papyrus zufolge bereits dreimal so viel wie vor Beginn der Inflation.

Es sollte noch schlimmer kommen. Zwischen dem 10. und 15. Jahr der Herrschaft Ramses' IX. kam es erneut zu Grenzüberschreitungen der Libyer, die schließlich sogar bis nach Theben vorstießen. Ein unvollständiger Bericht aus jener Zeit besagt, daß „Wüstenbewohner", die anderswo in dem Papyrus als die Maschwesch – die alten Verbündeten der Libyer – identifiziert wurden, in die Gegend eingefallen waren und die Grabarbeiter veranlaßt hatten, alles stehen und liegen zu lassen und in Deir el-Medina zu bleiben. Andere Berichte aus dem 15. Jahr unter Ramses IX. und sogar noch aus dem dritten Regierungsjahr seines Nachfolgers verweisen auf ähnliche Einfälle der Libyer. Anders als in den ruhmreichen Tagen des Neuen Reichs jedoch, als Merenptah und Ramses III. ebenso entschlossen wie erfolgreich gegen die libyschen Invasoren vorgegangen waren, haben diese Überfälle offenbar keine Reaktion der ägyptischen Regierung ausgelöst. Statt dessen scheint es, als hätten die Ägypter, da sie die Unterwanderung entweder nicht aufhalten wollten oder konnten, die Libyer einfach als Söldner verpflichtet.

Mittlerweile litt das ägyptische Volk Mangel. Jahre, in denen das Nilhochwasser ausblieb und die Ernten entsprechend mager ausgefallen waren, verbunden mit Ineffizienz und Korruption der Behörden, hatten zu einer Hungersnot geführt. Die Arbeit an den Königsgräbern kam

Rechteckige Eingänge zu den Gräbern säumen die Wege, die sich am Fuß des 180 Meter hohen el Qurn (Mitte) kreuz und quer durch das Tal der Könige ziehen. Die pyramidenartige Form des Berges könnte mit ein Grund dafür gewesen sein, das Gebiet als Begräbnisstätte der Pharaonen auszuwählen. In südöstlicher Richtung (oben links) ist, etwa anderhalb Kilometer entfernt, Medinet Habu zu erkennen, dessen Nordmauer im Morgenlicht leuchtet.

zum Stillstand, als die Arbeiter, die vergeblich auf ihre monatlichen Getreiderationen warteten, erneut die Arbeit niederlegten. Einige der Grabbauer scheinen sich auf der Suche nach einer neuen Einkommensquelle auf das Plündern der Friedhöfe verlegt zu haben, die ihr Dorf umgaben. Banden von Räubern, die seit Jahren die Nekropole Thebens plünderten, zogen nun den Nil hinauf und hinab und raubten entlang dem Fluß weitere Gräber aus. Die Behörden reagierten, indem sie die Stätten häufiger inspizieren und vor allem die Bewachung der Königsgräber verstärken ließen. Die zuständigen Inspektoren waren jedoch meist schon zufrieden, wenn sie die Türen der Gräber unbeschädigt und versiegelt vorfanden, obwohl die Plünderer immer von der Rückseite aus einen Tunnel in die Grabkammern trieben. In den wenigen Fällen, in denen tatsächlich ein Verdächtiger festgenommen und der Grabräuberei angeklagt wurde, konnte er sich häufig freikaufen, indem er den zuständigen Beamten einen Teil seiner Beute überließ.

So war es nur eine Frage der Zeit, bis die Diebe – sie waren häufig in Banden organisiert, in denen jeder eine spezielle Aufgabe hatte – sich noch wertvolleren Schätzen zuwandten: den Gräbern der ägyptischen Könige und Königinnen. Mittlerweile waren so viele Regierungsbeamte und Tempelverwalter – also diejenigen, die die Gräber schützen sollten – von den Dieben bestochen, daß die Grabräubereien praktisch offiziell sanktioniert waren.

Erst im 16. Jahr der Herrschaft von Ramses IX. wurde eine Kommission eingesetzt, um kursierende Gerüchte zu überprüfen, die Königsgräber seien geschändet worden. Die Ermittlungen führten zur Verhaftung und Verurteilung einer Handvoll Sündenböcke, was die Diebe jedoch nicht davon abhielt, ihrem Gewerbe weiter nachzugehen.

Im Jahr darauf verstärkten der mittlerweile zum Hohenpriester des Amun avancierte Amenhotep und der Bürgermeister von Theben ihre Bemühungen, Beweise für die weitverbreiteten Gerüchte zu entdecken, nach denen sich an den Diebstählen einige der Baumeister der Königsgräber als Drahtzieher beteiligten. Acht Handwerker wurden schließlich der Grabräuberei angeklagt, und Dokumente aus jener Zeit belegen, daß bei den Verdächtigen Schätze aus dem Grab der Königin Isis, der Frau von Ramses III., gefunden worden waren. Die mit Schlägen und Folter verbundenen offiziellen Verhöre erbrachten die unvermeidlichen Geständnisse; was mit den Schuldigen geschah, ist nicht bekannt.

Man kann davon ausgehen, daß die acht ihr Verbrechen mit dem Leben bezahlten, denn ihre

EIN FALL DER RUHESTÖRUNG

Als der französische Ägyptologe Pierre Montet 1940 im Nildelta das Grab des Psusennes I. freilegte, der von 1040 bis 992 v. Chr. Pharao gewesen war, fand er die Särge des Herrschers in einem Sarkophag aus rotem Granit, in dem ursprünglich Merenptah – der 13. Sohn von Ramses II. und Pharao von 1224 bis 1214 v. Chr. – gelegen hatte. Jede Kartusche auf dem Sarg, die auf den früheren König verwies, war durch den Namen Psusennes' ersetzt worden, und lediglich ein Schriftzug auf dem Deckel – auf der Gürtelschnalle der mumienartigen Gestalt, die den Sarg schmückte – war unverändert geblieben. Demnach war Merenptahs Grab im Tal der Könige, anscheinend mit allerhöchster Billigung, ausgeräumt worden. Wie dies geschehen war, blieb jedoch unklar, bis Edwin Brock, der Leiter des Canadian Institute in Ägypten, gegen Ende der achtziger Jahre das Grab des Königs Merenptah untersuchte.

Brock stellte fest, daß der von Montet gefundene Sarkophag ursprünglich in zwei größeren, ebenfalls aus rotem Granit gehauenen Sarkophagen gestanden hatte. Diese lagen,

anders als ihre Deckel, die erhalten geblieben waren, in Trümmern. Aus den Resten konnten etwa ein Drittel des rechteckigen äußeren Kastensargs *(unten)* und ein Fünftel des kartuschenförmigen zweiten Sarges zusammengesetzt werden. Beide – und ein kleiner vierter, innerster Sarkophag, von dem ein Teil im British Museum aufbewahrt wird – waren absichtlich zerschlagen worden. Brock vermutete, daß ihre dicken Granitsockel in einzelne Platten gespalten und wiederverwertet worden waren und daß nur der dritte Sarg – Montets Fund – unbeschädigt aus der Grabstätte geschafft wurde. Das einzige Hindernis, das die Ruhestörer dabei zu überwinden hatten, war ein fünf Meter tiefer Schacht, der etwa auf halbem Weg zwischen den inneren Grabkammern und dem Eingang lag und die Unterwelt symbolisierte. Um den Weg zu bahnen, füllten die Eindringlinge ihn mit Schutt auf, der beim Bau des Grabes liegengeblieben war. Brock fand am Rand des Schachts Schleifspuren, die entstanden waren, als die Grabräuber den Bauschutt hineinkippten.

Den Außensarkophag aus rotem Granit in Merenptahs Grab (links) zerstörten Grabschänder, um Material für eine rund 200 Jahre spätere Bestattung zu beschaffen. Sie nahmen unter anderem die schwere Bodenplatte mit, die sie über einen tiefen Schacht befördern mußten. Das Bild oben zeigt den entsprechenden Schacht im Grab von Ramses XI.

Namen tauchen in den Aufzeichnungen aus dem Dorf nie mehr auf. Und 30 Jahre später verteidigte sich ein anderer mit den bezeichnenden Worten: „Ich sah, welche Strafe den Dieben zur Zeit des Wesirs Chaemwese zuteil wurde. Wie hätte ich einen solchen Tod riskieren können?"

Bei diesem Diebstahl waren den Tätern, nicht anders als bei all den anderen vorausgegangenen Einbrüchen, Gold, Silber und Kupfer sowie Juwelen, Stoffe, wertvolle Öle und Möbel in den Hände gefallen. Einen Teil der Beute behielten die Diebe zur eigenen Nutzung, doch der weitaus größte Teil gelangte in Umlauf und wurde gegen Waren und Dienstleistungen eingetauscht. Die Geständnisse der acht Diebe verdeutlichen, daß Angehörige aller sozialen Schichten Thebens irgendwann mit geraubten Gegenständen aus den Gräbern in Berührung kamen, sei es indem sie sich mit den Kostbarkeiten bestechen oder für verschiedene Waren und Dienstleistungen bezahlen ließen.

Der Tod Ramses' IX. nach fast 18jähriger Herrschaft und der Regierungsantritt eines neuen Ramses im Jahre 1109 v. Chr. trugen nicht dazu bei, den Handel mit gestohlenen Grabbeigaben zu unterbinden. Unter Ramses X. setzte sich die unzureichende Versorgung des Volkes mit Lebensmitteln fort, die durch eine Dürre in Teilen Nubiens noch verschärft wurde. Zu Beginn der Herrschaft Ramses' XI. – einer entbehrungsreichen Zeit, in der ein Jahr als das „Jahr der Hyänen" in die Geschichte eingehen sollte – grenzte die Lage in Ägypten an Anarchie. Grabräuberei war zum Alltagsgeschäft geworden. Banden skrupelloser Plünderer, die gewaltsam in die Bauten eindrangen und sie ausraubten, machten nicht einmal mehr vor den Tempeln von Theben halt. Über 36 Kilogramm Gold und Silber wurden allein von den Toren des Tempels von Ramses II. gerissen. Sogar Priester und andere Tempelbedienstete waren an den Diebstählen beteiligt und rafften alles zusammen, was sich abtransportieren ließ. Als der Hohepriester des Amun, Amenhotep, seine Autorität immer mehr gefährdet sah, rief er den König zu Hilfe. Statt jedoch Truppen vom Nildelta aus nach Süden in Marsch zu setzen, wies Ramses XI. Panehesi, den Vizekönig von Nubien, an, mit seinen Streitkräften nach Norden zu ziehen. Der Vizekönig stellte die Ordnung in Theben schnell wieder her, sah sich aber, nachdem seine eigenen nubischen Truppen sich nach Kräften an den Plündereien beteiligt hatten, bald gezwungen, eine Untersuchung der Grab- und Tempelräubereien anzuordnen. Einem Papyrus zufolge scheint Panehesi Amenhotep für neun Monate von seinem Pflichten entbunden zu haben. Ein anderer Papyrus bezeichnet diese Zeit vielsagend als den „Krieg des Hohenpriesters".

Obwohl Amenhotep auf Anweisung von Ramses XI. wieder in sein Amt eingesetzt wurde, behielt Panehesi Oberägypten unter seiner Kontrolle, wo er in den folgenden Jahren offenbar relativ selbstherrlich und unabhängig vom König herrschte. Wie aus einem Steuerdokument auf Papyrus und einem Brief aus der Staatskanzlei des Pharaos hervorgeht, war Panehesi noch im 17. Regierungsjahr Ramses' XI. in Theben im Amt. Zwei Jahre später jedoch galt der Vizekönig als Staatsfeind, und danach taucht sein Name immer in Verbindung mit einer Hieroglyphe auf, die „Feind" oder „Tod" bedeutet.

Warum Panehesi in Ungnade fiel, weiß man nicht, doch scheint er sich irgendwann nach Nubien zurückgezogen zu haben. An seine Stelle trat ein General namens Herihor, und zwar nicht nur als Oberkommandierender der Armee, sondern gleichzeitig als Hoherpriester des Amun und Vizekönig von Nubien; erstmals in der Geschichte Ägyptens lagen alle drei Ämter in einer Hand. Herihor selbst fügte seinen Titeln noch das Amt des Wesirs von Oberägypten hinzu. Auf einem Ostrakon wird er sogar als „Oberkommandierender der Armee ganz Ägyptens" bezeichnet – ein Titel, den seine Nachkommen zusammen mit dem des Hohenpriesters erben sollten.

Herihor war so mächtig, daß er innerhalb weniger Jahre selbst Amenhotep, den vormaligen Hohenpriester, an Anmaßung überflügelte, indem er sich – sowohl dem Namen als auch der Kleidung nach – an den Wänden des Vorhofs des Chonstempels in Karnak als Pharao abbilden ließ. Er scheute sich nicht einmal, in einer Kartusche Anspruch auf göttliche Herkunft zu erheben. Sein Schwiegersohn und Erbe Pianch ging noch weiter und verglich seine Macht mit der Ramses' XI. In einem Brief stellte er die Frage: „Wem gebietet der Pharao noch?"

Trotz Herihors Machtanmaßung und Pianchs Respektlosigkeit blieb Ramses XI. unumschränkter Herrscher, und Herihor machte keine Anstalten, seinen Anspruch auf den Thron anders als nur prahlerisch an den Wänden des Chonstempels zu stellen. Vielmehr wußte der König Oberägypten bei Herihor in so guten Händen, daß er sich im 19. Jahr seiner Herrschaft stark genug fühlte, seine „Neugeburt" – wörtlich übersetzt die „Wiederholung der Geburt" zu proklamieren. Dies bedeutete, daß er für die restlichen Jahre seiner Herrschaft die Uhr zurückdrehte; sein 19. Regierungsjahr wurde zum Jahr eins der Neugeburt. Gleichzeitig kehrten – zumindest vorübergehend – Wohlstand und Ordnung nach Ägypten zurück, da der Nil seine Ufer wieder wie gewohnt unter Hochwasser setzte und fruchtbaren Schlamm ablagerte. Selbst die Wirtschaft erholte sich, was nicht zuletzt an den gestohlenen Grabschätzen lag, die die Inflation bremsten und zu einem Rückgang des Getreidepreises führten.

Die beiden Kartuschen und die Inschrift dieses Sargdeckels aus Zedernholz tragen den Namen Ramses' II. Der aus der 18. Dynastie stammende Sarg war ein Ersatz für den, in dem der Pharao ursprünglich lag; das wertvolle Original war vermutlich von Grabräubern gestohlen worden.

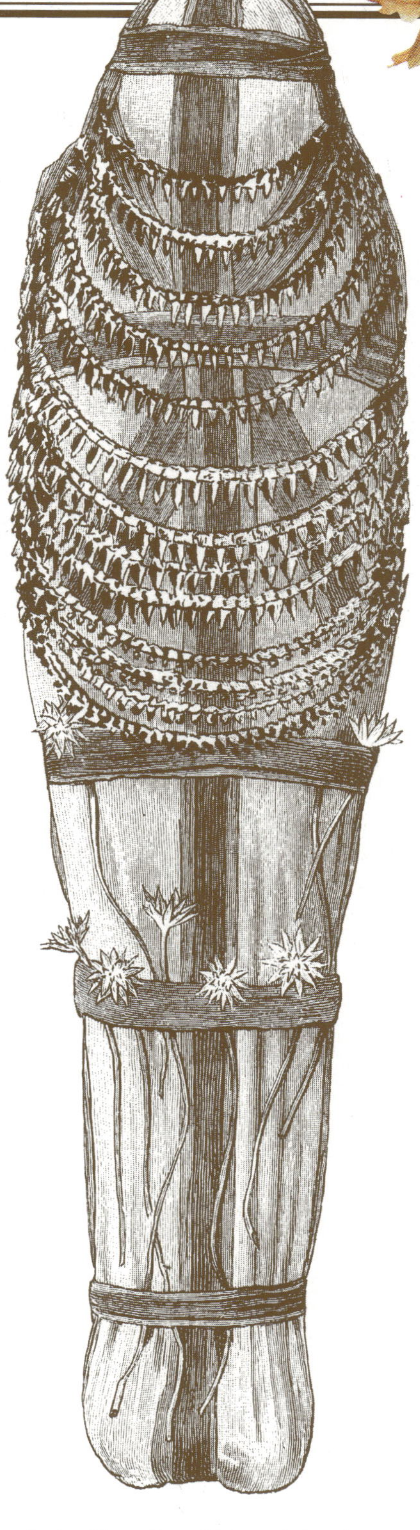

Nachdem er ein neues Zeitalter ausgerufen hatte, beschloß Ramses XI., eine alte Angelegenheit endlich zum Abschluß zu bringen. Er ordnete eine gründliche Untersuchung der Plünderungen der Gräber und Tempel Thebens an, die zehn Jahre zuvor im „Jahr der Hyänen" stattgefunden hatten. Der König setzte dazu eine Kommission aus Mitgliedern seines Hofes ein, die bald darauf begann, Beweise und Zeugenaussagen zu sammeln.

Wie nicht anders zu erwarten, hat die Mehrzahl der amtlichen Dokumente die Zeit nicht überlebt, doch wurden 1850 zwei Krüge ausgegraben, in denen Papyri mit Zeugenaussagen steckten. Die Rollen wurden über Jahre verkauft und weiterverkauft, bis sie zuletzt in diversen Museen landeten. Ein Großteil der Texte wanderte in die Lagerräume, nachdem ihre hieratische Schrift allen Interpretationsversuchen widerstanden hatte; dort harrten sie späterer Generationen von Ägyptologen, die über das für ihre Deutung erforderliche Wissen verfügten.

Es war der junge Engländer T. Eric Peet, dem es schließlich gelang, die Papyri zu entziffern und zwei der Rollen 1920 in Übersetzungen vorzulegen. Ein Jahrzehnt danach, nur vier Jahre vor seinem frühen Tod im Jahre 1934, schloß Peet seine Arbeit ab und veröffentlichte seine Ergebnisse in seinem Werk *The Great Tomb-Robberies of the Twentieth Egyptian Dynasty* („Die großen Grabräubereien während der zwanzigsten ägyptischen Dynastie").

Die von Peet übersetzten Papyri belegten, daß die Kommission Angehörige aller gesellschaftlichen Schichten Thebens verhörte und ohne Rücksicht auf Rang oder Stellung des Verdächtigten Anklage erhob. Über 100 mutmaßliche Grabräuber wurden verhaftet, desgleichen die Ehefrauen derjenigen, die sich der Verfolgung und Bestrafung durch Tod entzogen hatten. Sie alle wurden eingehend vernommen, einige auch unter Verwendung der üblichen Verhörmethoden mit „Ruten, Stock und Schraube". Die entsprechenden Geständnisse ließen nicht lange auf sich warten.

Wie die erhalten gebliebenen Dokumente zeigen, gelang es den Inquisitoren in vielen Fällen auch zu klären, was mit der Beute geschehen war, von denen ein Anteil bereits während der ersten Untersuchung durch Panehesi ein Jahrzehnt zuvor hatte wiederbeschafft werden können. In einigen Fällen – etwa dem der Frau eines Arbeiters, bei der man bescheidene Mengen Edelmetall gefunden hatte – handelte es sich um eher kleine, unbedeutende Gegenstände, doch spielten selbst diese auf dem florierenden Schwarzmarkt der damaligen Zeit eine nicht unbedeutende Rolle. Eine andere Frau stritt ab, gestohlenes Silber zum Kauf von Sklaven ausgegeben zu haben, und behauptete statt dessen vor der Kommission, die Sklaven mit Datteln aus ihrem Palmenhain bezahlt zu haben. Wieder eine andere bestand darauf, das bei ihr gefundene Silber

Dreizehn blaue Lotosblütengirlanden umranken eine Mumie, die 1881 mit 40 anderen in einem gut versteckten Grab entdeckt wurde. Die gleich nach der Entdeckung entstandene Skizze macht deutlich, warum ein Betrachter beim Anblick einer ähnlichen Mumie vom Lotos als dem „Symbol des ewigen Schlafs" sprach.

sei gar kein Diebesgut; sie habe es vielmehr „im Jahr der Hyänen, als Hungersnot herrschte, im Tausch gegen Gerste erhalten".

Weitere Diebe gestanden beim Verhör, ihre Beute gegen alles mögliche eingetauscht zu haben, von Honig über Sklaven bis hin zu Land. Etliche zahlten mit dem Diebesgut ihre Schulden ab, während andere – wie der Dieb, der offenbar in Hörweite eines königlichen Schreibers mit seinen Untaten geprahlt hatte – sein Geld auf andere Weise ausgaben: Als der Schreiber drohte, das Gehörte dem Hohenpriester des Amun zu melden, tat der Dieb, was wohl jeder Dieb in seiner Lage getan hätte: „Wir holten drei *kite* Gold und gaben es Setechmes, dem Schreiber des königlichen Archivs."

Der Tod von Ramses XI. im Jahre 1079 v. Chr. beendete nicht nur die „Wiedergeburt" und die 20. Dynastie, sondern auch das Neue Reich. Nachdem aus dem Herrscherhaus keine Söhne mehr am Leben waren und der mächtige Herihor bereits das Zeitliche gesegnet hatte, konnte Smendes – der unter dem verstorbenen Pharao zeitgleich mit Herihor, dem mächtigen Verwalter Oberägyptens, in Unterägypten an der Macht gewesen war – auf den Überresten des einst blühenden Reichs von Ramses II. eine neue Dynastie gründen.

Der Überlieferung nach hat Ramses XI. mindestens 28 Jahre lang regiert, und der architektonischen Tradition gemäß, der zufolge jeder König beim Bau seines Grabes das des Vorgängers um etwa fünf Prozent der Fläche zu übertreffen hatte, sahen die Entwürfe des letzten Ramses das größte Monument vor, das je geplant worden war. Bei seinem Tod jedoch war die Grabstätte noch nicht fertig, und Ramses XI. sollte sie nie beziehen. Nachdem er einen Großteil seiner Regierungszeit in Memphis verbracht hatte, sollte er nun bei Sakkara seine letzte Ruhestätte finden, wo seine Mumie besser bewacht werden konnte.

Nach den Plünderungen der Pharaonengräber war es mit der Sicherheit im Tal der Könige ein für allemal vorbei. Fast alle der dortigen Gräber waren geöffnet und ausgeraubt worden – die meisten in der Zeit nach dem Tod Ramses' III. und einige womöglich sogar schon, bevor sie versiegelt werden konnten. Andere Gräber von Königen der 18. Dynastie mußten, wie man feststellte, schon Jahrhunderte zuvor geplündert worden sein. Unter Herihor und seinen Nachfolgern wurden die Mumien neu in Hüllen gewickelt und beigesetzt.

Bevor sie einen anderen Ort der ewigen Ruhe fanden, brachte man die geschändeten Mumien – einige hatten die Räuber in der Eile, sich in den Besitz ihres Schmucks zu bringen, kurzerhand verstümmelt – in das unvollendete Grab Ramses' XI., wo man sie sorgfältig wiederzusammensetzte und rituell in frische Tücher hüllte. Allerdings blieb den

VON ANGESICHT ZU ANGESICHT MIT BERÜHMTEN PHARAONEN

Nachdem gegen Ende des 19. Jahrhunderts zwei geheime Verstecke von Mumien aus der 17. bis 21. Dynastie entdeckt worden waren, wurde das Unmögliche plötzlich möglich: Menschen der Neuzeit konnten einigen der mächtigsten Männer der Antike ins Antlitz blicken. „Ich frage mich, ob ich nicht träume, wenn ich die Körper so vieler Herrscher sehe und berühre", sagte voller Ehrfurcht Gaston Maspero – einer der ersten, die den Raum betraten, in dem Priester fast 3000 Jahre zuvor 40 Mumien versteckt hatten, um sie vor Grabräubern in Sicherheit zu bringen. Einige von ihnen waren von Plünderern schwer beschädigt worden, die ihre Umhüllung aufgerissen und ihre Körper verstümmelt hatten, um an verborgene Schätze zu gelangen. Unter denen, die Maspero zu Gesicht bekam, war kein Geringerer als Ramses II., der auf dem Photo rechts in einem hölzernen Sarg abgebildet ist.

Das Bild wurde Anfang des 20. Jahrhunderts von dem britischen Anatomen Sir Grafton Elliot Smith aufgenommen. Es gehört zu einer bemerkenswerten Photoserie von den königlichen Mumien im Ägyptischen Museum in Kairo *(S. 144 bis 145)*. Smith photographierte nicht nur die Toten in allen Einzelheiten, sondern führte auch eine forensische Untersuchung an ihnen durch und veröffentlichte seine Erkenntnisse 1912 in einer Monographie. Zum Glück ging Smith an seine Aufgabe wissenschaftlich heran, das heißt er verzichtete ganz und gar auf chirurgische Instrumente, um die großen Zeugen der Vergangenheit nicht zu beschädigen. Er weigerte sich, innere Untersuchungen an den Mumien durchzuführen, die, wie er sich ausdrückte, „von einer harzigen Schale umschlossen" waren, also von der ausgehärteten Schicht, die die Einbalsamierer aufgetragen hatten und die zu entfernen vermutlich irreparable Schäden verursacht hätte.

Smiths Untersuchungen führten zu zahlreichen, teilweise überraschenden Erkenntnissen über die Toten. So weiß man heute, daß Ramses II. Mitesser hatte, und man kennt die Gebrechen und Krankheiten, die die Pharaonen plagten beziehungweise teilweise ihren Tod herbeiführten.

Kritikern, die sich gegen „anthropologische Untersuchungen" wandten und die Würde der Toten angetastet sahen, wenn man sie auswickelte und nackt untersuchte, entgegnete Smith: „Wer das beklagt, scheint sich nicht darüber im klaren zu sein, daß die eigentliche Leichenschändung schon vor 29 Jahrhunderten durch die Untertanen dieser Herrscher begangen wurde."

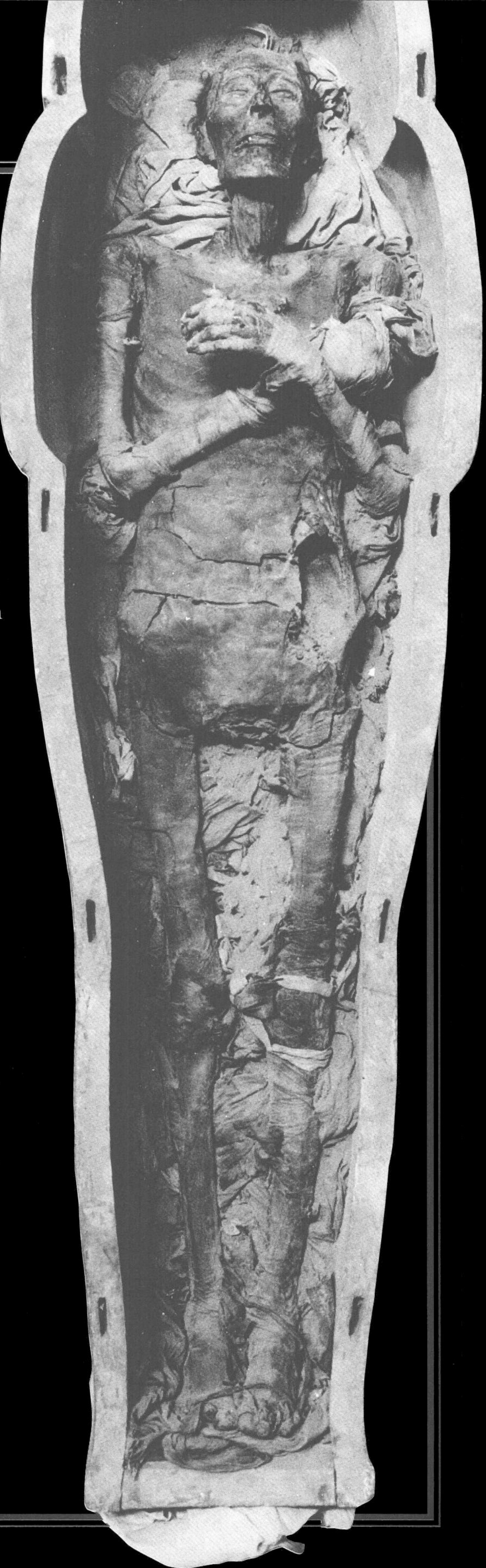

Den Leichnam Ramses' II. umgibt eine Harzschicht, die bei der Einbalsamierung aufgetragen wurde. Der Schnitt in seinem Unterleib, durch den die Einbalsamierer die inneren Organe entnommen hatten, wurde von Grabräubern vergrößert, die nach verborgenen Schätzen suchten.

19. DYNASTIE

SETHOS I.
Nach dem Auswickeln schlug die Farbe von Sethos' Haut von Braun in Schwarz um. Sein mit harzgetränkten Leinentüchern ausgestopfter Körper enthielt noch sein versteinertes, pechschwarzes Herz.

RAMSES II.
Ramses' Gesicht, dessen Haut bei der Einbalsamierung gestrafft wurde, weist Barthaare um die Lippen und am Kinn auf. Wie die meisten Könige des Neuen Reichs hat er Löcher in den Ohren.

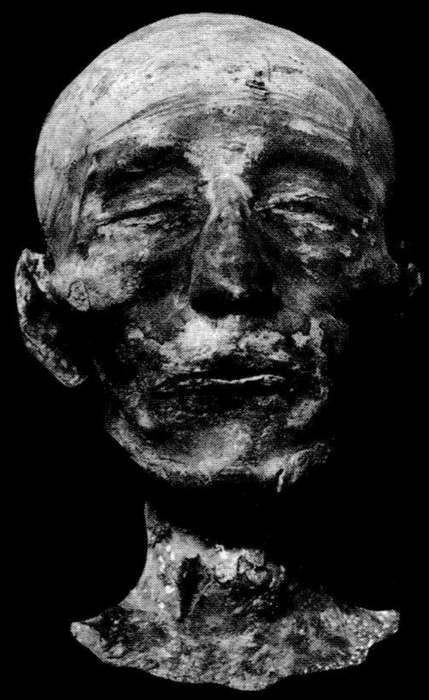

MERENPTAH
Der Leichnam von Merenptah war von einer Salzschicht bedeckt. Ramses' Sohn war ziemlich fett; Smith formulierte es eleganter, indem er von „zu viel" Haut auf Bauch, Hüften und Wangen sprach.

SETHOS II.
Obwohl Grabräuber Sethos II. den Kopf abgerissen hatten, ist noch klar seine fein gezeichnete Nase zu erkennen. Er hat einen vorstehenden Oberkiefer.

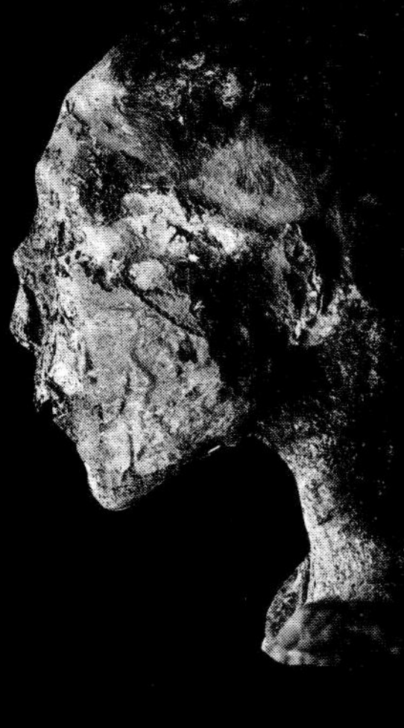

SIPTAH
Grabräuber beschädigten Siptahs Gesicht und brachen seinen rechten Arm, den Priester mit Schienen reparierten. Vermutlich litt er an Kinderlähmung.

20. DYNASTIE

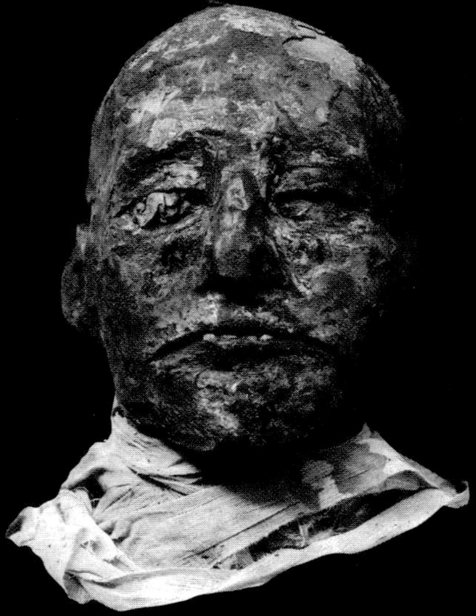

RAMSES III.
Ramses III. erhielt künstliche Augäpfel aus Stein, und seine Lider wurden mit Leinenpolstern unterlegt – Beweise für die Fortschritte in der Kunst der Einbalsamierung zur Zeit der 20. Dynastie.

RAMSES IV.
Bei Ramses IV. wurden die Augäpfel durch Zwiebeln ersetzt. Ihr helles Braun und die natürliche Wölbung der Lider „verleihen dem Toten ein natürliches Aussehen", schrieb Smith.

RAMSES V.
In seinem erdfarben bemalten Gesicht sind noch die Pusteln zu erkennen, die auch die Bauchdecke Ramses' V. bedeckten. Vermutlich starb er an Pocken.

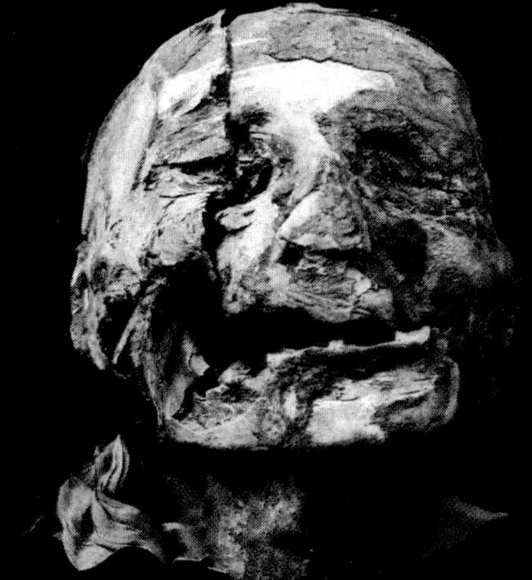

RAMSES VI.
Den Leichnam Ramses' VI. hatten Grabräuber derart zerstört, daß die Priester seinen geschundenen Körper auf einer Trage festbinden mußten.

göttlichen Verstorbenen auch jetzt eine unwürdige Behandlung nicht erspart, weil die Priester heimlich alles, was sie noch an Kostbarem in den Grabkammern oder in den Hüllen der Mumien fanden, an sich nahmen. Sofern die Särge in Blattgold gekleidet waren, kratzten sie es bis auf den letzten Rest ab, und nur die Namen und Titel der Könige ließen sie auf einigen stehen.

Die meisten Mumien kehrten nie mehr in ihre ursprünglichen Grabstätten zurück. Um die toten Könige vor weiteren Schändungen zu bewahren, inszenierten die Priester eine Art Versteckspiel, bei dem die Toten über Jahrzehnte heimlich von Grab zu Grab verbracht wurden. Notizen der Priester, die später bei den Mumien gefunden wurden, belegen sowohl die Restaurierungen als auch die Umbettungen.

So zum Beispiel ruhten die Gebeine Ramses' II. eine Zeitlang im Grab seines Vaters, Sethos' I. Viele Jahre später – während der Regierungszeit von Siamun, einem der letzten Könige der 21. Dynastie – wurde er umgebettet. Diesmal versteckte man die Mumie mit 40 weiteren mumifizierten Toten im alten Felsengrab der Königin Inhapy, das unterhalb der Felswände eines kleinen Tals südlich von Deir el-Bahri lag. Hier schien sie den Priestern am sichersten aufgehoben.

Im Rahmen derselben Aktion erhielten neun weitere Könige sowie eine Königin und eine Reihe von Prinzen ein neues Versteck, und zwar im Grab Amenophis' II. im Tal der Könige. 2800 Jahre lang sollten die Mumien nun in diesen beiden königlichen Leichenhallen ruhen, unangetastet und genau so, wie die Priester sie dort im 10. Jahrhundert v. Chr. zurückgelassen hatten. 1898 wurde das Grab von Amenophis II. mit den Herrschern, die bei ihm Schutz gefunden hatten, zufällig von dem französischen Archäologen Victor Loret bei der Erforschung eines anderen Grabes entdeckt. Tief unten im zweiten Grab konnte Loret sein Glück kaum fassen, als der Schein seiner Fackel auf die Särge der Pharaonen des Neuen Reichs fiel und klingende Namen wie Siptah, Sethos II., Merenptah und Ramses IV., V. und VI. enthüllte.

Ein ähnlicher Zufall hatte bereits Anfang der siebziger Jahre des 19. Jahrhunderts zur Entdeckung der letzten Ruhestätte von Ramses II. in Deir el-Bahri geführt. Fast jeder kennt die Geschichte von dem Ziegenhirten, der auf der Suche nach einem Jungtier auf ein tiefes Loch stieß, in das sich das Zicklein verirrt hatte. Das Loch entpuppte sich als Schacht, der zu einem Tor führte, von dem aus man über mehrere Korridore eine bis zur Decke mit Särgen gefüllte Kammer erreichte.

In den nächsten zehn Jahren weihte der Ziegenhirte nur einige wenige Familienangehörige in sein Geheimnis ein, die das Grab als ihren privaten Fund betrachteten, bis ein älterer Bruder den Behörden einen

Hinweis gab. Alarmiert bargen Archäologen innerhalb weniger Tage den Inhalt der Grabstätte, um einen der wichtigsten Funde in der Geschichte Ägyptens vor den Dorfbewohnern in Sicherheit zu bringen.

Im Juni 1886 hielt die Mumie von Ramses II. Einzug im Ägyptischen Museum von Kairo. Vor den dort versammelten Honoratioren erklärte der französische Archäologe Gaston Maspero, Generaldirektor des Ägyptischen Antikendienstes, die drei Inschriften auf dem Sarg des Königs. Die erste schilderte, wie die Mumie auf Befehl Herihors restauriert worden war; die beiden anderen bezogen sich auf ihre späteren Umbettungen, die sie von ihrer ursprünglichen Ruhestätte erst in das Grab Sethos' I. und dann in das der Königin Inhapy führte.

Danach lockerte Maspero die Leinenbandagen um die Brust des Pharaos gerade so weit, daß eine Inschrift auf dem Leichentuch zum Vorschein kam. Sie bestätigte, daß es sich um Ramses II. handelte. Jetzt erst entschloß man sich, die Leiche auszuwickeln. Eine knappe Viertelstunde später blickten die Anwesenden dem König ins Gesicht, der wegen seiner Erfolge in der Innenpolitik und auf dem Schlachtfeld von den Ägyptologen des 19. Jahrhunderts „der Große" genannt wurde.

Wie sich herausstellte, war die Mumie hervorragend erhalten – ganz im Gegensatz zu der der Königin Amosis-Nefertari, der Mutter Amenophis' I., die bei der Öffnung schnell zu zerfallen begann. Wegen des unerträglichen Geruchs, das dem Leichnam entströmte, vergrub man ihn einige Monate lang unter dem Magazin des Museums.

Eine unbekannte weibliche Mumie aus der Zeit des Neuen Reichs liegt in dem neuartigen Schaukasten, den das Getty Conservation Institute entwickelte. Der luftdichte Kasten, in dem königliche Mumien des Ägyptischen Museums in Kairo aufbewahrt werden sollen, reguliert selbsttätig die Temperatur und die Luftfeuchtigkeit und enthält weniger als 2 Prozent Sauerstoff, um das Wachstum von Mikroorganismen zu verhindern.

Das Museum entschloß sich, die Mumien Ramses' II. und der anderen königlichen Verstorbenen in einem gesonderten Saal auszustellen. Mit den Särgen, in denen sie bestattet worden waren, bettete man sie in Schaukästen, deren Glasdeckel aufgeschoben werden konnten; Museumsangestellte erhielten die Anweisung, die Toten von Zeit zu Zeit mit Insektiziden zu besprühen. Eine derartige Behandlung hätte Ramses II. sich zu Lebzeiten gewiß verbeten, war er es doch gewohnt, daß man die Luft um ihn herum mit heiligen Düften aromatisierte, die für den Gottkönig reserviert waren, und daß eigens dafür zuständige Fächerträger diesen Duft mit zeremoniellen Bewegungen verteilten.

Die Behandlung mit giftigen Chemikalien war jedoch noch nicht die letzte unwürdige Behandlung, die der König zu ertragen hatte. In den 100 Jahren nach ihrer Entdeckung wurde die Mumie längere Zeit stehend zur Schau gestellt, zur Bekämpfung von Läusen in Quecksilber getaucht, ein ums andere Mal untersucht, geröntgt, endoskopiert und zum Zweck weiterer Untersuchungen sowie zur Konservierung 1976 nach Paris geflogen.

Zu denen, die sich zu Beginn des 20. Jahrhunderts mit der Mumie befaßt, sie untersucht und photographiert hatten, gehörte der britische Wissenschaftler Sir Grafton Elliot Smith. Einer seiner Assistenten, der den mumifizierten Körper auswickelte, war Zeuge eines Vorfalls, den man als Geste oder Einspruch des großen Pharaos gegen die wiederholten Ruhestörungen deuten könnte. Als er die Bandagen löste, zogen sich die lange komprimierten Muskelfasern des königlichen Arms plötzlich zusammen. Die Wissenschaftler, die sich um den Leichnam versammelt hatten, wichen entsetzt zurück, als der tote König scheinbar aus seinem endlosen Schlaf erwachte und unerwartet die Hand bewegte, gerade so als wolle er den Menschen um ihn herum einen letzten Befehl erteilen. „Könnte der Pharao sprechen", so meinte der Archäologe John Romer, „würde er sicher den Befehl geben, ihn endlich wieder in die stillen Hügel von Theben zurückzubringen."

RAMSES IN PARIS

Am 26. September 1976 trat die Mumie Ramses' des Großen die Flugreise nach Paris an. Der überragende Feldherr, Diplomat, Baumeister und Gott lag in einem modernen Eichensarg; eine massive Holzkiste, auf der die Worte *haut* und *bas (oben)* – französisch für „oben" und „unten" – zu lesen waren, sollte den Pharao vor Turbulenzen schützen. Kopf, Arme und Beine waren mit Seidenpapier, Baumwolle und Schaumstoff gepolstert. Ramses' Ziel lag jenseits des Mittelmeers: Es war der Flughafen von Le Bourget in Frankreich, einem Vorort von Paris, wo fast 50 Jahre zuvor Charles Lindbergh nach seiner epochemachenden Atlantiküberquerung gelandet war.

Der Grund für die Reise war der schlechte Zustand der Mumie. Dabei ging es weniger um den Einschnitt in der Bauchdecke, durch den die Einbalsamierer die inneren Organe des Pharaos entnommen und den Grabräuber später vergrößert hatten. Dieses Loch war schon auf den Aufnahmen Grafton Elliot Smiths *(S. 143)* von 1912 zu sehen gewesen. Doch der Verfall der Mumie war unübersehbar und alarmierte ägyptische und französische Wissenschaftler, die sie Anfang der siebziger Jahre in Kairo untersuchten. Ein Netz von Rissen durchzog die harzige Hülle, die Arme und Beine, Brust und Unterleib bedeckte. Vor allem aber zog sich ein gezackter Riß von 35 Zentimeter Länge von Hüfte zu Hüfte. Beim Öffnen des gläsernen Schaukastens, in dem Ramses ruhte, war den Wissenschaftlern zudem ein unerträglicher Gestank entgegengeschlagen, der vermuten ließ, daß sich auf oder in der Mumie Bakterien vermehrten. Schließlich entdeckte man auch noch matt gefärbte Pilze, die unter dem Mikroskop untersucht wurden. Ein Eingreifen war zweifellos überfällig.

Nach langwierigen Verhandlungen kam man überein, die Mumie für eine fast achtmonatige Untersuchung und Konservierung in die französische Hauptstadt zu bringen. Wie auf den folgenden Seiten erläutert, standen den Wissenschaftlern die Dienste von mehr als 40 Laboratorien mit hochmodernen Diagnosegeräten und -verfahren zur Verfügung. Die außergewöhnlichen Ergebnisse ihrer Untersuchungen erweiterten ganz entscheidend das Wissen über die Person und den Menschen Ramses.

DER PATIENT AUF SEINER EIGENEN STATION

In Paris angekommen, wurde der Pharao im dritten Stock des Anthropologischen Museums in einer der besten Wohnlagen der Stadt untergebracht, wo man eigens für ihn zwei Zimmer – einen Untersuchungsraum und ein sogenanntes Schlafzimmer – eingerichtet hatte. Getrennte Klimaanlagen in beiden Räumen hielten Temperatur und relative Luftfeuchtigkeit niedrig genug, um ein weiteres Pilzwachstum zu verhindern, und eine silbrigblaue Folie auf den Fensterscheiben filterte die schädliche UV-Strahlung aus. Laboranten überwachten die Bedingungen in der Umgebung des Herrschers, und die Tür wurde Tag und Nacht bewacht, um ungebetene Besucher fernzuhalten.

Aus Besorgnis über die extreme Anfälligkeit der Mumie behielt man sie die ganze Zeit über im Museum, und sie wurde nur dann vom „Schlafzimmer" in den Untersuchungsraum transportiert, wenn Temperatur und Luftfeuchtigkeit in beiden Räumen identisch waren. Die Wissenschaftler wagten es nicht, den Leichnam hochzuheben. Statt dessen sägten sie das Fußende des Eichensarges ab, in dem Ramses gereist war, nahmen das Leinentuch, auf dem er ruhte, und ließen ihn behutsam auf eine Plexiglasplatte gleiten *(gegenüber)*. Die Platte war so zugeschnitten, daß sie genau in den Sarg paßte, so daß die Wissenschaftler Ramses problemlos zu Beginn jeder Arbeitssitzung auf einen Operationswagen befördern und am Ende wieder in den Sarg zurücklegen konnten.

Die Wissenschaftler durften dem Körper des Pharaos keinerlei Gewebeproben entnehmen, dafür aber alles lose Material in der Mumie, auf ihr oder um sie herum untersuchen. Eine besonders ergiebige Informationsquelle war das Leinentuch, auf dem Ramses lag; es wurde entfernt und mit einem groben Gitternetz markiert, das der Anatomie der Mumie entsprach. Die einzelnen Abschnitte wurden numeriert, in Teile geschnitten, in Plastikbeuteln versiegelt und zur mikroskopischen Analyse an Labors geschickt. Dort identifizierte man etwa 60 Arten von Pilzen, die größtenteils in Kolonien an einer Stelle des Körpers wuchsen, die nach Einschätzung der Forscher über Jahre hinweg nicht mit Licht in Kontakt gekommen und gleichzeitig relativ feucht geblieben war: die linke Seite von Ramses' ausgewickeltem Rücken *(rechts unten)*. Als die Wissenschaftler später das Innere der Bauchdecke untersuchten, trafen sie auf weitere Pilzkolonien; insgesamt zählte man 370 Kolonien und 89 Arten von Pilzen.

Rechts läßt ein Fachmann des Anthropologischen Museums die Mumie unter dem wachsamen Blick des Projektleiters Lionel Balout auf eine Plexiglasplatte gleiten. Durch das Loch in der Bauchdecke ist ein Stück Leinen zu erkennen, das in neuerer Zeit in den Körper gestopft wurde.

Am 11. November 1976 versammeln sich Wissenschaftler, die an der „Operation Ramses" beteiligt sind, im Arbeitsraum des Anthropologischen Museums um die Mumie des Pharaos. Insgesamt arbeiteten über 100 Forscher an dem Projekt mit.

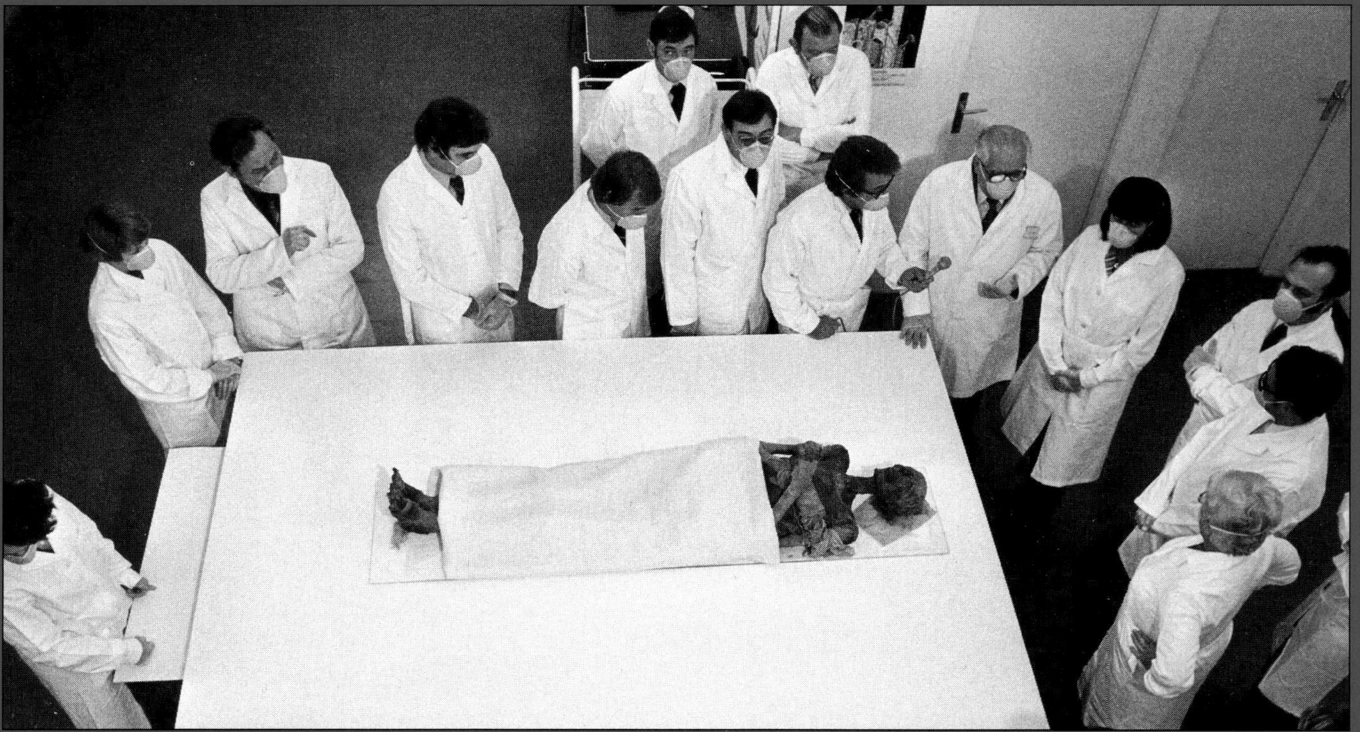

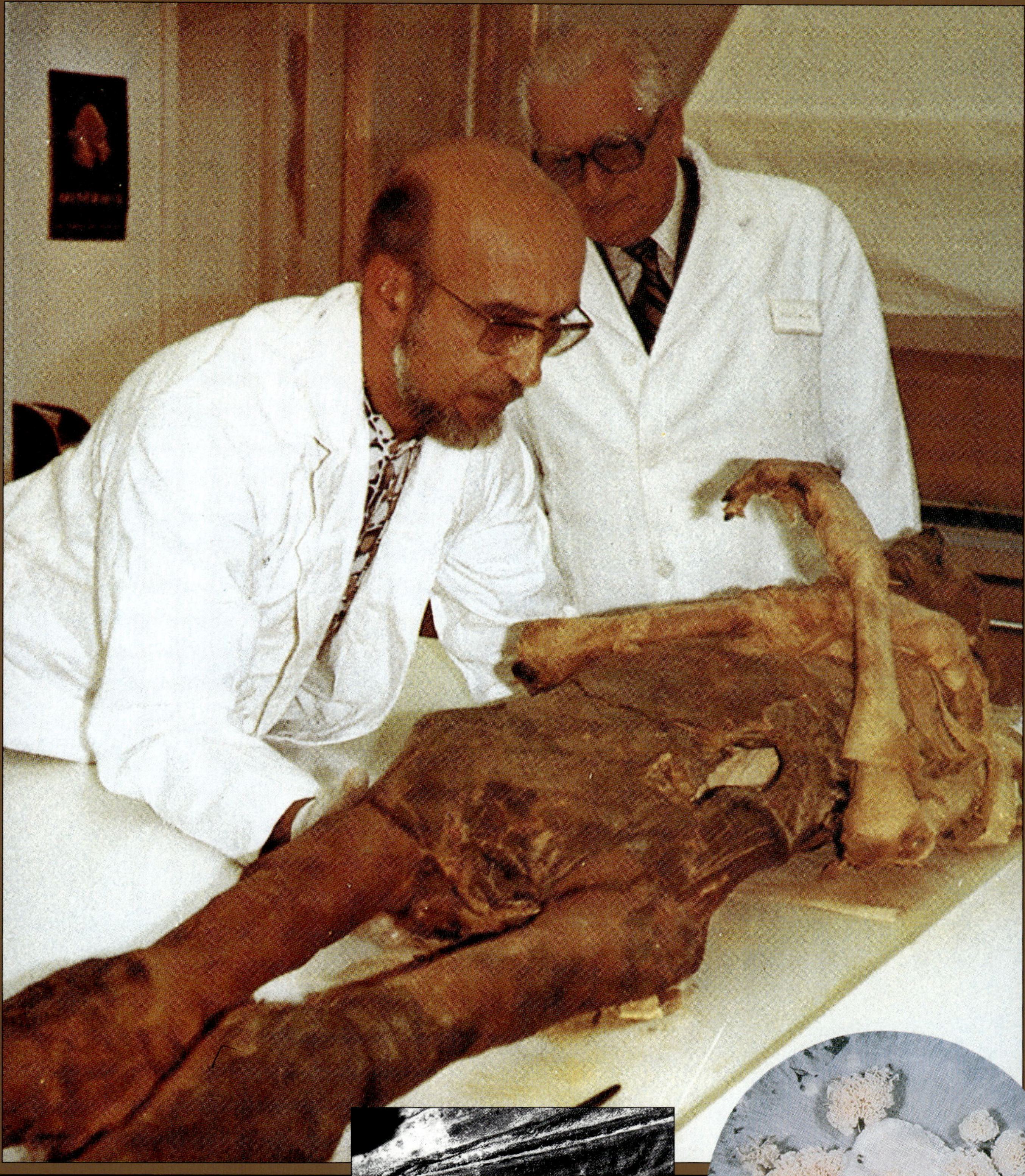

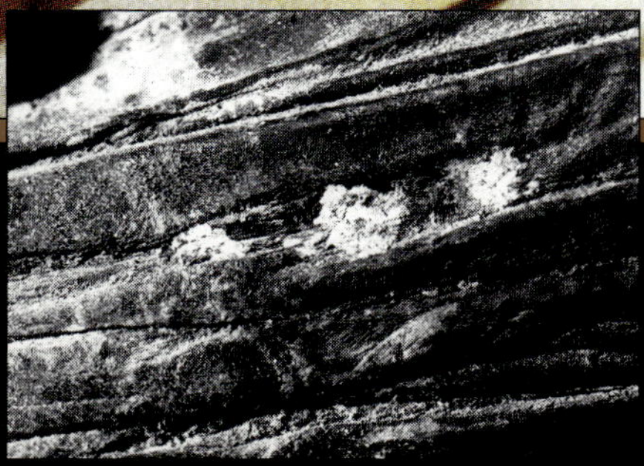

„Daedalea biennis", ein zerstörerischer Pilz, der auf der linken Rückenseite gefunden wurde (rechts), wächst in einer Petrischale (ganz rechts). Da solche Pilze eine Lebensdauer von höchstens 60 Jahren haben, datiert der Befall nach Ansicht der Wissenschaftler aus der Neuzeit.

PORTRÄTS DES PHARAOS ALS ALTER MANN

Die Pariser Forscher setzten modernste Technologien ein, um verlorengegangenes Wissen über die Mumifizierung zu erneuern und etwas über Ramses' körperliche Verfassung in den letzten Tagen seines Lebens in Erfahrung zu bringen. Mittels Endoskopie zum Beispiel untersuchten sie seine Bauchhöhle, während Struktur und Farbe der königlichen Haare einerseits *(gegenüber)* sowie Spuren der Umbettung seiner Mumie im Altertum andererseits unter dem Elektronenrastermikroskop ihre Geheimnisse preisgaben.

Unter dem Mikroskop konnte der Sand, der sich im und am Körper des Pharaos befand, bestimmt werden. Er entsprach im großen und ganzen einer Art, die in Ober- und Unterägypten vorkommt, hatte aber Anteile von Augit, grüner Hornblende, Granat, Zirkon und anderen Mineralien – Substanzen, die sich nach den Erkenntnissen der Geologen vor allem in der Umgebung von Luxor in Südägypten, so gut wie nie aber bei Sakkara im Norden finden, so daß der Sand nur aus Oberägypten stammen konnte. Die Mineralien wiesen in die Zeit der 21. Dynastie zurück, als die Hohenpriester des Amun versuchten, Ramses' Mumie vor einer Entweihung durch Grabräuber zu bewahren.

Wie auf den folgenden Seiten erläutert, setzten die französischen Forscher zwei innovative radiologische Techniken ein: die Xeroradiographie und die Chromodensitographie. Erstere, eine Kombination aus Röntgenstrahlen und Photokopiertechnik, ist für die Untersuchung von Mumien besonders geeignet, da mit dieser Methode sowohl weiches als auch hartes Körpergewebe auf Film abgebildet werden kann. Die Forscher erstellten etwa 40 Xeroradiogramme, darunter eins vom Kopf *(unten)*, das belegt, daß die Einbalsamierer die Nasenhöhle des Pharaos mit einem körnigen Material füllten, dessen Zusammensetzung jedoch nicht bekannt ist.

Mit der Chromodensitographie können die verschiedenen Graustufen einer typischen Röntgenaufnahme in ein Farbspektrum umgewandelt werden. Diese Technik, mit der Bilder von Ramses' Kopf, Hals und Brustkorb angefertigt wurden, enthüllte erstmals, daß sein Genick gebrochen war.

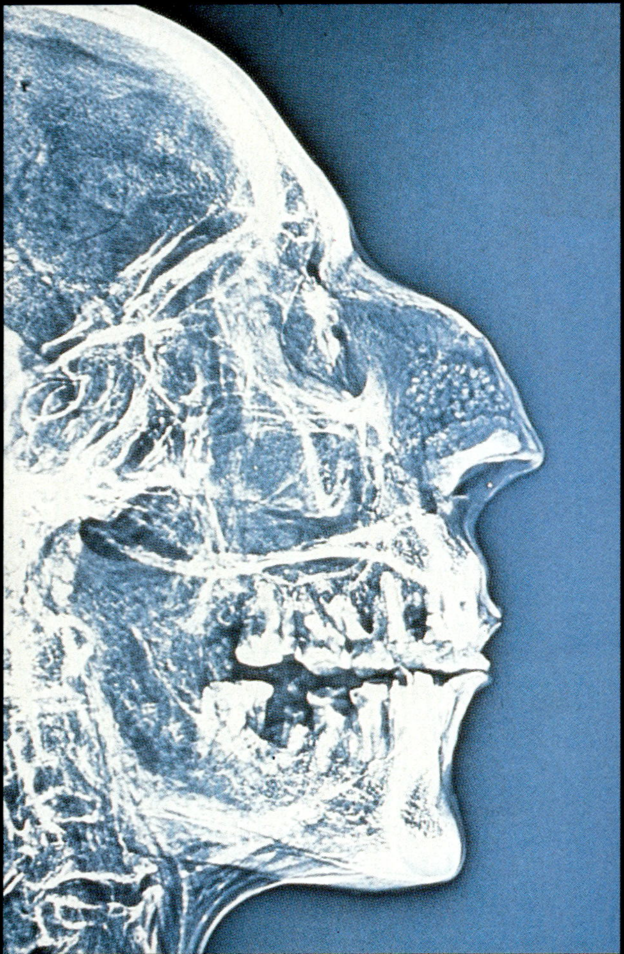

Streifige weiße Bereiche knapp unterhalb von Ramses' Schläfe zeugen in diesem Xeroradiogramm von einer Verhärtung der Kopfschlagader, was auf Arteriosklerose schließen läßt. Die Aufnahme zeigt auch, daß der erste Backenzahn unten rechts fehlt und der Kiefer mit Geschwüren behaftet war – eine schmerzhafte Angelegenheit, die durch Karies oder Wurzelhautentzündung verursacht worden sein könnte. Winzige, perlenartige Objekte füllen die Nasenhöhle aus, und die Nasenlöcher des Pharaos sind mit einer etwa 25 Millimeter langen Einlage verschlossen.

Über 3000 Jahre nach seinem Tod präsentiert sich Ramses noch im Schmuck seiner Haare. Fachleute, die die rotblonden Haarsträhnen unter dem Mikroskop untersuchten, fanden heraus, daß es mit Henna gefärbt und in Ramses' Jugend aller Wahrscheinlichkeit nach kastanienbraun gewesen war. Die schwarze Färbung an Ramses' Ohr und Gesicht geht vermutlich auf Veränderungen des Harzes zurück, mit dem die Einbalsamierer den Toten bei der Mumifizierung behandelten.

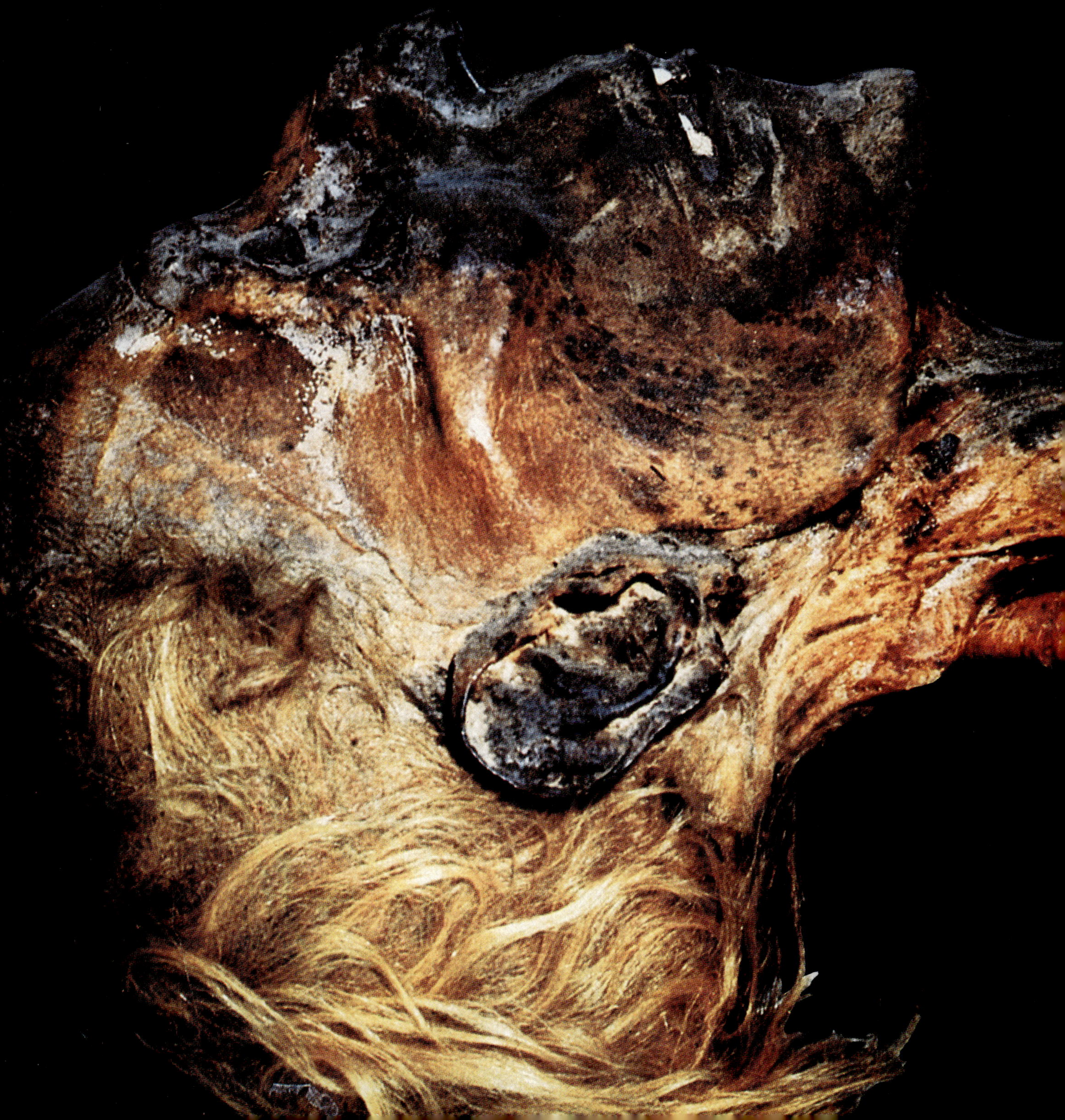

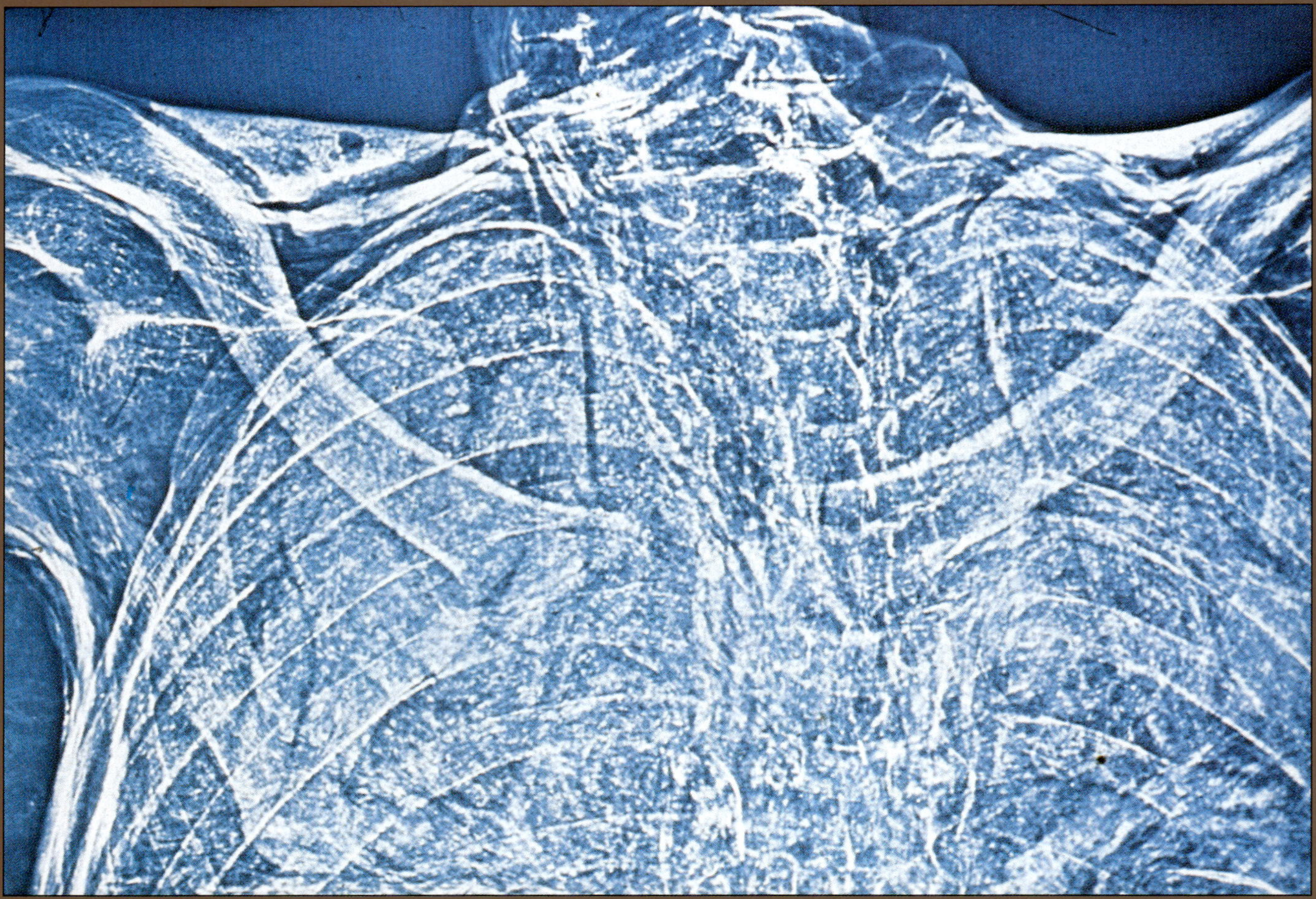

Ein Xeroradiogramm von Ramses' Brust zeigt eine deutliche Krümmung des Rückgrats, die vermutlich auf Hüft- und Wirbelsäulenarthritis zurückzuführen ist. Diese Krankheit greift die Gelenke des Rückgrats und des Beckens an und kann im Laufe der Zeit zum völligen Verlust der Beweglichkeit in diesen Bereichen führen. Ramses dürfte deshalb im Alter nicht nur gebeugt gegangen sein; vermutlich war er auch nicht mehr in der Lage, seinen Kopf zu heben, um seinem Nachfolger in die Augen zu sehen.

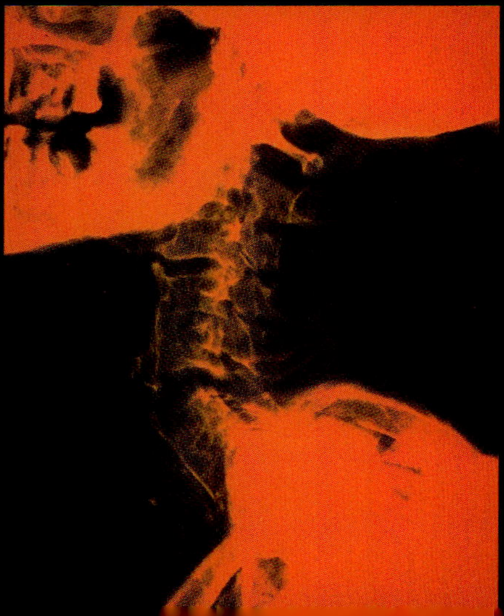

In der Mitte der links abgedruckten Chromodensitographie markiert ein schwarzer Spalt zwischen dem fünften und sechsten Rückenwirbel eine Fraktur in Ramses' Wirbelsäule. Die Experten gehen davon aus, daß das Genick des Pharaos während der Mumifizierung gebrochen wurde, sei es aus Versehen – indem die Einbalsamierer seinen Kopf unvorsichtig zurückfallen ließen – oder absichtlich, als sie versuchten, sein gekrümmtes Rückgrat geradezubiegen.

Auf dem Photo unten manövriert ein Wissenschaftler ein Endoskop durch die Öffnung in der Bauchhöhle des Pharaos, während Dr. Mustapha Manialawiy – ein ägyptischer Professor, der 1975 in Kairo mehrere Mumien untersuchte – in eine angeschlossene Kamera blickt. Ein ausgehärteter Harzblock im Körper bewirkte, daß die Ärzte nicht viel mehr als die Magengegend sahen, doch entdeckten sie dabei immerhin das links abgebildete Stoffstück: ein Gewebe aus blauem Garn und reinem Gold, das aus der Zeit der Mumifizierung stammt. Die Fachleute vermuten, daß die Einbalsamierer den Stoff einfügten, um die natürliche Form der Bauchhöhle zu erhalten.

VORBEREITUNGEN FÜR EINE LANGE ZUKUNFT

Auf die umfassende Untersuchung der Mumie folgte die Beseitigung der Schäden, die der Leichnam im Laufe des letzten Jahrhunderts erlitten hatte und die Konservierung. Fachleute reinigten und flickten die Bandagen, die noch an den Fingern und Zehen hafteten *(unten)*, schlossen Risse, die quer über den Körper verliefen, und restaurierten den ebenfalls aus Kairo eingeflogenen Sarg, in dem Gaston Maspero die Mumie fast 100 Jahre zuvor entdeckt hatte.

Der Sarg, um Jahre älter als Ramses, war ein prächtiges Beispiel der Handwerkskunst aus der Spätzeit der 18. Dynastie. Mit Ausnahme eines zwei Zentimeter dicken, bogenförmigen Streifens aus Tamariskenholz, der das Kopfstück krönte, und der zehn Zentimeter langen Zapfen aus Esche war der Sarg vollständig aus libanesischem Zedernholz hergestellt, das in den Gräbern der ersten Könige Ägyptens häufiger verwendet wurde. Altägyptische Tischler hatten das Holz in Planken von 7,5 Zentimetern Dicke und knapp zwei Metern Länge gesägt und diese auf meisterhafte Weise zu einem anthropoiden Sarg geformt. Schwalbenschwanzverbindungen sollten die Teile, wie die Handwerker glaubten, für alle Ewigkeit fest miteinander verbinden. Im Laufe der Jahrhunderte jedoch lockerte sich der bogenförmige Streifen am Kopfende. Die Verbindungen gaben nach, im Boden bildete sich ein ein Meter langer Riß, und ein kleines, dreieckiges Holzstück brach ab und ging verloren.

Nach der Sterilisierung des Sarges mit dem Gas Äthylenoxid verfugten die Restauratoren den Riß mit einer Mischung aus Vinylkleber und Zedernstaub; dann ersetzten sie das fehlende Fragment durch altes Zedernholz aus der französischen Region Limousin. Um sicherzustellen, daß das neue Stück zum Sarg paßte, sägte man das Holz so zu, daß seine Maserung mit der des alten Holzes übereinstimmte, und färbte es hell ein.

Als Ramses, in ein Leichentuch gehüllt, in den restaurierten Sarg *(rechts)* gelegt wurde, blieb ihm nur noch eine zwölfstündige Bestrahlung mit Kobalt-60-Gammastrahlen in einer kerntechnischen Einrichtung außerhalb von Paris, mit der die Pilze im und am Körper abgetötet wurden. Dann konnte er nach Hause zurückkehren.

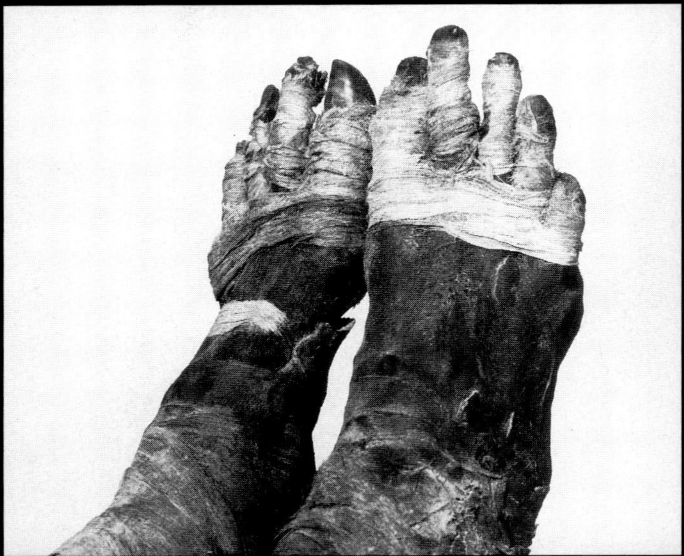

Dank der Kunst der Restauratoren halten 3000 Jahre alte Bandagen noch immer die linke Hand und die Füße der Mumie zusammen. Fachleute entfernten die mit Leinenfasern und Sand bedeckten Tücher, entstaubten sie und legten sie äußerst behutsam wieder an. Kurze, besonders brüchige Stücke nähten sie mit Leinengarn zusammen.

Ramses II. (rechts) ruht erneut in seinem Sarg im Ägyptischen Museum von Kairo. Das Leichentuch um seine Schultern ist ein von der Ägyptischen Abteilung des Louvre zur Verfügung gestellter Leinenstoff aus der Zeit der 19. Dynastie. Er wurde entstaubt und mehrere Male in destilliertem Wasser gewaschen, bevor man ihn um die Mumie des Pharaos legte.

UNVERGLEICHLICHE DOKUMENTE KÖNIGLICHER GRÖSSE

Schon zu Lebzeiten von Ramses II. war die ägyptische Kultur sehr alt. Keine Nation aus dem Altertum oder der Neuzeit blickt auf eine so lange und ruhmreiche Geschichte zurück. Das lebenspendende Wasser des Nils brachte eine der ersten „Wiegen der Zivilisation" auf unserem Planeten hervor. Im 5. Jahrtausend v. Chr. lernten die Bewohner des Niltals, sich auf die Jahr für Jahr wiederkehrenden Hochwasser des Stroms einzustellen und dem fruchtbaren Boden reiche Ernten abzugewinnen. Gegen Ende des 4. Jahrtausends säumten bereits Dörfer seßhafter Bauern den schmalen grünen Korridor zwischen dem Nildelta und Assuan.

Mit dem Wachstum der Bevölkerung gegen Ende des 4. Jahrtausends entwickelten sich die Dörfer zu Städten; es bildeten sich unterschiedliche gesellschaftliche Schichten heraus, und die politische Macht konzentrierte sich schließlich auf die beiden selbständigen Königreiche Ober- und Unterägypten. Um das Jahr 3100 v. Chr. vereinigte der legendäre König Menes das Land. Er wurde damit zum ersten Pharao Ägyptens und begründete eine nahezu drei Jahrtausende währende dynastische Herrschaft.

Um 2500 v. Chr. hatten die Pharaonen des sogenannten Alten Reichs den Status lebender Götter erlangt. Zwar konnten sie im Reich der Sterblichen dem Tod nicht entkommen, doch setzte man ihre mumifizierten Überreste in Gräbern bei, die für die Ewigkeit gebaut waren – in den Pyramiden. Gegen Ende des zweiten Jahrtausends wurde die Alleinherrschaft des Pharaos durch Provinzfürsten bedroht, und Ägypten spaltete sich in einander bekriegende Gruppen auf.

Im Jahre 2040 v. Chr. beendete Nebtauire-Mentuhotep von Theben den Bürgerkrieg. Er setzte die Vorherrschaft des Pharaos wieder durch, indem er die Tagespolitik einer Beamtenschaft übertrug, die ganz allein ihm verpflichtet war. Seine Herrschaft leitete das Mittlere Reich ein – eine Periode der kulturellen und politischen Erneuerung. Zwar beanspruchten die Pharaonen nach wie vor den Reichtum und die Arbeitskraft der Nation für den Bau ihrer Gräber, doch gaben sie auch großangelegte Bauprojekte wie Be- und Entwässerungsanlagen in Auftrag, die dem ganzen Volk zugute kamen.

Im 17. Jahrhundert v. Chr. verfiel auch das Mittlere Reich, bis das Land zu schwach war, die Hyksos – auf Streitwagen aus Palästina kommende Eindringlinge – abzuwehren und zu verhindern, daß sie im Nildelta die Vorherrschaft erringen. Erstmals seit Beginn der dynastischen Zeit stand ein Teil des Landes unter fremder Herrschaft.

In ihrem Stolz schwer getroffen, rebellierten die Ägypter von Anfang an gegen diese Demütigung. Ihr Nationalstolz führte schließlich zu einer von Theben ausgehenden offenen Revolte gegen die Herrschaft der Hyksos. Mit der Vertreibung der Fremdherrscher begann Ägyptens letztes goldenes Zeitalter – die drei Dynastien des Neuen Reiches.

18. DYNASTIE
1550 – 1307 v. Chr.

MEMNONKOLOSSE

Als Amosis I., der Gründer der 18. Dynastie, die Hauptstadt der Hyksos, Auaris, einnahm und das Land wiedervereinigte, gab er Ägypten seine Selbstachtung zurück. Amosis und seine unmittelbaren Nachfolger erneuerten den Machtanspruch der Ägypter und drangen mit ihren Armeen nach Palästina und nilaufwärts bis tief in nubisches Gebiet vor. Im Innern war diese Zeit gekennzeichnet durch eine Periode kultureller Erneuerung und eine starke Zunahme der Tempelbautätigkeit, insbesondere in Karnak. Pharao Thutmosis I. ließ sich als erster im Tal der Könige gegenüber von Theben ein Grab bauen und begründete damit eine dauerhafte Tradition.

Thutmosis III. erweiterte die Grenzen des ägyptischen Reichs, das unter ihm vom Euphrat bis zum vierten Katarakt des Nils reichte. In das zunehmend kosmopolitische Ägypten flossen nicht nur Tributzahlungen unterjochter Fürsten, sondern auch eine Vielzahl von Ideen und Stilrichtungen aus den verschiedensten Kulturen.

Ihren Höhepunkt erreichte die 18. Dynastie unter dem vor allem wegen seiner Bautätigkeit berühmt gewordenen Pharao Amenophis III. Der Tempel von Luxor und die den König darstellenden gewaltigen Sitzbildnisse *(oben)* sind nur zwei seiner Bauwerke. Sein Sohn und Erbe wurde zum umstrittensten Pharao in der Geschichte Ägyptens: Amenophis IV. unterstützte nicht nur einen neuen, realistischeren Stil in Malerei und Bildhauerei, sondern griff auch tief in das religiöse Leben seines Volkes ein, indem er die gesamte Götterwelt Ägyptens kurzerhand abschaffte und sie durch eine einzige, allmächtige Gottheit ersetzte: die Sonnenscheibe Aton. Der Pharao nahm den Namen Echnaton an und ließ, um sich von der konservativen Priesterschaft Thebens abzusetzen, eine neue Hauptstadt bauen, die er Achet-Aton nannte. Gleichzeitig fielen zahlreiche Vasallen Ägyptens vom Pharao ab und gerieten unter den Einfluß einer neuen regionalen Großmacht, der in Kleinasien ansässigen Hethiter.

Streitigkeiten um die Erbfolge nach Echnatons Tod verschärften die Lage. Die Herrschaft ging zunächst an den jugendlichen König Tutenchamun über, der keinen Erben hinterließ, und fiel schließlich an eine Reihe militärischer Führer, die nicht königlichen Geblüts waren und alles taten, um Echnatons religiöses Vermächtnis auszulöschen. Einer dieser Generäle, der ebenfalls erbenlose Haremhab, wurde zum letzten Pharao der 18. Dynastie.

19. DYNASTIE
1307 – 1196 v. Chr.

TEMPEL VON ABU SIMBEL

20. DYNASTIE
1196 – 1070 v. Chr.

MEDINET HABU

Auf Haremhab folgte ein weiterer Heerführer, Ramses I., der die 19. Dynastie begründete. Innenpolitisch damit beschäftigt, die Folgen der Herrschaft Echnatons – in den Augen der meisten Ägypter eine nationale Katastrophe – zu beseitigen, wollte Ramses nach außen Ägyptens Ansehen als Großmacht wiederherstellen, wie es in den Tagen von Thutmosis III. und Amenophis III. bestanden hatte.

Vielleicht ebenso wichtig für die Zukunft des Landes war es, daß Ramses I. einen Erben zeugte und damit eine neue Dynastie ins Leben rief. Die Herrschaft des Pharaos war kurz, doch erwies sich sein Sohn Sethos I. als starker Herrscher, der das militärische Geschick und den politischen Pragmatismus seines Vaters geerbt hatte. Er schlug einen Aufstand in Nubien nieder, vertrieb libysche Eindringlinge aus dem Nildelta und stellte dem expandierenden Reich der Hethiter eine erneuerte ägyptische Präsenz in der Levante entgegen. Mit zahlreichen Tempelneubauten sicherte sich der Pharao die Loyalität der Priesterschaft. Seinem Sohn Ramses II. hinterließ er ein innen- wie außenpolitisch prosperierendes Land.

Ägyptens berühmtester Pharao verwaltete das Erbe seines Vaters und seines Großvaters mit großem politischem Geschick. In der Heimat seiner Ahnen im Nildelta ließ er eine neue Hauptstadt errichten, von der aus er einen Feldzug gegen die Hethiter begann, der in der Schlacht bei Kadesch gipfelte. Später handelte er einen Friedensvertrag aus, der für beide Parteien von Nutzen war. In Ägypten selbst war Ramses II. unumschränkter Herrscher. Mit seinem unvergleichliches Bauprogramm huldigte er nicht nur den Göttern, sondern er setzte sich auch selbst Denkmäler kolossaler Größe *(oben)*.

Als Ramses im Alter von etwa 90 Jahren starb, hatte er zwölf seiner Söhne überlebt. Der 13., Merenptah, wurde erst in fortgeschrittenem Alter Pharao und sah sich sogleich einer ganzen Reihe außenpolitischer Herausforderungen gegenüber. Er schlug Aufstände in der Levante nieder und errang einen entscheidenden Sieg gegen erneut eingedrungene libysche Invasoren. Auf seine zehnjährige Herrschaft folgte eine weitere Zwischenzeit, die historisch nur mangelhaft belegt ist, aber offenbar eine Periode von Intrigen und Kämpfen um den Thron war. Mehrere Pharaonen – unter ihnen mit Tawosre auch eine Frau – regierten nur kurze Zeit, und das Ende der 19. Dynastie brachte bürgerkriegsähnliche Zustände mit sich.

Der Beginn der 20. Dynastie liegt ebenso im dunkeln wie das Ende der 19. Der erste Pharao der neuen Linie, Sethnacht, über den nur wenig bekannt ist, scheint in den zwei Jahren seiner Herrschaft lediglich den Thron verwaltet zu haben. Erst sein Sohn Ramses III. gab Ägypten den Glanz des Neuen Reichs zurück, zumindest teilweise. Schon zu Beginn seiner Herrschaft schlug er neue Angriffe der Libyer und die sogenannten Seevölker zurück. Nach der Sicherung der Grenzen kehrte in Ägypten wieder ein bescheidener Wohlstand ein, so daß auch Ramses III. sich dem Bau von Monumenten – als eindrucksvollstem seinem Totentempel *(oben)*– widmen konnte.

In vieler Hinsicht stellte die Regierungszeit von Ramses III. den letzten Höhepunkt des Neuen Reichs und das letzte Aufbäumen Ägyptens als Großmacht dar. Weder die Wirtschaft florierte, noch waren die Menschen so zufrieden, wie Ramses dies auf Stelen und an den Wänden von Medinet Habu glauben machen wollte. Streiks der beim Bau der Königsgräber beschäftigten Arbeiter und Handwerker deuten darauf hin, daß es unter der ruhigen Oberfläche brodelte. Zudem sind auf Papyrus Berichte von einem Mordkomplott gegen Ramses überliefert, der in dessen eigenem Harem angezettelt worden sein soll. Über den Ausgang dieses versuchten Staatsstreichs ist nichts bekannt; sicher ist nur, daß Ramses kurz danach starb und die Herrschaft an seinen Sohn Ramses IV. überging.

Sieben weitere Pharaonen, die sich alle Ramses nannten, setzten die 20. Dynastie bis zu deren Ende fort. Keiner von ihnen konnte den steten Niedergang des Landes aufhalten. Ägypten war längst kein Großreich mehr. Erneut standen Invasoren vor der Tür, und diesmal ließen sie sich nicht aufhalten. Selbst der Nil schien sich vom Land abgewandt zu haben. Unzureichende Überschwemmungen führten zu Mißernten, die, gepaart mit der Korruption innerhalb der Beamtenschaft, zunächst eine Lebensmittelknappheit und schließlich sogar Hungersnöte nach sich zogen. Grabräuberei war an der Tagesordnung, und die innere Sicherheit brach völlig zusammen.

Obwohl noch zehn weitere Dynastien folgten, waren die nächsten sieben Jahrhunderte großenteils von Chaos, bürgerkriegsähnlichen Zuständen und Perioden der Fremdherrschaft geprägt. Mit der Eroberung Ägyptens durch Alexander den Großen im Jahre 332 v. Chr. endete schließlich die Reihe der ägyptischen Pharaonen.

DANKSAGUNG

Für ihre Hilfe bei der Vorbereitung dieses Bandes danken die Herausgeber folgenden Personen und Institutionen:

Mahasti Afshar, The Getty Conservation Institute, Marina del Rey, Kalifornien; Carol Andrews, Department of Egyptian Antiquities, British Museum, London; Ibrahim Bakr, Ägyptische Altertümerverwaltung, Kairo; Peter F. Dorman, The Oriental Institute, University of Chicago, Chicago; Trude Dothan, Archäologisches Institut der Hebräischen Universität, Jerusalem; Richard Fazzini, Brooklyn Museum, Brooklyn; Dennis C. Forbes, San Francisco; Monique Gehrke, Alexandria, Virginia; April Goebel, National Geographic Society, Washington, D.C.; Ali Hassan, Ägyptische Altertümerverwaltung, Kairo; Nasri Iskandar, Ägyptisches Museum Kairo, Kairo; Barry Iverson, Kairo; John Larson, The Oriental Institute, University of Chicago, Chicago; Shin Maekawa, The Getty Conservation Institute, Marina del Rey, Kalifornien; G. T. Martin, Department of Egyptology, University College, London; Myron Marx, Department of Radiology, California Pacific Medical Center, San Francisco; O. Louis Mazzatenta, National Geographic Society, Washington, D.C.; Gerhard Prause, Hamburg; Edgar B. Pusch, Roemer- und Pelizaeus-Museum, Hildesheim; Régis Ramière, Centre d'Etudes Nucléaires, Grenoble; Ann M. Roth, Philadelphia; Colette Roubert, Professeur, Musée National d'Histoire Naturelle, Chaire de Préhistoire, Paris; Anna Maria Donadoni Roveri, Museo Egizio, Turin; Mohammad Saleh, Ägyptisches Museum Kairo, Kairo; Lisa Snider, The Oriental Institute, University of Chicago, Chicago; Pat Spencer, The Egyptian Exploration Society, London; Emily Teeter, The Oriental Institute, University of Chicago, Chicago; Christian Thorin, Washington, D.C.; Elisabetta Valtz, Museo Egizio, Turin; Sylvia Wiens, The Egyptian Exploration Society, London; Joachim Willeitner, Verlag Philipp von Zabern, Mainz; Jean Yoyotte, Collège de France, Paris.

QUELLENNACHWEIS

Die Nachweise sind bei Abbildungen von links nach rechts durch Semikolon, von oben nach unten durch Gedankenstrich getrennt.

Einband: ©Erich Lessing, Culture and Fine Arts Archives, Wien/Ägyptisches Museum, Turin. Hintergrund Scholz/Schapowalow. Vorsatzblätter: Illustration Malcolm Chandler. 6: Hubert Josse/Louvre, Paris. 8, 9: ©Erich Lessing, Culture and Fine Arts Archives, Wien – O. Louis Mazzatenta, ©National Geographic Society. 11: Kenneth S. Graetz, City of Montreal/WONDERS: The Memphis International Cultural Series, Memphis, Tennessee. 12: Werner Forman Archive, London. 16: Brian Brake/Photo Researchers. 18: ©Zev Radovan, Jerusalem; Photo Zev Radovan, Jerusalem, aus *People of the Sea,* von Trude Dothan und Moshe Dothan, Macmillan Publishing, New York, 1992. 19: Photo J. E. Livet, Paris. 21: Catherine Nikoltsos, Wiedergabe mit frdl. Gen. *Archaeology* Magazine, Bd. 44, Nr. 6 (Copyright des Archaeological Institute of America, 1991). 23: Lauros Giraudon/Louvre, Paris. 24, 25: Christiane Desroches-Noblecourt, Paris; mit frdl. Gen. The Oriental Institute of The University of Chicago. 26: Illustration John Drummond, Time-Life Books. 28, 29: ©Fred J. Maroon, Washington, D.C. 30, 31: ©Barry Iverson. 32, 33: Pelizaeus-Museum, Hildesheim, Grabungsarbeiten in Qantir/Pi-Ramesse; Illustration John Drummond, Time-Life Books; O. Louis Mazzatenta, ©National Geographic Society. 35: ©Fred J. Maroon, Washington, D.C. 36: G. Sioen/Archivio I.G.D.A., Mailand; Illustration John Drummond, Time-Life Books, nach einer Zeichnung von Amice M. Calverley, *The Temple of King Sethos I at Abydos,* mit frdl. Gen. The Egypt Exploration Society, London, und The University of Chicago Press, 1933. 37: Photo J. E. Livet, Paris. 38: Dale M. Brown, Alexandria, Va. 39: Walter Rawlings/Robert Harding Picture Library, London. 40: Walter Rawlings/Robert Harding Picture Library, London; Photo J. E. Livet, Paris. 41-43: Photos J. E. Livet, Paris. 44: Günter R. Reitz, Ronnenberg, Deutschland. 46: Roger Viollet, Paris. 48: Lithographie David Roberts, 1842, Photo Peter Clayton, Hemel Hempstead, Herts., England. 49: Jon Abbott/WONDERS: The Memphis International Cultural Series, Memphis, Tennessee. 51: O. Louis Mazzatenta, ©National Geographic Society. 52, 53: Aus *KARNAK Ägypten: Anatomie eines Tempels,* von Jean-Claude Golvin und Jean-Claude Goyon, Ernst Wasmuth Verlag Tübingen, 1990, mit frdl. Gen. CNRS Editions – ©Fred J. Maroon, Washington, D.C. 55: Jimmy Lynch, Arlington, Virginia. 56, 57: R. Engelbach, mit frdl. Gen. Jean-Claude Golvin, Paris – Zeichnungen ©Jean-Claude Golvin, Paris (4). 58: Zeichnungen P. E. Newberry, „El-Bersheh", mit frdl. Gen. The Egypt Exploration Society, London. 60, 61: Kenneth S. Graetz, City of Montreal/WONDERS: The Memphis International Cultural Series, Memphis, Tennessee. 62, 63: Jean-Claude Golvin, Paris. 64, 65: Mit frdl. Gen. The Oriental Institute of The University of Chicago. 67: O. Louis Mazzatenta, ©National Geographic Society. 68: Giraudon/Louvre, Paris. 69: Jean-Claude Golvin, Paris. 70: Günter R. Reitz, Ronnenberg, Deutschland. 73: ©Robert Frerck/Woodfin Camp. 74, 75: ©Geoffrey Clifford/Woodfin Camp. 76, 77: ©Fred J. Maroon, Washington, D.C. 78, 79: ©Erich Lessing, Culture and Fine Arts Archives, Wien. 80, 81: ©Fred J. Maroon, Washington, D.C. 82, 83: Hervé Champollion, Paris; O. Louis Mazzatenta, ©National Geographic Society. 84: Jürgen Liepe, Berlin/Ägyptisches Museum Kairo. 89: O. Louis Mazzatenta, ©National Geographic Society. 90: Bernard/R.M.N./Louvre, Paris. 91: ©Fred J. Maroon, Washington, D.C. 92, 93: Mit frdl. Gen. The Egypt Exploration Society, London. 94: Joachim Willeitner, Mainz; Manoocher Deghati. 95: ©Edwin Brock. 96, 97: Copyright British Museum, London. 98, 99: Gianni Dagli Orti, Paris/Ägyptisches Museum, Turin. 100: Victor Boswell, Jr., ©National Geographic Society. 101: Jim Jardine/Liepe, Berlin/ Ägyptisches Museum Kairo. 102, 103: Kenneth S. Graetz, City of Montreal/WONDERS: The Memphis International Cultural Series, Memphis, Tennessee. 104: Copyright British Museum, London. 106, 107: Hervé Champollion, Paris. 109-117: Hintergrund und Photos Guillermo Aldana/©The Getty Conservation Institute, außer Seite 110: Photo Egyptian Expedition, The Metropolitan Museum of Art. 118: Maximilien Bruggmann, Yverdon, Schweiz. 120, 121: Photo John Ross, Illustration mit frdl. Gen. The Brooklyn Museum. 122: Copyright British Museum, London. 124: Mit frdl. Gen. The Oriental Institute of The University of Chicago. 125: Jürgen Liepe, Berlin/Ägyptisches Museum Kairo. 127: ©Erich Lessing, Culture and Fine Arts Archives, Wien – mit frdl. Gen. The Oriental Institute of The University of Chicago. 129: Victor Boswell, Jr., ©National Geographic Society. 131: Aus *VOYAGE dans La Haute Égypt,* von Auguste Mariette-Bey, 1893 – mit frdl. Gen. The Oriental Institute of The University of Chicago. 132: Werner Forman Archive, London/Ägyptisches Museum, Turin, Italien. 133: Copyright British Museum, London. 136, 137: O. Louis Mazzatenta, ©National Geographic Society. 138: ©Edwin Brock. 139: John Ross/Robert Harding Picture Library, London. 140: Jürgen Liepe, Berlin/Ägyptisches Museum Kairo. 141: G. Schweinfurth, *Die Gartenlaube,* Nr. 32, 1884, mit frdl. Gen. Amerika-Gedenkbibliothek, Berlin; M.N.H.N./Laboratoire de Phanerogamie, Paris. 143-145: Mit frdl. Gen. Ägyptisches Museum Kairo. 147: ©The Getty Conservation Institute. 149: Keystone, Paris. 150: Comiti/Gamma, Paris. 151: M.N.H.N./Musée de L'Homme, Paris (2); M.N.H.N./Mouchacca, Paris. 152: M.N.H.N./Massare, Paris. 153: M.N.H.N./C.E.A., Paris. 154: M.N.H.N./Massare, Paris – Sygma. 155: M.N.H.N./Manialawiy, Paris – M.N.H.N./Musée de L'Homme, Paris. 156: M.N.H.N./Musée de L'Homme, Paris. 157: O. Louis Mazzatenta, ©National Geographic Society. 158, 159: Illustrationen Paul Breeden.

BIBLIOGRAPHIE

BÜCHER

Andrews, Carol: *Ancient Egyptian Jewellery.* London: British Museum Publications, 1990

Arnold, Dieter: *Building in Egypt: Pharaonic Stone Masonry.* New York: Oxford University Press, 1991

Baedeker Allianz Reiseführer Ägypten. Ostfildern: Mairs Geographischer Verlag

Baines, John, und Málek, Jaromír: *Weltatlas der alten Kulturen: Ägypten.* München: Christian Verlag, 1980

Balout, Doyen Lionel: *La Momie de Ramsès II.* Paris: Éditions Recherche sur les Civilisations, 1985

Belzoni, Giovanni Batista: *Entdekkungsreisen in Ägypten 1815-1819. In den Pyramiden, Tempeln und Gräbern am Nil.* Köln: DuMont, 1990

Bierbrier, Morris: *The Tomb-Builders of the Pharaohs.* London: British Museum Publications, 1982

Breasted, James Henry: *Ancient Records of Egypt* (Bd. 3). Chicago: University of Chicago Press, 1906

Bucaille, Maurice: *Mummies of the Pharaohs: Modern Medical Investigations.* New York: St. Martin's Press, 1990

Bunson, Margaret: *The Encyclopedia of Ancient Egypt.* New York: Facts On File Publications, 1991

Cambridge Ancient History (Bd. 2), 1973

Corzo, Miguel Angel, und Afshar, Mahasti (Hrsg.): *Art and Eternity: The Nefertari Wall Paintings Conservation Project, 1986-1992.* Los Angeles: The Getty Conservation Institute und die Ägyptische Altertümerverwaltung, im Druck

Cott, Jonathan: *The Search for Omm Sety: A Story of Eternal Love.* New York: Doubleday, 1987

David, A. Rosalie:
The Ancient Egyptians: Religious Beliefs and Practices. London: Routledge & Kegan Paul, 1982
The Egyptian Kingdoms. New York: Peter Bedrick Books, 1988

A Guide to Religious Ritual at Abydos. Warminster, England: Aris & Phillips, 1981
Delacampagne, Christian: *Immortelle Égypte.* Paris: Éditions Nathan, 1990
Dothan, Moshe, und Dothan, Trude: *People of the Sea: The Search for the Philistines.* New York: Macmillan, 1992
El Mahdy, Christine: *Mummies, Myth and Magic in Ancient Egypt.* New York: Thames and Hudson, 1989
Freed, Rita E.: *Ramesses the Great.* Memphis, Tennessee: City of Memphis, Tennessee, und die Ägyptische Altertümerverwaltung, in Zusammenarbeit mit dem Memphis Brooks Museum of Art und dem Institute of Egyptian Art and Archaeology, Memphis State University, 1987
Golvin, Jean-Claude, und Goyon, Jean-Claude: *Karnak, Ägypten: Anatomie eines Tempels.* Tübingen: Ernst Wasmuth, 1990
Greener, Leslie: *The Discovery of Egypt.* New York: Dorset Press, 1960
Harris, James E., und Wente, Edward F. (Hrsg.): *An X-Ray Atlas of the Royal Mummies.* Chicago: University of Chicago Press, 1980
Hayes, William C.: *Glazed Tiles from a Palace of Ramesses II at Kantir.* New York: Metropolitan Museum of Art, 1937
Hicks, Jim, und die Redaktion der Time-Life Bücher: *Die ersten Reiche.* (Aus der Reihe: Die Frühzeit des Menschen.) Amsterdam: Time-Life Bücher, 1974
Hölscher, Uvo:
Medinet Habu Studies, 1924-28: The Architectural Survey of the Great Temple and Palace of Medinet Habu. Oriental Institute Communication Nr. 5. Chicago: University of Chicago Press, 1929
Medinet Habu Studies, 1928/29: The Architectural Survey. Oriental Institute Communication Nr. 7. Chicago: University of Chicago Press, 1930
The Mortuary Temple of Ramses III (Bd. 3, Teil 1, aus *The Excavation of Medinet Habu).* Chicago: University of Chicago Press, 1941
The Mortuary Temple of Ramses III (Bd. 4, Teil 2, aus *The Excavation of Medinet Habu).* Chicago: University of Chicago Press, 1951
Hornung, Erik: *Tal der Könige.* Zürich: Artemis, 1988
An Introduction to Ancient Egypt. London: British Museum Publications, 1979
James, T. G. H.:
Egyptian Painting and Drawing in the British Museum. London: British Museum Publications, 1985
Pharaos Volk. Leben im Alten Ägypten. Zürich: Artemis, 1988
James, T. G. H., und Davies, W. V.: *Egyptian Sculpture.* London: British Museum Publications, 1991
Kemp, Barry J.: *Ancient Egypt: Anatomy of a Civilization.* New York: Routledge, Chapman & Hall, 1989
Kitchen, K. A.:
Pharaoh Triumphant: The Life and Times of Ramesses II, King of Egypt. Warminster, England: Aris & Phillips, 1982
The Third Intermediate Period in Egypt. Warminster, England: Aris & Phillips, 1973
Lesko, Barbara S.: *The Remarkable Women of Ancient Egypt.* Berkeley, Kalifornien: B.C. Scribe, 1978
Lloyd, Seton, und Müller, Hans Wolfgang: *Ancient Architecture.* New York: Rizzoli, 1986
Lurker, Manfred: *Lexikon der Götter und Symbole der alten Ägypter.* München: Scherz, 1987
MacQuitty, William:
Abu Simbel. New York: G. P. Putnam, 1965
Ramesses the Great: Master of the World. New York: Crown, 1978
Manniche, Lise: *Liebe und Sexualität im alten Ägypten.* Zürich: Artemis, 1988
Martin, Geoffrey T.: *The Hidden Tombs of Memphis.* London: Thames and Hudson, 1991
Maspero, Gaston:
Guide to the Cairo Museum. Kairo: Französisches Institut für Östliche Archäologie, 1905
Le Musée Égyptien Recueil de Monuments et de Notices sur les Fouilles d'Égypte. Kairo: D'Archéologie Oriental, 1907
Michalowski, Kazimierz: *Art of Ancient Egypt.* New York: Harry N. Abrams, 1969
Milton, Joyce: *Sunrise of Power.* New York: HBJ Press, 1980
Montet, Pierre:
Ägypten. Leben und Kultur in der Ramses-Zeit. Ditzingen: Reclam, 1982
Lives of the Pharaohs. Cleveland: World Publishing, 1968
National Geographic Society: *Ancient Egypt: Discovering Its Splendors.* Washington, D.C.: National Geographic Society, 1978
Newby, P. H.: *Warrior Pharaohs: The Rise and Fall of the Egyptian Empire.* London: Faber and Faber, 1980
Prause, Gerhard: *Spuren der Geschichte. Mit Archäologen auf großen Grabungen.* München: Droemer Knaur, 1991
Quirke, Stephen, und Spencer, Jeffrey (Hrsg.): *The British Museum Book of Ancient Egypt.* New York: Thames and Hudson, 1992
Rainey, Anson F. (Hrsg.):
Egypt, Israel, Sinai: Archaeological and Historical Relationships in the Biblical Period. Tel Aviv: Tel Aviv University, 1987
Ramses le Grand. Paris: Galeries Nationales du Grand Palais, 1976
Reeves, C. N. (Hrsg.): *After Tut'ankhamun: Research and Excavation in the Royal Necropolis at Thebes.* London: Kegan Paul, 1992
Reeves, Nicholas: *The Complete Tutankhamun: The King, the Tomb, the Royal Treasure.* London: Thames and Hudson, 1990
Romer, John:
Ancient Lives: Daily Life in Egypt of the Pharaohs. New York: Holt, Rinehart and Winston, 1984
Valley of the Kings. New York: William Morrow, 1981
Saleh, Mohamed, und Sourouzian, Hourig: *The Egyptian Museum Cairo.* Mainz, Germany: Ägyptische Altertümerverwaltung, Arabische Republik Ägypten, Zaberndruck, 1987
Sandars, N. K.: *The Sea Peoples: Warriors of the Ancient Mediterranean, 1250-1150 BC.* London: Thames and Hudson, 1985
Smith, G. Elliot: *Catalogue Général des Antiquités Égyptiennes du Musée du Caire, Band 59: The Royal*

Mummies. Kairo: Service des Antiquités de l'Égypte, 1912
Stead, Miriam: *Egyptian Life.* London: British Museum Publications, 1986
Strouhal, Eugen: *Life in Ancient Egypt.* Cambridge: Cambridge University Press, 1992
Time-Life Bücher, Redaktion der: *Ägypten: Das Land der Pharaonen.* (Aus der Reihe: Untergegangene Kulturen.) Amsterdam: Time-Life Bücher, 1992
Trigger, B. G., Kemp, B. J., O'Connor, D., und Lloyd, A. B.: *Ancient Egypt: A Social History.* Cambridge: Cambridge University Press, 1983
Uphill, E. P.: *The Temples of Per Ramesses.* Warminster, England: Aris and Phillips, 1984
Watterson, Barbara: *Women in Ancient Egypt.* New York: St. Martin's Press, 1991
Wente, Edward F.: *Letters from Ancient Egypt.* Atlanta: Scholars Press, 1990
West, John Anthony: *The Traveler's Key to Ancient Egypt.* New York: Alfred A. Knopf, 1985
Who Was Who 1929-1940 (Bd. 3). London: Adam & Charles Black, 1967
Wilkinson, Alix: *Ancient Egyptian Jewellery.* London: Methuen, 1971

ZEITSCHRIFTEN

Archaeology. Bd. 44, Nr. 6, 1991
Balout, Doyen Lionel: „Ramses II au Musée de l'Homme." *Archeologia,* Februar 1978
Bell, Lanny: „The Oriental Institute's Epigraphic Survey." *KMT,* Herbst 1990
Brock, Edwin: „Piecing It All Together." *KMT,* Frühjahr 1991
Casson, Lionel: „Ancient Naval Warfare." *MHQ: The Quarterly Journal of Military History.* Herbst 1991
Dothan, Trude: „Last Outpost of the Egyptian Empire." *National Geographic,* Dezember 1982
Gerster, Georg: „Abu Simbel's Ancient Temples Reborn." *National Geographic,* Mai 1969
Gore, Rick: „Ramses the Great." *National Geographic,* April 1991
Harell, James A., und Brown, V. Max: „The Oldest Surviving Topographical Map from Ancient Egypt (Turin Papyri 1879, 1899, and 1969)." *Journal of the American Research Center in Egypt,* Bd. 29, 1992
Journal of Egyptian Archaeology, Bd. 39, 1953
Klink, Renate: „Die Bernwardstüren hätten die alten Ägypter an einem Tag gegossen: Ägyptologe Dr. Edgar Pusch zieht Resümee nach zwölf Jahren Grabungsarbeit im östlichen Nildelta – ‚Fundstücke sind sensationell.'" *Hildesheimer Allgemeine Zeitung,* 31. Dezember, 1992
Leclant, Jean, und Berger, Catherine: „Champollion Mémoires d'Egypte." *Archeologia,* Februar 1991
„My Buffalo or Ancient Rocks?" *Egyptian Gazette,* 11. Mai, 1993
Pusch, Edgar B.:
„Bericht über die Sechste Hauptkampagne in Qantir-Piramesse/Nord, Herbst 1988." *Göttinger Miszellen* (Institut für Ägyptologie, Göttingen), 1989, Bd. 112, S. 67–90
„Metallverarbeitende Werkstätten der Frühen Ramessidenzeit in Qantir-Piramesse/Nord. Ein Zwischenbericht." *Ägypten und Levante* (Wiener Akademie der Wissenschaften, Wien), 1990, Bd. 1, S. 75–113 (Ergänzung)
Rutherford, John B.: „Why Save the Tomb of Rameses II?" *KMT,* Herbst 1990

ANDERE PUBLIKATIONEN

Dorman, Peter F.: „The Epigraphic Survey." *Annual Report, 1990-1991,* The Oriental Institute
Gaballa Ali Gaballa: „Nefertari: For Whom the Sun Shines." Erster Bericht über die Wandmalereien im Grab der Nefertari. Die Ägyptische Altertümerverwaltung und das Getty Conservation Institute, Juli 1987
„In the Tomb of Nefertari: Conservation of the Wall Paintings." Katalog. Santa Monica: J. Paul Getty Museum, 1992
„Preliminary Report on the Excavations in Akhmim by the Egyptian Antiquities Organization." Bericht. Kairo: Service des Antiquités, IFAO, 1983
Pusch, Edgar B.:
„Pi-Ramesse-Geliebt von Amun, Hauptquartier Deiner Streitwagentruppen." Pelizaeus-Museum Hildesheim, Die Ägyptische Sammlung. Katalog. Mainz: Philipp von Zabern Verlag, 1993
„Recent Work at Northern Piramesse, 1986." *Fragments of a Shattered Visage.* Protokoll des Internationalen Symposium über Ramses den Großen, 1991. Memphis, Tennessee: Institute of Egyptian Art and Archaeology, 1993
„Valley of the Kings Preservation Project." Entwurf. Luxor, Ägypten: Rutherford & Chekene, Consulting Engineers, San Francisco, 1991

REGISTER

Kursiv gedruckte Seitenzahlen verweisen auf eine Abbildung zu dem betreffenden Stichwort.

M

N

O

P

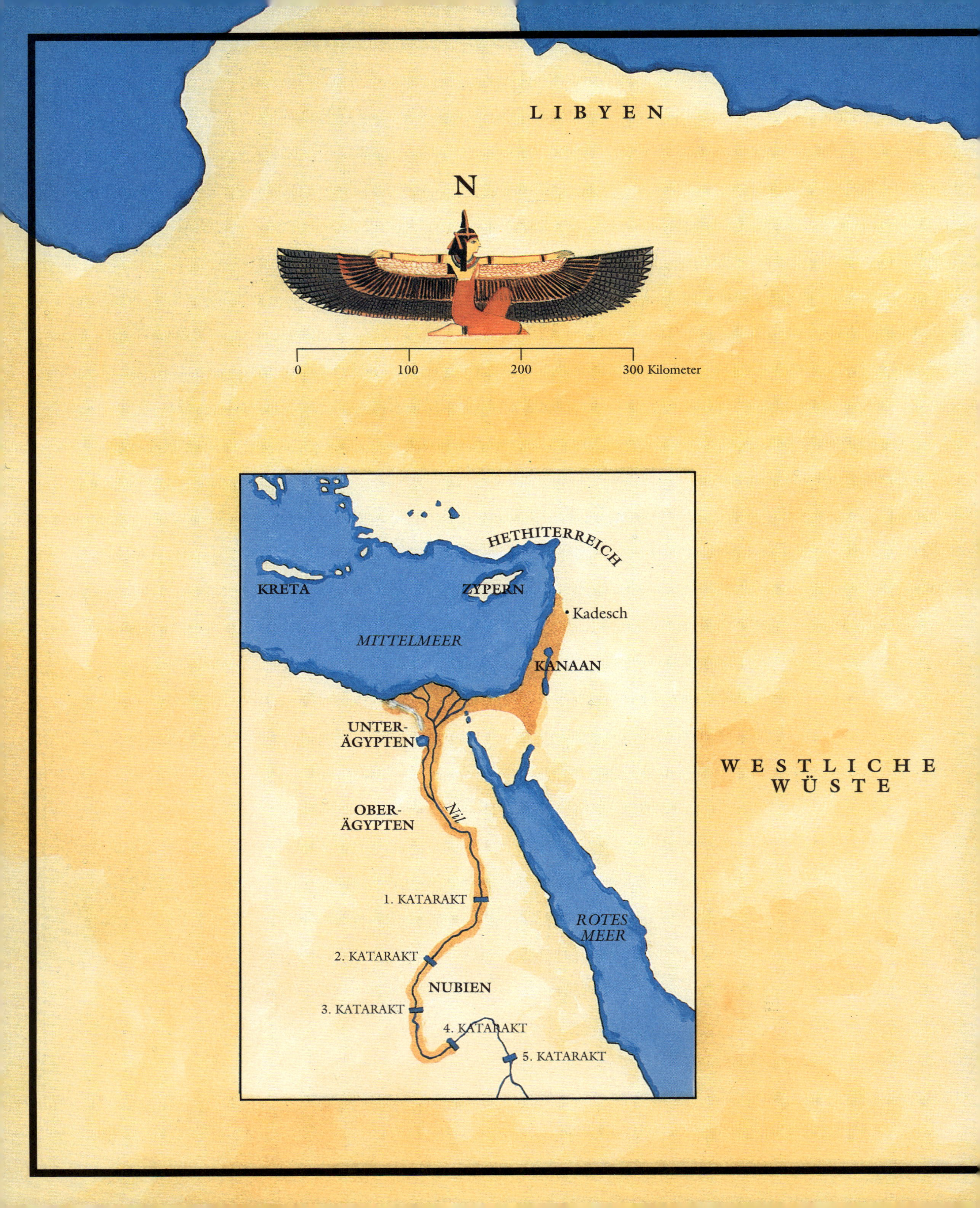
LIBYEN
N
0
100
200
300 Kilometer
HETHITERREICH
KRETA
ZYPERN
Kadesch
MITTELMEER
KANAAN
UNTER-
ÄGYPTEN
WESTLICHE
WÜSTE
OBER-
ÄGYPTEN
Nil
1. KATARAKT
ROTES
MEER
2. KATARAKT
NUBIEN
3. KATARAKT
4. KATARAKT
5. KATARAKT